Franz Alt
Ich habe einen Traum

Franz Alt

Ich habe einen Traum

Die Zukunft der Kirche ist weiblich

HERDER

FREIBURG · BASEL · WIEN

© Verlag Herder GmbH, Freiburg im Breisgau 2023
Alle Rechte vorbehalten
www.herder.de

Satz: ZeroSoft, Timisoara
Herstellung: GGP Media GmbH, Pößneck

Printed in Germany

ISBN Print 978-3-451-39542-0
ISBN E-Book (EPUB) 978-3-451-83099-0

Inhalt

I.
Maria Magdalena – die erste Päpstin

1. Krise der Kirche oder Krise der Religion?

Am Verhältnis zur Frau erkennt man den Zivilisationsgrad einer Gesellschaft und einer Kirche. Eine Kirche kann nur so frei sein, wie auch die Frauen in ihr frei sind. Dieser Gedanke stammt nicht etwa von Alice Schwarzer, sondern von Jesus. Bahnt sich nach 2000 Jahren Frauenfeindlichkeit in der christlichen Männerkirche eine Wende an, vielleicht sogar eine Revolution? Gelten Frauen als vollwertige, von nun an mit Männern gleichberechtigte Menschen? Am 3. Juni 2016 nannte Papst Franziskus die Gefährtin und Vertraute Jesu, Maria Magdalena, „Apostolorum Apostola", „die Apostelin der Apostel". Somit stellt der Papst klar, dass eine Frau de facto die erste Päpstin war, eine Frau die wahre Kirchengründerin. Ist Maria Magdalena für das Christentum tatsächlich wichtiger als die Apostel? Lässt sich ihre Rolle im Frühchristentum wirklich als die der ersten Päpstin interpretieren?

Der uralte Text, der diese Vermutung belegt und bestärkt, steht im Mittelpunkt dieses Buches. Er blieb lange geheim und wird von Theologen noch immer verdrängt. Dieses Schriftstück, das heute im Ägyptischen Museum in Berlin mit der Depotnummer P 8502 A in einem unscheinbaren Holzkästchen liegt, könnte das „religiöse Weltbild der mehr als zwei Milliarden Christen in der Welt wanken lassen. Es erzählt die Geschichte von Jesus und einer Frau, die ihm sehr nahe war."[1] Aber in der Bibel kommt dieser Text nicht vor. Sein Inhalt weicht sogar an vielen Stellen von der überlieferten Bibel ab. Die Ägyptologin und Papyrusexpertin Verena Lepper, die die Überreste des Papyrus untersucht hat und sie hütet wie einen Schatz, sagt mir am Telefon: „Es ist das einzige Evangelium, das den Namen einer Frau trägt, ein Schatz von unschätzbarem Wert." Es gehört zu den apokryphen Evangelien. Apokryph heißt geheim oder auch verboten. Und dieses apokryphe Evangelium zeigt, dass vor 2000 Jahren auch ein friedlicheres und toleranteres Christentum möglich war, als wir es aus der Geschichte mit Glaubenskriegen, Kreuzzügen, blutigen Reformationskriegen, Frauendiskriminierung, Massenmorden und Waffensegnungen kennen.

In der offiziellen Stellungnahme des Vatikans zu den überraschenden Äußerungen des Papstes 2016 über die Bedeutung von Maria Magdalena heißt es dazu zusammenfassend: „Maria Magdalena ist Beispiel und Modell für jede Frau in der Kirche." Damit erschließt uns die Apostelin der Apostel eine lebensfreudigere und liebenswürdigere Kirche. Diese Wiedergutmachung an Jesu 2000 Jahre lang umstrittener Gefährtin ist wahrscheinlich die folgenreichste Entscheidung des gesamten Pontifikats von Franziskus.

So weit die schönen Worte. Die Praxis der real existierenden Kirche sieht freilich noch ganz anders aus. Mitte Juli 2022 veröffentlichte der Vatikan eine Erklärung im Basta-Stil. Danach ist die katholische Kirche Deutschlands nicht befugt, über die Zulassung von Frauen zu kirchlichen Ämtern, über den Zölibat oder überhaupt über kirchliche Reformen auch nur zu debattieren. Zu Reformen der katholischen Kirche hatten sich auch mehrheitlich die deutschen Bischöfe bekannt. Deren Vorsitzender, der Limburger Bischof Georg Bätzing, hatte zuvor über den Zustand seiner Kirche gesagt: „Ich schäme mich für diese Kirche."

Zu den Missbrauchsskandalen der katholischen Kirche sagte Kardinal Reinhard Marx im Sommer 2021: „Das System Kirche hat versagt ... Das ist Verrat an der Botschaft Jesu, für die ich um Entschuldigung bitte." Der Freiburger Erzbischof Stephan Burger zeigte sich über das Verhalten seiner beiden Vorgänger im Missbrauchsskandal „entsetzt und fassungslos". Sie hätten massenhafte „Sexualverbrechen an Kindern, Jugendlichen und Laien" vertuscht. Einer seiner Vorgänger, Robert Zollitsch, war von 2008 bis 2014 Vorsitzender der Deutschen Bischofskonferenz. Burger: „Die Frohbotschaft Jesu wurde eindeutig pervertiert." Allein in der Diözese Freiburg, meiner Heimatdiözese, seien mindestens 250 Priester zu Sexualverbrechern geworden, 546 Kinder und Jugendliche seien Opfer. Ihnen wurde die Kirche zur Hölle, während sie ein Schutzraum für die Täter blieb. Die Dunkelziffern liegen jedoch, so sagen die Gutachter aller Diözesen, wesentlich höher. Die kirchenfreundliche *Frankfurter Allgemeine Zeitung* beschrieb das System Zollitsch so: „Abwiegeln, vertuschen, lügen auch gegenüber der Staatsanwaltschaft. Wer ihm dabei auf die Schliche kam, wurde seines Lebens in Freiburg nicht mehr froh."[2] Zollitsch gab inzwischen sein Bundesverdienstkreuz zurück. Das Bistum Berlin muss zugeben, dass Priester und Ordensfrauen gemeinsam sexuellen Missbrauch an Kindern organisiert haben. Doch noch immer wehrt sich die Kirche gegen staatliche Kontrolle bei diesen massenhaften Verbrechen. Der Betroffenen-Vertreter Matthias Katsch im *Spiegel*: „Die Unverfrorenheit, mit der Erzbischof Zollitsch Öffentlichkeit und Politik hinters Licht geführt hat, ist atemberaubend." Die Bischöfe „wussten offenbar genau, was sie taten … Wir brauchen jetzt eine Wahrheitskommission, die den katholischen Missbrauchsskandal aufklärt."[3]

Hier tun sich Abgründe kirchlicher Ignoranz und Verbrechen auf. Für viele Bischöfe war das Ansehen der Kirche wichtiger als das Leid der Opfer und die Gerechtigkeit. Katholische Bischöfe argumentierten und handelten wie Mafia-Bosse. Das Schlimmste ist jedoch, dass die giftigen und vergiftenden Strukturen in der katholischen Kirche weiter bestehen, vor allem der toxische Zwangszölibat. Geradezu eine Einladung für weiteren Missbrauch.

Die Verteufelung des Körpers führt zur Verdrängung, und diese sucht sich immer finstere Wege. So kam es, dass Priester ihre Schutzbefohlenen zu Tausenden missbrauchten, vergewaltigten, erniedrigten und fürs ganze Leben schädigten. Für die Betroffenen die Hölle auf Erden.

Die wundervolle, gottgewollte Sexualität gilt im katholischen Milieu noch immer als Schmuddelkram. Dieses Tabu gegenüber dem eigenen Körper bildet den kulturellen Hintergrund zur massenhaften sexualisierten Gewalt, die verharmlost, verdrängt und vertuscht wurde. Dazu Kardinal Marx bei der Eröffnung der Ausstellung „Verdammte Lust! Kirche. Körper. Kunst": In Theologie, Predigt und pastoraler Praxis sei „in der Vergangenheit oft ein sehr negatives Bild menschlicher Sexualität gezeichnet, sie mit Schuld und Sünde beschwert worden, was zur Verdrängung und Doppelmoral geführt hat". In dieser Ausstellung sah man viele schöne nackte Frauen, allen voran Maria Magdalena. Immerhin nackte Christinnen und Christen. Na sowas!

2021 hatte Kardinal Marx noch gesagt: „Die Kirche ist an einem toten Punkt angekommen." Ist sie vielleicht doch noch reformierbar? Während einer Live-Sendung des SWR zum Thema Kindesmissbrauch durch Kleriker wurde ein Plakat mit der Aufschrift gezeigt: „Zum Teufel mit Bischöfen, die Missbrauch vertuschen."

Warum ist sexuelle Gewalt ein so furchtbares Verbrechen? Was das Schönste und Intimste sein sollte, wird zur tiefsten Erniedrigung. Das Schönste wird zum Scheußlichsten. „Kinderschänder" nennt der Volksmund jemand, der sich an Kindern vergeht. Es geht um brutalen Missbrauch im Zauberbereich des Schönsten. Vergewaltigung ist mehr als „nur" Gewalt – es ist Schändung wie Sklaverei und Konzentrationslager.

Schon diese wenigen Zitate und Hinweise auf Verbrechen von Klerikern zeigen, dass diese Kirche krank ist und viel von ihrer jesuanischen Heilkraft eingebüßt hat. Es geht ihr sehr schlecht. Am meisten leidet sie an sich selbst. In den christlichen Kirchen hat sich eine heillose Kultur der Angst verbreitet. Die christlichen Kirchen arbeiten noch immer mit der Angst ihrer treuesten Anhänger, um Macht über sie auszuüben. Jesus aber strahlte Güte aus und nicht Angst. Kirchenreformer fordern zu Recht „eine Kirche ohne Angst".

Der in Rom lebende deutsche Kardinal Walter Kasper: „Geschämt habe ich mich, dass auch Priester Minderjährigen durch sexuellen Missbrauch für ihr ganzes Leben schweres Leid zugefügt haben und dass diese Taten oft auch noch vertuscht wurden. Das widerspricht zutiefst der christlichen Botschaft vom Leben und von der Würde jedes Menschen. Ich bin bis heute jedes Mal schockiert, wenn ich die Berichte Betroffener lese. Inzwischen hat der Missbrauch zur tiefsten Krise seit der Reformation geführt. Gegen ihren ureigenen Auftrag, sich für das Leben einzusetzen, hat die Kirche, statt die Schwachen zu schützen, vor allem ihre eigene Institution und die Täter geschützt."[4]

Durch die sexuellen Missbräuche war die Kirche für Hunderttausende kein Ort des Heils mehr, sondern ein Raum des Schreckens geworden. Die Ursachen?

Viele Missbrauchsopfer, aber auch ihre Täter, sind in einer typisch katholischen Sozialisation aus Angst vor einem strafenden Gott, Angst vor Dämonen, Tod und Teufel, Hölle, Angst vor ewiger Verdammnis und Angst vor Sünden aufgewachsen. Eine toxische Mischung, die oft den Weg bereitet zu sexuellem oder auch spirituellem Missbrauch. Hauptursache ist ein furchterregendes Gottesbild – das Gegenteil des liebenden mütterlichen Vaters, den Jesus verkündete.

Der Mainzer Bischof Peter Kohlgraf zeigte sich im März 2023 „tief erschüttert" über die Studie zum Missbrauchsskandal in seinem Bistum und kritisierte auch seinen Vorgänger Kardinal Karl Lehmann, der viele Jahre Vorsitzender der Deutschen Bischofskonferenz war. Kohlgraf sprach von schrecklichen Schilderungen, die er in den vergangenen Tagen gelesen habe. „Solche Taten sind für mich im Grunde im Namen des Evangeliums unvorstellbar. Und doch sind sie geschehen. Ich finde es geradezu unaussprechlich widerwärtig, wenn derartige Verbrechen von Tätern religiös begründet werden. Damit wird im kirchlichen Kontext Glauben zerstört", so der Bischof. Sein Vorgänger Kardinal Lehmann sei für viele Katholiken bis heute eine „moralische Lichtgestalt". Doch sie „erfahren jetzt, wie ich, dass es auch eine andere Seite seiner Amtsführung gab, besonders im Hinblick auf den Umgang mit von Missbrauch Betroffenen". Lehmann habe wiederholt die systemische Verantwortung der Kirche und des Bistums für Missbrauchstaten bezweifelt. Er verkörpere eine Kirche, „die abgrenzt und sich ihrer Verantwortung nicht stellt". Missbrauch sei immer verbunden mit Machtausübung, einer bestimmten Sexualmoral und dem kirchlichen Umgang mit ihr, sagte Kohlgraf, mit „männerbündischen Netzen und auch der priesterlichen Lebensform und deren Selbstverständnis". Kohlgrafs Fazit: „Eine solche Kirche will ich nicht mehr ... Ich will eine andere Kirche."[5] Die Frage ist: Welche Kirche?

Wie kam es zum Vertuschen dieses Skandals über viele Jahre? Das ist einfach zu erklären, wie es der emeritierte Professor für Fundamentaltheologie, Klaus Kienzler, am 10. März 2023 in der *Süddeutschen Zeitung* tat: Im Jahr 2001 versandte Kardinal Ratzinger im Auftrag von Papst Johannes Paul II. das Schreiben *De delictis gravioribus* (Über schwere Verbrechen) an alle Bischöfe der Welt. Darin befahl der spätere deutsche Papst Benedikt XVI., dass die Missbrauchsfälle nicht an die Öffentlichkeit gelangen dürfen, sondern ihm gemeldet werden müssen. Dieses Dekret wurde als „päpstliches Geheimnis" eingestuft. Das heißt: Wer es nicht geheim hielt, musste mit „allerschwersten Strafen" rechnen – bis zur Entlassung als Bischof. Deshalb haben sich die Bischöfe an diesen Ratzinger-Befehl gehalten. War dieser Befehl wichtiger als das Vertuschen der Verbrechen über so viele Jahre? Jetzt wurden zwar alle Missbrauchsfälle nach Rom gemeldet, aber: „Die Meldungen blieben unbehandelt in Rom liegen." (Klaus Kienzler)

Hat auch Papst Johannes Paul II. als Erzbischof von Krakau pädophile Priester geschützt und ihre Straftaten vertuscht, um den guten Ruf der katholischen Kirche in Polen zu wahren? Noch 2023 verteidigte Papst Franziskus in einem Gespräch mit der argentinischen Zeitung *La Nación* seinen Vorvorgänger gegenüber Vorwürfen wegen der Vertuschung von Missbrauchsfällen mit dem lapidaren Satz: „Das hat man damals so gemacht. Man hat alles vertuscht." Aber Papst Johannes Paul II. wurde heiliggesprochen. Ein unheiliger Heiliger? In Polen wurde wieder einmal eine

Expertenkommission eingesetzt, um die Missbrauchsfälle aufzuklären.

Der Jesuit und Professor für Psychologie und Psychotherapie, Hans Zollner: „Missbrauch ist eine Realität, die verdrängt wird." Er versucht in fünf Kontinenten die sexuellen Missbrauchsfälle der katholischen Kirche zusammen mit den Betroffenen aufzuarbeiten und hat erlebt: „Meine erste Hilfe vor Ort sind immer wieder Frauen."

Dieser Theologe, Psychotherapeut und Berater von Papst Franziskus über seine Schwierigkeiten innerhalb der Kirche: „Die hartnäckige Abwehr und dass man nur zugibt, was sich gar nicht mehr verbergen lässt, liegt oft an der Angst der Bischöfe, persönliche Verantwortung übernehmen zu müssen. Hinderlich ist auch der Glaube, dass man ja von Gott ins Amt berufen wurde und folglich nicht abberufen werden kann, allenfalls vom Papst. Es sind aber keineswegs nur Bischöfe, sondern auch einfache Gemeindemitglieder, die meinen, man tue der Kirche einen Gefallen, wenn man ihr Bild in der Öffentlichkeit schützt. Sie verstehen nicht, dass es genau umgekehrt ist: Je mehr man leugnet, desto unglaubwürdiger erscheint die Kirche ... Ich sage meinen Studenten, scheut euch nicht, die Kirche zu kritisieren. Nur dann können wir sie verändern."[6] Zeitbedingte Lehren müssen immer verbessert werden. Der beste und wichtigste Dienst am heutigen Kirchensystem ist Kritik. Wem die Kirche Jesu am Herzen liegt, muss sie kritisieren. Je weniger die Kirche diese Kritik hören will, desto deutlicher muss sie werden. Das Niveau einer Zivilisation ist ihre Weiblichkeit. Und hier zeigt die katholische Kirche immer noch unterstes Niveau.

Die katholische Kirche versinkt im Missbrauchssumpf. In der MHG-Studie (so genannt nach den Orten der Universitäten des Forschungskonsortiums Mannheim, Heidelberg und Gießen) vom Herbst 2018 wurden diese Zahlen publik: Zwischen 1946 und 2014 wurden 1670 Kleriker des sexuellen Missbrauchs Minderjähriger beschuldigt. Es gab 3677 Opfer. 2020 machten die Ordensgemeinschaften öffentlich, dass sich bei ihnen weitere 1412 Betroffene gemeldet haben. Matthias Katsch von der Betroffenen-Initiative Eckiger Tisch: „Wir reden also von mindestens 5089 Opfern." Sein Buch zum Thema schrieb er als Betroffener 2020: *Damit es aufhört*.[7]

Heribert Prantl schreibt zu Ostern 2023 in der *Süddeutschen Zeitung*: „Zu den Verirrungen der katholischen Kirche gehört ihre Machtsucht, zu denen der evangelischen Kirche ihre Staatsnähe."

Historisch könnte sich der Missbrauchsskandal als die Zeitenwende der Kirche erweisen. Einen ersten Schritt in diese Zeitenwende tat der Osnabrücker Bischof Franz-Josef Bode, als er als erster Bischof wegen des Missbrauchsskandals Ende März 2023 zurücktrat. Seine Begründung: „Insbesondere im Umgang mit Fällen sexualisierter Gewalt durch Kleriker habe auch ich selbst lange Zeit eher die Täter und die Institution als die Betroffenen im Blick gehabt. Ich habe Fälle falsch eingeschätzt, häufig zögerlich gehandelt und manchmal falsche Entscheidungen getroffen." Und weiter sagte Bode: „Ich kann heute nur alle Betroffenen erneut um Verzeihung bitten." Bode war der dienstälteste amtierende katholische Bischof in Deutschland.

Anlässlich des Todes von Papst Benedikt XVI. sagte dessen Vertrauter und Privatsekretär, Erzbischof Georg Gänswein, sein Chef habe ihn gebeten, dessen Notizen zu vernichten. Darunter waren auch Notizen zum Missbrauchsskandal während der Amtszeit von Benedikt. Dazu befragte die *Süddeutsche Zeitung* Ulrich Wastl, den Verfasser des Gutachtens zum Kindesmissbrauch in der Diözese München und Freising. Dessen Gutachten, eine Bilanz des Schreckens, hatte weltweit Aufsehen erregt. Wastl stellt kritische Fragen zur Aussage von Bischof Gänswein: „Gab es diese Anweisung des verstorbenen Papstes überhaupt? Geht es wieder nur um die einseitige Deutungshoheit? Was gilt es zu verbergen?"[8] Wastls Kommentar: „Für eine fundierte Aufarbeitung wäre dies ein Schlag ins Gesicht. Es wäre aber auch für die Kirche schädlich." Sein Fazit dieser endlosen Affäre: „So zerlegt die Kirche sich selbst." Ein

Jahr nach der Veröffentlichung der Münchner Studie sagt Kardinal Marx: „Der Schrecken ist geblieben. Missbrauch ist und bleibt eine Katastrophe." Wo aber bleiben die Konsequenzen in der kirchlichen Sexuallehre?

Die ersten Berichte über sexuelle Missbräuche innerhalb der katholischen Kirche kamen bereits Mitte der Achtzigerjahre in den USA und Ende der Neunzigerjahre in Irland ans Licht der Öffentlichkeit. Die breite Auseinandersetzung in Deutschland begann erst 2010. Eine besonders erschreckende Studie in Frankreich geht von 250 000 Opfern von Klerikern seit 1950 aus. Mit Spannung wird eine umfangreiche Missbrauchsstudie für 2023 in Spanien erwartet.

Der verstorbene Kölner Kardinal Meisner hatte einen Ordner, in dem er diskret Fälle von Priestern ablegte, denen Sexualstraftaten vorgeworfen wurden. Dieser Ordner war mit „Brüder im Nebel" (!) beschriftet. Solchen Kirchenfürsten ist jeder moralische Maßstab abhandengekommen. Diese kriminellen „Brüder im Nebel" gibt es leider auch außerhalb der Kirchen, zum Beispiel im Profifußball. Da sind es dann „Kicker im Nebel".

Bei mancher Zeitungslektüre über sexuellen Missbrauch fällt mir auch ein Wort von Hildegard von Bingen ein, das den Kirchen heute bei einem Heilungsprozess helfen könnte: „Man soll dem Leib etwas Gutes bieten, damit die Seele Lust hat, darin zu wohnen." Zur Lust der Seele im Leib gehört mit Sicherheit auch die gottgewollte Erotik und Sexualität, aber nicht der Zwangszölibat. Er widerspricht der Schöpfungsordnung Gottes. „Das Herz dieses Problems ist das Problem des Herzens."[9] Ohne Liebe kein Leben. Wenn ich verliebt bin, strahlt die Welt wie bei einem Sonnenaufgang.

Erst eine befreite und befreiende Erotik ermöglicht es uns, auf unsere wahren Gefühle zu hören und sie zum Wegweiser eines glücklichen Lebens zu machen. Das Glück will glückliche Menschen. Der schwule und katholisch sozialisierte Hamburger Religionspädagoge Jens Ehebrecht-Zumsande sagt: „Die Kirche ist meine Heimat." Aber er sagt auch: „Die kirchliche Sexualmoral ist falsch – mit mir ist alles in Ordnung." Er startete im Januar 2022 mit 125 Glaubensgeschwistern die Kampagne #OutInChurch – ein kollektives Outing von queeren Kirchenmitarbeitern und -mitarbeiterinnen.[10]

Vor allem die katholische Kirche ist heute mehr von Sentimentalität als von Sensibilität geprägt. Einer meiner theologischen Lehrer und Freunde sowie Vertreter der politischen Theologie, Johann Baptist Metz, fragte immer nach der „Mitleidenschaft der Christen" für den besorgniserregenden Zustand der Welt. Diese Befreiungstheologie macht Christen die Option für die Armen, Entrechteten und für die Opfer der Geschichte zur Aufgabe.

Bis zur Aufklärung war im christlichen Abendland für die meisten Menschen ihre Kirche wie selbstverständlich die entscheidende Ordnungsmacht der Welt. Nicht nur symbolisch stand der Kirchturm in der Mitte ihrer Umgebung. Doch aus großer Kraft und Macht folgt große Verantwortung. Diesen inneren Zusammenhang – verantwortete Freiheit – haben viele Kleriker nicht verstanden – wie ihn auch viele Politiker oder Politikerinnen so wie viele Unternehmer oder Unternehmerinnen ihn nicht verstehen.

Im Zentrum des Christentums steht die Welt, und „diese Welt brennt" (Greta Thunberg) im wahrsten Sinne des Wortes. Die Hauptursache der aktuellen Kirchenkrise reicht freilich tiefer als die umstrittene kirchliche Sexualmoral, und sie ist offenkundig: Die Kirchen haben und lehren ein falsches, angstbesetztes Gottes- und Menschenbild. Ich weiß, dass diese Behauptung für viele anmaßend klingt. „Das ist doch hanebüchen", höre ich Sie sagen. Doch meine Behauptung wird in diesem Buch noch genauer erklärt. Bitte etwas Geduld.

Anfang 2022 war Andreas Sturm, der Generalvikar des Bistums Speyer, zurückgetreten, hatte seine Entscheidung als „Befreiungsschlag" erklärt und sich selbst des Bruchs des Zölibats beschuldigt.

Reformversuche in der katholischen Kirche seien „ein Kampf gegen Windmühlen". Er habe keine Hoffnung mehr, dass sich in der katholischen Kirche etwas ändere, erklärte er im SWR. „Ich glaube, die Kirche braucht den großen Knall, weil sie nur so verstehen wird, dass sie so nicht weitermachen kann." Das Buch des Generalvikars, das zum Bestseller wurde: *Ich muss raus aus dieser Kirche, weil ich Mensch bleiben will.* Ein Generalvikar, Stellvertreter eines Bischofs, spricht Klartext. Der in diesem Buch publizierte Text des Maria-Magdalena-Evangeliums, einer der wichtigsten Texte des Urchristentums (siehe Kapitel V), gibt uns auch einen traurigen Vorgeschmack auf die Unterdrückung des Weiblichen in Kirche und Gesellschaft.

Viele apokryphe Schriften wie das Thomasevangelium, das Philippusevangelium und eben auch unser Maria-Magdalena-Evangelium rufen die Gläubigen auf, Gott in ihrem eigenen Innern zu suchen – ohne Kirche oder Kleriker auch nur zu erwähnen. Diese Evangelien helfen uns, ein menschlicheres Bild von der jesuanischen Religion zu gewinnen. Darum geht es in diesem Buch.

Eine Männerkirche, die sich nicht ändern will, widerspricht nicht nur allen Visionen Jesu, sie schafft sich selber ab. Gibt es bald eine „Kirche ohne Christen" (Monika Metternich) oder eine „Kirche ohne Religion" (Claudia Mönius)? Für Millionen Menschen ist ihr „Glaube" zu einem Gefängnis geworden, aber sie wagen es nicht, auszubrechen, denn das sei „Sünde". Eine Frau schrieb mir, dass sie mit einem katholischen Priester zusammenlebe, doch es sei furchtbar. Denn dieser träume jede Nacht davon, dass er in die Hölle komme. Er lebe in einem Gefängnis der Scham.

Es kann einer Institution wie der katholischen Kirche nicht guttun, wenn sie gegen jede Vernunft auf die Ideen der Hälfte ihrer Mitglieder verzichtet. In Kirche und Gesellschaft heißt die entscheidende Zukunftsfrage: Wie überwinden Frauen und Männer weltweit das Patriarchat? Das betrifft selbstverständlich auch uns Männer. Denn immer mehr Frauen sagen: Wenn Männer sich nicht ändern, geht es auch ohne sie. Fakt ist: Je größer und mächtiger die christlichen Kirchen in den letzten 2000 Jahren wurden, desto kleiner und ohnmächtiger wurden die Frauen in den Kirchen gemacht. Doch das ändert sich gerade.

Alle Religionen werden missbraucht, solange es sie gibt. Bis heute rechtfertigen Terroristen ihre Gewalttaten selbst gegen die heiligsten Werte ihrer Religion mit ihrem Glauben. Erschüttert durch den islamistischen Terroranschlag in Paris auf die Redaktion der Satirezeitschrift *Charlie Hebdo* sagte der Dalai Lama im Januar 2015: „An manchen Tagen denke ich, dass es besser wäre, wenn wir gar keine Religionen mehr hätten. Alle Religionen und alle heiligen Schriften bergen ein Gewaltpotenzial in sich. Deshalb brauchen wir eine säkulare Ethik jenseits aller Religionen. In den Schulen ist Ethikunterricht wichtiger als Religionsunterricht." Daraufhin schrieben wir zusammen das Buch *Ethik ist wichtiger als Religion*.

Am 9. März 2023 erschoss ein ehemaliges Mitglied der Zeugen Jehovas mit einer halbautomatischen Pistole in Hamburg sieben Glaubensgeschwister und sich selbst. Er war Autor des gruseligen Buches *Die Wahrheit über Gott, Jesus Christus und Satan*. Darin zeichnet er das Bild eines zornigen und rachsüchtige Gottes. Seine Familie war ursprünglich streng katholisch. In seinem Buch verglich er sich selbst mit König Salomo. Der Attentäter sah in Adolf Hitler ein „Werkzeug Gottes", der Holocaust sei ein „himmlischer Akt" gewesen und der Ukraine-Krieg eine „Strafe Gottes", weil sich ukrainische Frauen im Heiligen Land prostituiert hätten.

Noch heute ist die katholische Hierarchie mit der Unterdrückung des Sexuallebens ihrer Priester und Bischöfe beschäftigt und wundert sich über die katastrophalen neurotischen Folgen dieser Unterdrückung. Weit schlimmer als das Nichtbefolgen des Zölibats ist es freilich, wenn ein Priester sich zum Verstoß gegen das Zölibat bekennt und entsprechend lebt. Dazu sagt der katholische Theologieprofessor Hermann Häring: „Der Pflichtzölibat kann problemlos weg."[11] Faktisch ist er ein Machtinstrument in der Hand der

Hierarchen, mit dem Priester klein und fügsam gehalten werden. Der katholische Männlichkeitswahn ist das größte Hindernis bei der Menschwerdung und Selbstwerdung von Männern.

Auch ich wollte als junger Mann Priester werden und studierte vier Semester katholische Theologie im Priesterseminar in Freiburg im Breisgau. Dann lernte ich im Schwimmbad ein sechzehnjähriges, interessantes und hübsches Mädchen kennen. Sie lächelte den Zölibat einfach weg – und zwar „problemlos". Wir sind jetzt 56 Jahre verheiratet. Es kann freilich auch komplizierter sein.

Ein persönlicher Freund von mir war katholischer Pfarrer im Schwarzwald, hatte sich in seine Haushälterin verliebt und sie in ihn. Beide gingen zum Freiburger Bischof und erklärten: „Herr Bischof, wir lieben uns." Die Frage des Bischofs wörtlich und ganz ernsthaft: „Muss das sein?" Beide antworteten mit: „Ja!" Darauf der Bischof: „Dann muss ich euch in eine Stadt versetzen, denn auf dem Dorf spricht es sich schnell herum, dass ihr ein gemeinsames Schlafzimmer habt. In der Stadt bleibt das eher geheim." Liebe ja, aber Hauptsache geheim! Hauptsache heimlich. Das Gegenteil von heilig ist nicht sündig, sondern scheinheilig.

Religiöses Patriarchat nutzt Religion, um seine Macht zu erhalten oder auszubauen. Noch unter Papst Benedikt XVI. gab sich die katholische Kirche paternalistisch, klerikal und patriarchal, die „allein seligmachende katholische Kirche". Dieser bayerische Papst hat seinen Nachfolgern kein gutes Erbe hinterlassen, eher ein finsteres. Klerikalismus, absolutistische Hierarchie oder verdrängte Sexualität sowie gelebte Ängstlichkeit haben mit Jesu Lehre nichts zu tun. Der wahrscheinlich bedeutendste Dienst dieses Papstes an seiner Kirche war sein selbst entschiedener Rücktritt. Das macht Benedikt wiederum sehr menschlich.

Seine erste Enzyklika hieß *Deus caritas est – Gott ist Liebe*. Wenn Benedikt allerdings über Liebe sprach, hatte ich ihm immer gewünscht, dass ihn mal eine Frau geküsst hätte. Dieser Papst war traditionsbewusst, aber nicht zukunftsfähig. Wenn Jesus wiedergekommen wäre, er hätte unter diesem konservativen Papst– ähnlich wie bei Dostojewskis Großinquisitor – große Probleme gehabt. Beim Abschiedsgottesdienst für Benedikt in München betete ein Priester noch die „allzeit jungfräuliche Maria" an. Das war wohl im Geiste dieses Papstes. Man kann das als bayerische Volksfrömmigkeit belächeln, aber auch als Ausdruck katholischer Lustfeindlichkeit verstehen. Benedikt verkörperte einen Klerus, der auf Teufel komm raus dem Zeitgeist widerstehen wollte. Dieser Papst versuchte sicherlich sein Bestes für die Kirche. Aber war es auch immer zum Besten?

Bei der Trauerfeier für den verstorbenen Papst Benedikt nahm der 86-jährige gebrechliche Papst Franziskus auf dem Petersplatz in Rom von seinem 95-jährigen Vorgänger Abschied. Er widmete dabei vor Staatsgästen aus der ganzen Welt seinem Vorgänger einen einzigen persönlichen Satz, das war weniger als ein Prozent der ganz allgemein gehaltenen theologischen Abschiedsrede. Das muss man erst mal schaffen. Sein Vorgänger hatte ihn oft „bis aufs Messer bekämpft".[12] Ein Teilnehmer dieser Zeremonie meinte: „Heute beerdigt Gott die Männerkirche." Doch die deutsche Reformbewegung Maria 2.0 wird wohl noch lange für mehr Gleichberechtigung von Frauen in der Kirche kämpfen müssen.

Kurz danach veröffentlichte Papst Franziskus das Buch *Du bist wundervoll. Vom Mut, seine Träume zu leben.* Es ist eine Schatzkiste christlicher Lebenskunst. „Du bist wichtig. Du bist einzigartig. Du bist ein Wunder ... Gott hat uns erschaffen, um zu blühen ... Nichts ist menschlicher, als Fehler zu machen ... Stifte Frieden unter den Menschen ... Liebe die Menschen ... Und vor allem: träume! ... Träume von einer Welt, die noch nicht sichtbar ist, aber ganz sicher kommen wird! Die Kraft unserer Hoffnung ist der Glaube an eine Schöpfung, die sich bis zu ihrer endgültigen Erfüllung erstreckt, wenn Gott alles in allem sein wird." Bei diesem Papst ist Gott erblühendes Leben und der Mensch sein Ebenbild: „Lebe, liebe, träume, glaube! Und, mit Gottes Gnade: Verzweifle niemals!" Wir alle sind kostbar. Die Sache ist ganz einfach: Gott ist demokratisch, also für alle gleich da: für Männer wie für Frauen. Das ist kein mythisches Utopia, sondern eine lebendige Tatsache. Doch leider haben die Männerkirchen die Demokratie lange bekämpft.

Zum strengen Theologieprofessor Ratzinger hätte eher ein Buchtitel gepasst wie „Du bist ein Sünder", so wie jeder Mensch und jedes Baby, das mit der Erbsünde geboren ist. „Du bist wundervoll" hingegen ist die Logik der Liebe, die Jesus verkündet hat. Der Unterschied zwischen den beiden letzten Päpsten ist Jesus, der Mensch. Prachtvolle Gewänder und rote Schuhe zu tragen, lehnte Franziskus gleich nach seiner Wahl zum Papst im Gegensatz zu seinem Vorgänger mit den legendären Worten ab: „Herr Kollege, Fasching ist vorbei."

Katholische Priester werden bis heute erst dann bestraft, wenn sie auf die „Stimme des Weibes" gehört haben. Niemand darf es wissen! Eine absurde Begründung. Eine abartige Moral. Der Schein ist wichtiger als das Sein. Auch deshalb ist aus dem kirchlichen Erlösungsversprechen von gestern noch kein Erlösungsgeschehen von heute und morgen geworden. Doch nach wie vor verkörpert Jesus die Hoffnung, dass es eine bessere Welt geben kann. Er nennt sie „das Reich Gottes". Und nach wie vor gilt: Kirche regt an und Kirche regt auf – wie fast jede Institution. Falls Jesus je von einer Institution Kirche träumte, dann war es eine Kirche, die es bisher nie gab. Bis heute begründen nicht die Gläubigen die Kirche – und schon gar nicht Frauen –, sondern das von Männern ausgeübte Amt. Das hat schon mittelfristig nachhaltige Folgen:

Skandale zerreißen die katholische Kirche. Der Muff von zwei Jahrtausenden lässt Millionen aus der Kirche fliehen. Im Jahr 2021 sind in Deutschland 359 338 Katholiken und über 288 000 Protestanten aus ihrer Kirche ausgetreten. Über die Hälfte der Deutschen ist nun erstmals nicht mehr Mitglied einer christlichen Kirche. Die Hauptstreitpunkte zwischen dem Kirchenvolk und den Kirchenfürsten: Mehr Rechte für Frauen, Gleichberechtigung für Homosexuelle und queere Menschen sowie mehr Mitsprache der Laien. Darüber wollten die katholischen Bischöfe Deutschlands bei ihrem Routinebesuch im Vatikan im November 2022 mit dem Papst diskutieren. Doch Franziskus kam nicht mal zum Abschiedsgespräch mit den deutschen Kirchenfürsten. Selbst darüber gab es keinen Aufschrei. Bischöfe haben einfach Angst vor dem Papst. So halten alte Männer an der Spitze fest an dem, was schon immer so war. Wie soll sich da etwas ändern?

„Mir ist eine verbeulte Kirche, die verletzt und beschmutzt ist, weil sie auf die Straßen hinausgegangen ist, lieber als eine Kirche, die auf Grund ihrer Verschlossenheit krank ist", meinte Franziskus schon kurz nach seiner Wahl.[13]

Der renommierte Vatikan-Beobachter Andreas Englisch, der Papst Franziskus ein Jahrzehnt beobachten und auf allen Auslandsreisen begleiten konnte, schreibt über dessen Kämpfe für Reformen gegen die Hardliner im Vatikan: „Seine Kämpfe waren hart gewesen, seine Versuche, das Zölibat schrittweise abzuschaffen, waren am Widerstand der Ratzinger-Anhänger gescheitert, und auch seine Bemühungen, wiederverheirateten Geschiedenen den vollständigen Zugang zu den Sakramenten zu verschaffen, waren torpediert worden. Der Papst der Armen hatte einstecken müssen, und genau das wird seinen Platz in der Geschichte sichern."[14]

Zum traditionellen Gottesdienst zur Eröffnung der neuen Legislaturperiode des Deutschen Bundestags war 2021 kein einziges führendes Mitglied der neuen Ampelkoalition erschienen. Die Ratsvorsitzende der Evangelischen Kirche Deutschlands, Annette Kurschus, erzählt: Keine Frage werde ihr so oft gestellt wie diese: „Warum brauchen wir heute noch Kirche?" In Sachsen-Anhalt gehören noch 15,3 Prozent der Bevölkerung einer der „beiden großen" Kirchen an. Wenn ich dort jemand frage: „Sind Sie katholisch oder evangelisch", kann ich als Antwort hören: „Weder noch – wir sind normal." Esprit als Kirchenkritik.

Der Niedergang der Religionen hinterlässt ein großes Vakuum. Diese Lücke füllt spätestens seit dem Industriezeitalter das Dogma vom grenzenlosen wirtschaftlichen Wachstum. Doch dieses säkulare Dogma verliert zunehmend seinen Zauber, seit der Club of Rome schon 1972 den Weltbestseller *Die Grenzen des Wachstums* – 30 Millionen Mal verkauft – publizierte. Jetzt müssen neue Narrative her. Die Krise der Kirche ist zugleich ihre Chance. Eine jesuanische Kirche könnte zu mehr Wachstum an Humanität und Menschwerdung verhelfen. Inneres Wachstum: Das wäre Wachstum und Reifung im jesuanischen Sinne. Auf der Basis der Bergpredigt könnten Frieden und Gerechtigkeit zunehmen, Ausgrenzung vermieden und Feindbilder könnten abgebaut werden.

Zur Kirchenflucht spottet die *Süddeutsche Zeitung*: „Sag zum Abschied leise Amen – Wenn die Mitgliedschaft gekündigt wird wie ein ungenutztes Fitnessstudio" (15.11.2022). Die Folge ist, dass die Kirchen weitgehend nur noch mit sich selbst beschäftigt sind. Wo und wie aber sollten wir heute noch zur Nachfolge Jesu finden, was Jesu Forderung ist? Manche Bischöfe leben nach dem bequemen Motto: Wir kämen ja mit der Kirchensteuer ganz gut hin, wenn nur dieser unbequeme Jesus aus Nazareth nicht wäre!

Der letzte Religionsmonitor der Bertelsmann-Stiftung erschien zu Weihnachten 2022. Er dokumentiert den dramatischen Bedeutungsverlust der Kirchen in Deutschland. Weltweit sind die christlichen Kirchen mit 2,5 Milliarden Mitgliedern die größte Glaubensgemeinschaft, und diese Gemeinschaft wächst parallel zur Weltbevölkerung. Doch hierzulande gibt es einen starken Gegentrend. Am bedeutsamsten ist freilich, dass fast neunzig Prozent der deutschen Kirchenmitglieder meinen, man könne auch ohne Kirche Christ sein. Und das sagen Kirchenmitglieder und nicht diejenigen, die wegen der Kirchensteuer ausgetreten sind!

Eine starke innere Distanzierung ist weit dramatischer als jede Austrittswelle. 38 von 42 Millionen deutschen Christen meinen, eine Kirche brauche es gar nicht. Nach dem Religionsmonitor erwägen zurzeit 66 Prozent der Katholiken und immerhin 33 Prozent der Protestanten hierzulande einen Kirchenaustritt. Tendenz steigend. 1995 traten rund 168 000 Katholiken aus ihrer Kirche aus, 2010 waren es 181 00, 2014 bereits 217 000 und 2019 schon 273 000. 2022 war ein Rekordjahr der Austritte aus der katholischen Kirche: 522 821 gegenüber 359 338 im Vorjahr. 1950 waren 46 Prozent der Deutschen katholisch, 2022 noch 24,8 Prozent.[15] Es wäre ein Wunder biblischen Ausmaßes, wenn dieser Trend in nächster Zeit gestoppt würde. Die Präsidentin des Zentralkomitees der Deutschen Katholiken (ZdK), Irme Stetter-Karp, forderte „schnelle Reformen", die Kirche zeige sich jedoch „aktuell nicht entschlossen genug, Visionen für die Zukunft des Christseins" umzusetzen.

Die evangelische Kirche hatte 2022 „nur" 380 000 Austritte. Ein schwacher Trost. Denn wer langsamer ausblutet, ist am Schluss genauso tot. Diese Entwicklung kann auch der Demokratie gefährlich werden. Denn Religion, die Toleranz, Achtsamkeit und Gerechtigkeit fördert, tut auch der Demokratie gut. „Demokratie braucht Religion", meint der Soziologe Hartmut Rosa. Er schreibt: „Demokratie ist das zentrale Glaubensbekenntnis unserer Gesellschaft, aber sie erfordert eben Stimmen, Ohren und hörende Herzen".[16]

Ein Blick in die Bundesregierung des Jahres 2023: Olaf Scholz, Christian Lindner und Robert Habeck sind aus der Kirche ausgetreten. Und mit Cem Özdemir ist erstmals ein säkularer Muslim Mitglied einer Bundesregierung.

Das bedeutet jedoch eher eine Entkirchlichung als eine Säkularisierung der Gesellschaft. Denn die Mehrheit der Deutschen glaubt an Gott. Die Abwendung von den Kirchen ist keine Abwendung von der Religion oder von Gott. Nicht schwindender Glaube ist das Problem, sondern die mangelnde Glaubwürdigkeit der real existierenden Kirchen. Dabei könnten gerade in unserer Krisenzeit Religion eine Quelle für Sinn und glaubwürdige Kirchen eine Hilfe bei der Sinnsuche sein. Was also ist das eigentliche Problem?

2. Die Verdrängung der Maria Magdalena

Fakt ist, dass wir heute unter dem Namen Maria Magdalena einen Augenzeugenbericht des Wirkens Jesu kennen, der in Umlauf gebracht wurde, noch bevor im vierten nachchristlichen Jahrhundert die vier offiziellen biblischen Evangelien kanonisch anerkannt waren. Dennoch ist das Maria-Magdalena-Evangelium, das im Urchristentum eine zentrale Rolle spielte, in der Öffentlichkeit so gut wie unbekannt. Und die Kirchen sind nicht im Geringsten daran interessiert, dass diese Jesus-Quelle bekannt wird. Dieses einzige Evangelium, das nach einer Frau benannt ist, ist einer der wichtigsten christlichen Basistexte, eine spirituelle Schatzkammer für unsere Zeit der spirituellen Verarmung. Doch die engste Gefährtin Jesu wurde und wird in der Kirche noch immer in die dunkle Ecke gedrängt. Aber alles Verdrängte will irgendwann ans Licht. In den letzten Jahren erfährt kein anderes der neu entdeckten Evangelien so viel Aufmerksamkeit wie das nach Maria Magdalena benannte. Dan Brown vertritt in seinem millionenfach verkauften Weltbestseller *Sakrileg* die provokante These, die Frau aus Magdala sei die Geliebte Jesu gewesen, mit der er eine gemeinsame Tochter hatte. Ein Wissen, das durch das Konzil von Nicäa im Jahr 325 gezielt verdrängt worden sei. Fest steht, dass diese emanzipierte Frau vom Nordufer des Sees Genezareth eine frühchristliche Anführerin und Jesu Vertraute war. Kirchenväter haben aus ihr eine Hure und eine reuige Sünderin gemacht.

Drei Marien treten neben der Mutter Jesu in den klassischen Evangelien auf: Maria aus Magdala als Frau mit einer „sündigen" Vergangenheit (Lk 8,1–3), die Jesus von „sieben Dämonen" geheilt haben soll.

Die zweite Maria, mit der Maria Magdalena oft in Verbindung gebracht wird, ist jene „Sünderin", die Jesu Füße mit ihren Tränen wäscht, mit ihren Haaren trocknet und seine Füße salbt (Lk 7,36–50). Über sie soll Jesus den berühmten Satz gesagt haben: „Ihr sind ihre vielen Sünden vergeben, weil sie viel geliebt hat." (Lk

7,47) Zur „Sünderin" selbst sagte Jesus: „Deine Sünden sind dir vergeben." (Lk 7,48) Die dritte Maria ist Maria von Bethanien (Joh 12,1–8), die Schwester von Marta und Lazarus.

Fast in der gesamten christlichen Theologiegeschichte wird Maria aus Magdala als Ehebrecherin dargestellt, „passend zur Kombination Frau, Sünderin und Sexualität".[17] Bis heute geistert diese Frau in populären Filmen, Romanen und Gedichten und in vielen Theologenköpfen als „Sünderin" und anrüchige Frau herum. In neueren Spekulationen ist sie auch die Geliebte oder Ehefrau von Jesus gewesen.

Warum aber folgte Maria aus Magdala Jesus? Sie war auf der Suche nach Gott und lernte den sanften Heiler aus Nazareth kennen und lieben, als auch er noch selbst auf der Suche nach Gott war – als emanzipierte Außenseiterin, nicht als Hure, als die sie in der Kirche lange galt. „Maria Magdalena folgt Jesus, und Jesus vertraut ihr, weil sie ihn anders und vielleicht tiefer versteht als die anderen Jünger", schreibt Evelyn Finger in der *Zeit*.[18] Einige Apostel glauben, das Reich Gottes müsse notfalls mit Gewalt erkämpft werden. Die Apostelin aber sagt in der Filmbiografie *Maria Magdalena* von Garth Davis zu den Aposteln: „Die Welt wird sich nur ändern, wenn wir uns ändern."

Rooney Mara in der Rolle der Maria Magdalena im gleichnamigen Film von Garth Davis

29

Die Frau aus Magdala am See Genezareth ist die geheimnisvollste Frauenfigur im Neuen Testament. Sie wurde zur Hure und zur Heiligen stilisiert, zwei beliebte männliche Projektionsfiguren. Für viele Christen ist Maria Magdalena noch immer der Inbegriff von weiblicher Schönheit, von Sinnlichkeit, Sexualität und Sünde. Die wenigen Hinweise im Neuen Testament auf die geheimnisvolle Frau aus Magdala sind recht widersprüchlich. Sie war die Erstzeugin der Auferstehung Jesu und seine Gefährtin sowie im frühen Christentum eine Frau mit außergewöhnlichen spirituellen Fähigkeiten, die Verkünderin der Lehre Jesu und Priesterin sowie die Ermahnerin der Apostel und Jesu Partnerin. Als „Apostelin der Apostel" (Papst Franziskus) wurde sie zum Vorbild aller Nachfolger Jesu. Ihre innere Erkenntnis besaß eine geistige Verbindung sowohl zum irdischen Tod wie auch zum göttlichen Leben.

Ganz offensichtlich war diese außergewöhnliche spirituelle Frau auch mit dem Geschehen beim Tod vertraut. Ihr Auftreten mit den speziellen Salben, mit denen sie Jesus salbte, lässt sie als Priesterin des Isis-Kultes erkennen, deren Vertreter mithilfe von Salben der Seele von Sterbenden über die Schwelle des Todes helfen wollten, während das Bewusstsein im Wachzustand blieb. Daran erinnert noch heute das katholische „Sakrament der letzten Ölung". „Christos" bedeutet der Gesalbte. Deshalb sagt Jesus über seine Gefährtin auch: „Sie ist zuvorgekommen, meinen Leib zu salben zu meinem Begräbnis." (Mk 14,8) Sie hatte offenbar eine klare Einsicht in die geistige Welt.

Maria Magdalena verkündete, dass alle Gläubigen durch den Sieg Jesu über den Tod das ewige Leben erhalten werden. Die feministische Theologin Christa Mulack über Maria Magdalena: „Sie kann Frauen den Weg zur Erweckung verlorener Selbst- und Seinserkenntnis und zur Wiedergewinnung religiöser Mündigkeit zeigen."[19] Das einzige nach einer Frau benannte Evangelium ist nach ihr benannt. Es wird in diesem Buch komplett abgedruckt – soweit noch vorhanden – und als das „Evangelium für das dritte Jahrtausend" vorgestellt (Kapitel VI). Dabei geht es mir nicht um den geglaubten Christus, sondern um den historischen Jesus und sein Verhältnis zu seiner Gefährtin.

Wer das Wesen und die Geschehnisse unserer Welt verstehen will, sollte sich mit seinen Träumen beschäftigen. Träumen ist so wichtig wie denken. Träume verstehen lernen, lässt uns mehr emotionale Flexibilität erreichen und unsere Gefühle in konstruktives Handeln umsetzen. Träume sind Abenteuer, die wir erleben, wenn wir schlafen. Sie sind Pforten zu anderen Wirklichkeiten. Vielleicht kommen wir über eine neue Traum-Zeit einem „Zeitalter des Geistes" (Carl Sagan) näher, nachdem das Zeitalter des Materialismus an seine Grenzen gekommen ist: an die Grenzen des materiellen Wachstums, wie es der Club of Rome schon 1972 formulierte.

Das zu verstehen, ist vielleicht eine der wichtigsten Herausforderungen des 21. Jahrhunderts. Denn die Sprache der heiligen Schriften sind Bilder und Symbole, die uns in Träumen begegnen. Das Evangelium der Frau aus Magdala ist ein Traumevangelium und weniger ein Evangelium des logischen Denkens und der wissenschaftlichen Begriffe. Es handelt sich um ein Evangelium der schöpferischen Imagination oder der schöpferischen Offenheit. Die Zweifel der Vernunft finden, wie Sie später noch lesen werden, in diesem Evangelium in Petrus und Andreas ihre Vertreter.

Dabei erfahren wir auch einen traurigen Vorgeschmack über die spätere Unterdrückung des Weiblichen im kirchlichen wie im gesellschaftlichen Patriarchat, das bis heute anhält. Für die wichtigen Dinge wie Gott oder Krieg oder Fußball sind noch immer weitgehend Männer zuständig. Dafür gibt es dann als Ausgleich für Frauen den Muttertag oder „das bisschen Haushalt", wie es noch in den Siebzigerjahren in einem Schlager hieß, oder ein wenig „Gedöns", wie Gerhard Schröder Familienpolitik nannte.

Die Geschichte der Maria Magdalena ist zugleich das Beispiel einer grandiosen kirchlichen Verdrängungsgeschichte. Die Überbewertung der biologischen Vaterschaft war und ist im Patriarchat die

Basis der väterlichen Macht. Wenn es bisher schon kein von einer Frau geschriebenes Evangelium gab, dann jetzt wenigstens eines, das von einer Frau inspiriert ist. Das ist der Reiz dieses Textes. Hier vermittelt uns die intime Freundin von Jesus seine höchsten Lehren und Erkenntnisse, die nicht identisch sind mit dem, was christliche Theologen und Kirchenfürsten in den letzten 2000 Jahren aus dem Aramäisch sprechenden Jeschua, den sie aber nur aus griechischen Schriftquellen kennen, gemacht haben. Die vier klassischen Evangelien sind von Männern geschrieben, von Männern ausgewählt, von Männern redigiert und ständig von Männern „verbessert" worden.

Es geht mir in diesem Buch nicht um die Frage, ob Jesus verheiratet war oder nicht und ob er mit Maria Magdalene Kinder gezeugt hatte oder nicht. Es geht mir darum, ob und wie Jesus wahrhaftig menschlich war und was Menschsein für uns Heutige wirklich heißt. Inwiefern ist Jesus auch heute Vorbild für Humanität? Das ist unsere Frage. In dieser bisher weitgehend unbekannten Botschaft Jesu geht es um nichts weniger, als die Jesus-Lehre mit neuem Leben zu füllen.

Zur Patriarchalisierung der letzten 6000 Jahre haben die christlichen Kirchen in den vergangenen 2000 Jahren wesentlich beigetragen. Die Vergöttlichung Marias, der Mutter Jesu – fälschlicherweise bis heute von Theologen immer noch „Mutter Gottes" genannt, sie war die Mutter Jesu –, ist dafür nur ein schwacher und peinlicher Trost. Männliche Theologen haben sie zu einer keuschen „Magd des Herrn" degradiert, die willenlos dem „Allmächtigen" zu Diensten war. „Mir geschehe, wie du es gesagt hast." (Lk 1,38)

Als erster Papst hat sich Johannes Paul I. 1978 vom klassischen Patriarchengott distanziert. Der 33-Tage-Papst sagte am 10. September 1978, fünfzehn Tage nach seiner Wahl: „Gott ist Vater, aber noch mehr Mutter." („E' papa, più ancora è madre.") Er war auch der erste Papst der Neuzeit, der auf die traditionelle, prunkvolle

Krönung mit der römischen Tiara verzichtete und sich mit der Feier einer heiligen Messe ins Amt einführen ließ. Durch sein freundliches Auftreten wurde er weltweit als „der lächelnde Papst" bekannt. Er benutzte bei Ansprachen und in offiziellen Dokumenten nicht mehr den Pluralis Majestatis mit dem Personalpronomen „wir", sondern sagte „ich". Als erster Papst bediente er das Telefon selbst und verzichtete auf den Kniefall der Schweizer Garde bei seinem Vorübergehen im Vatikan. Dieser Reformpapst starb überraschend schon 33 Tage nach seiner Wahl. Er ging gesund ins Bett, wachte aber als 66-Jähriger nicht mehr auf, worüber Verschwörungstheoretiker nur allzu gerne weiter raunten. Dieser Reformpapst war auch ein Vorbild für Papst Franziskus, der sich als erster Papst nach dem Bettelmönch aus dem 13. Jahrhundert nennt.

3. Die spirituelle Krise ist die eigentliche Krise unserer Zeit

Zurzeit sind die Buchhandlungen voll mit Büchern, die sich mit Krisen beschäftigen: mit der Klimakrise, dem Artensterben, der Ukraine-Krise, der Pandemie, der Gasknappheit, der Inflation und der daraus folgenden Wirtschaftskrise usw. Gibt es überhaupt noch etwas ohne Krise? Wo aber bleibt die Mutter aller Krisen, die spirituelle Krise, von der die Krise der Kirchen nur die Spitze des Eisbergs ist?

Schon Martin Luther King wusste: „Solange der Geist versklavt ist, kann der Körper nie frei sein." Geistlosigkeit macht auch körperlich krank. „Mens sana in corpore sano" ist eines der am meisten verbreiteten lateinischen Zitate. Schon die alten Römer wussten, dass ein gesunder Geist die Voraussetzung für einen gesunden Körper ist. Tatsächlich handelt es sich um ein verstümmeltes Zitat des römischen Satirikers Juvenal (etwa 60–127), dessen vollständige Version so lautet: „Man soll darum beten, dass sich ein gesunder

Geist mit einem gesunden Körper verbinden möge." Der Geist ist eine still wirkende, heilende Kraft. Vom Dalai Lama habe ich gelernt, dass neben der Meditation viel Lachen für einen gesunden Geist besonders wichtig ist. Unbeschwertes Lachen macht souverän, gelassen und stark. Der Dalai Lama meditiert jeden Tag etwa dreieinhalb Stunden. Und er sagt: „Die Umweltkrise ist zunächst und zuallererst eine Innenweltkrise."

Ohne Spirit ist alles sinnlos, meint die spirituelle Unternehmensberaterin Monika Pott: „Spiritualität ist der Katalysator für jedes Business und gehört zur Corporate Identity wie die Henne zum Ei." Also spirituelle Unternehmensressourcen? Das ist in Deutschland noch etwas ungewohnt, wird aber von immer mehr Unternehmensführern als Kraftquelle verstanden und genutzt. Fehlende Spiritualität ist mehr als nur ein persönliches Problem. Es betrifft die gesamte Gesellschaft, Wirtschaft, Politik – und die Kirchen.

Beim Beschreiben dieser Krise, der spirituellen und metaphysischen Heimatlosigkeit unserer Zeit, weiß ich als Journalist, dass es keine letztgültige Objektivität gibt, sondern nur subjektives Bemühen, und dass das, was wir Wahrheit nennen, letztlich immer nur ein Suchen nach der Wahrheit sein kann. Aber lassen Sie uns, liebe Leserin und lieber Leser, diese Suche nach der Wahrheit wahrhaftig und ohne ideologische Scheuklappen unternehmen. Und dabei Jesus als unseren Pfadfinder zu Gott und zur Wahrheit verstehen. Wir sind noch immer am Anfang, Jesus wirklich zu verstehen. Das Zentrum seiner Lehre: Echter Fortschritt kann nur durch mehr Menschlichkeit erstritten werden. Im Atomzeitalter können wir Kriege nicht mehr gewinnen, aber unsere Menschlichkeit ein für alle Mal verlieren. Von der „friedlichen Nutzung" der Atomenergie haben zwei Generationen profitiert, aber 33 000 Generationen müssen für die „Entsorgung" des Atommülls bezahlen. So wenig nachhaltig wirtschaften wir heute. Um das zu erkennen, brauchen wir keine künstliche Intelligenz. Ich verlasse mich lieber auf die natürliche Intelligenz, die ich in der Schule des Bergpredigers lernen kann.

Manche Zeitgenossen sprechen heute von einer Krise der Religion. Die gibt es sicherlich auch. Gemeint ist aber meist eine Krise der Kirchen. Im „heiligen" Köln sind die Termine für Kirchenaustritte im Sommer 2022 für acht Wochen ausgebucht. Während die Kirchen in der Krise stecken, feiern 2022 zum Beispiel die Passionsfestspiele in Oberammergau Triumphe vor Tausenden von Zuschauern. Die Aufführungen dauern von halb drei bis abends um halb elf. Ausdruck der Sehnsucht nach authentischer Religion? Aber gleichzeitig wünschen 67 Prozent der Deutschen die Abschaffung der Kirchensteuer. Ein evangelischer Pastor sagt mir in diesen Tagen: „Viele treten zwar aus der Kirche aus, bleiben aber spirituell orientiert."

Gleichzeitig möchte ich auch betonen, dass ich selbst in meinem langen Leben vom Kindergarten bis zum Theologiestudium, im Priesterseminar und danach bis heute viele Theologen und Ordensmitglieder erlebt habe, die Religion nicht nur gelehrt, sondern auch gelebt haben und leben. Einige von ihnen sind auch gute Freunde.

4. Wo ist der Geist Jesu in der Kirche?

Albert Schweitzer hat geschrieben: „Was seit 1900 Jahren als Christentum in der Welt auftritt, ist erst ein Anfang von Christentum voller Schwächen und Irrungen. Es ist nicht volles Christentum aus dem Geist Jesu. Wenn man das Judentum der Propheten und das Christentum, so wie es Jesus gelehrt hat, von allen Zutaten der Späteren, insbesondere der Priester, loslöst, so bleibt die Lehre übrig, die die Menschheit von allen sozialen Krankheiten zu heilen imstande wäre."

Noch deutlicher ist die theologische Feministin Dorothee Sölle: „Es gibt einen tiefen Ekel vor der in den Kirchen selbstverständlichen Männer-Herrschaft, die gerade die sensibelsten und wachsten Frauen heute im Christentum heimatlos macht."

Am deutlichsten aber in seiner Religionskritik am „christlichen"
Abendland ist Mahatma Gandhi: „Es ist meine feste Überzeugung,
dass das heutige Europa nicht den Geist Gottes und des Christentums verwirklicht, sondern den Geist Satans. Und Satan hat den
größten Erfolg, wo er mit dem Namen Gottes auf den Lippen erscheint. Europa ist heute nur noch dem Namen nach christlich.
In Wahrheit betet es den Mammon an. Jesus hat vergeblich gelebt
und ist vergeblich gestorben, wenn er uns nicht gelehrt hätte, unser
ganzes Leben nach dem Gesetz der Liebe einzurichten."[20] Dazu
eine typische Jesus-Geschichte aus dem Johannesevangelium: „Da
brachten die Schriftgelehrten und die Pharisäer eine Frau, die beim
Ehebruch ertappt worden war. Sie stellten sie in die Mitte und sagten zu ihm: Meister, diese Frau wurde beim Ehebruch auf frischer
Tat ertappt. Mose hat uns im Gesetz vorgeschrieben, solche Frauen
zu steinigen. Was sagst du? Mit diesen Worten wollten sie ihn auf
die Probe stellen, um einen Grund zu haben, ihn anzuklagen. Jesus
aber bückte sich und schrieb mit dem Finger auf die Erde. Als sie
hartnäckig weiterfragten, richtet er sich auf und sagte zu ihnen:
Wer von euch ohne Sünde ist, werfe als erster einen Stein auf sie.
Und er bückte sich wieder und schrieb auf die Erde. Als sie das ge-
hört hatten, ging einer nach dem anderen fort, zuerst die Ältesten.
Jesus blieb allein zurück mit der Frau, die noch in der Mitte stand.
Er richtete sich auf und sagte zu ihr: Frau, wo sind sie geblieben?
Hat dich keiner verurteilt? Sie antwortete: Keiner, Herr. Da sagte
Jesus zu ihr: Auch ich verurteile dich nicht. Geh und sündige von
jetzt an nicht mehr!"(Joh 8,2–11).

Gandhi warb sein Leben lang für eine spirituelle Politik und für
eine politische Theologie: „Für mich gibt es keine Politik, die nicht
zugleich Religion wäre. Politik dient der Religion. Politik ohne Religion ist eine Menschenfalle, denn sie tötet die Seele." So ist es. Aber
christliche Theologen entgegnen mir auf meine Bücher, in denen
ich versuche, Jesu Botschaft heutig und politisch zu machen, immer
wieder vorwurfsvoll: Was hat denn Religion mit Politik zu tun? O

heilige Einfalt! Und so haben sie die jesuanische Botschaft zu einer saft- und kraftlosen Mittelstandsideologie verkommen lassen, der die Menschen massenhaft den Rücken kehren. Wenn es zum Beispiel um Feindesliebe geht, erklären noch heute christliche Theologen ihren Jesus eher zum Spinner und romantischen Schwärmer, als dass sie mit den Erfahrungen ihres eigenen Lebens und Lernens fragen, was Jesus heute ganz konkret und praktisch uns sagen und raten würde.

Zugegeben: Glaubensfragen sind kompliziert: An eine Person glauben, die zugleich Gott sein soll? An eine Jungfrau, die ein Kind bekommt? An die leibliche Auferstehung der Toten? Sind gläubige Menschen Suchende oder Wissende oder gar Besserwissende? Lisa Kötter aus Münster hat 2019 die katholische Reformbewegung Maria 2.0 mitgegründet. Sie sagt: „Die römische Kirche in ihrer monarchischen Verfasstheit, in diesem unheilvollen Spiel aus Gehorsam und Angst, ist für mich im Grunde ein Verrat an der Botschaft Jesu."[21] Der real existierenden Männerkirche wirft sie „Mangel an Gottvertrauen" vor. „Die Kirche müsste sich demokratisieren." Das wäre dann aber das Ende der katholischen Männerkirche. Denn eine wirklich demokratische Kirche kann nicht die Hälfte ihrer Mitglieder von Weiheämtern ausschließen – nur weil sie Frauen sind. Je mehr eine Einheit der Gesellschaft gleicht, desto besser kann sie der Gesellschaft dienen. Die Kirche Jesu muss die gesamte Gesellschaft abbilden, nicht nur den männlichen Teil

2021 spielten in Weißrussland beim Aufstand gegen den Diktator Lukaschenko Frauen die entscheidende Rolle. Die Rebellion gegen die Herrschaft der Mullahs 2022 in Iran wurde ebenfalls von Frauen angeführt. Ihr Motto: „Frauen, Freiheit, Demokratie." 75 Prozent der iranischen Frauen wagen sich heute bereits ohne Kopftuch auf die Straße. Die Tage aller Männerherrschaften sind gezählt. Auch die Männerdiktatur in der katholischen Kirche wird wohl von Frauengruppen wie Maria 2.0 gestürzt werden.

Mir ist das Leben Jesu in seiner ganzen Fülle und Menschlichkeit wichtiger und aufschlussreicher als die Passion, sein Leidensweg, der in der vorherrschenden Theologie im Vordergrund steht. Es geht mir hauptsächlich um den Jesus der Zukunft als Wegweiser unserer heutigen Probleme in unserem persönlichen wie auch gesellschaftlichen, politischen, wirtschaftlichen und ökologischen Leben. Ostern heißt: Das Leben hat gesiegt. Deshalb hat die christliche Religion den Lauf der Geschichte bestimmt.

Mit über zwei Milliarden Mitgliedern ist sie die weltgrößte Religionsgemeinschaft. Präsidenten, Regierungschefs und Minister schwören ihren Amtseid mit der Hand auf der Bibel. Und in Deutschland berufen sich zwei Parteien auf das C, das sie im Parteinamen tragen. Religion und Kirche haben nach wie vor politischen und gesellschaftlichen Einfluss, wenn dieser auch schwindet.

Jesuanische Christen sollten sich nie ins private Abseits drängen lassen. Sie dürfen und sollten in einer Gesellschaft auch nerven – zum Beispiel, wenn es um den Anfang und das Ende des Lebens geht oder auch um Tierschutz, Artenschutz und Klimaschutz. Tierschutz ist auch Menschenschutz. Wie wir Tiere behandeln, sagt alles über uns Menschen. Und Christen müssen sich einmischen, wenn es um Krieg oder Frieden geht. Die Bergpredigt Jesu ist hochpolitisch. Auch Deutschland hat große Defizite bei der Umsetzung seiner Klimaschutzziele – hauptsächlich beim Verkehr und bei den Altbauten. Wenn Gottes wunderbare Schöpfung gefährdet ist, dürfen jesuanische Kirchen nicht schweigen.

In der Bibel ist von 130 Tierarten die Rede. Jesus-Freunde sollten immer prüfen, ob etwas menschenwürdig ist, also dem Willen Gottes entspricht. Im Geiste Jesu ist nicht entscheidend, ob jemand fromm im kirchlichen Sinn ist, sondern ob jemand ein guter Mensch ist. Die Art und Weise, wie wir mit Tieren umgehen, sagt auch viel über uns Menschen. Doch die meisten Theologieprofessoren achten bis heute darauf, dass ihnen nie ein Baum oder ein Esel in ihrer Theologie herumsteht. Wenn wir von der „Bewahrung der Schöpfung" reden, darf es nicht nur um uns Menschen gehen oder um „Sonne, Mond und Sterne", sondern immer auch um Puten, Hunde, Hühner und Rinder. In vielen Fernsehsendungen haben wir Hühner mit ausgerissenen Federn, Schweine mit blutigen Ringelschwänzen und Menschen gezeigt, die Tiere schlagen, treten und wegwerfen. Tierleid ist ein Teil des Systems der Tierindustrie und der qualvollen Massentierhaltung. Es findet überall statt – auch vor unserer Haustür. Mit einer Reduktion des Fleischkonsums kann jede und jeder dazu beitragen, das Tierleid zu beenden. Das geht nicht immer in Harmonie.

Heute wissen wir über die Fortschritte in der Biologie und Verhaltensforschung, dass wir uns über Tiere jahrhundertelang geirrt haben. Tiere haben Gefühle, und sie können sogar denken. Solche neuen Erkenntnisse führen immer auch zu Konflikten mit altem Denken und früherem Verhalten. Unsere Zeit erlebt eine Revolution des Tierbildes. Die Kommunikation unter Tieren ist weit höher entwickelt, als wir uns das noch zu meiner Kindheit haben vorstellen können.

Auf den Gott Jesu zu vertrauen, bedeutet vor allem, frei zu sein – befreit zu sein von der Herrschaft der materialistischen Götzen. Raffgier ist immer Ausdruck eines beschränkten Bewusstseins. Auch von der Herrschaft des ständig Informiert-sein-Müssens gilt es sich zu befreien. Noch nie standen uns so viele Informationen zur Verfügung, aber noch nie ist die Kommunikation so wortreich und kläglich gescheitert. Völlig belangloses Zeug wird hochdramatisiert. Soeben lese ich in der *Bild*-Zeitung: „Die nächsten Wochen werden dramatisch sein – Auf Mallorca werden die Eiswürfel knapp." Diesen sinnlosen Quatsch lesen Millionen. Wo aber bleiben die eigentlichen Probleme?

Die heutige spirituelle, die geistige Krise, ist weit mehr als nur eine weitere Krise. Sie ist die Krise unseres Jahrhunderts, vielleicht sogar unseres Jahrtausends. Sie ist die Krise aller Krisen. Jesus dazu in seiner Bergpredigt bei Matthäus schon vor 2000 Jahren – frei übersetzt: „Sucht zuerst das Reich Gottes und alles andere wird euch nachgeschmissen." Aber auch: „Sorgt euch nicht um euer Leben, was ihr essen oder trinken sollt! Noch um euren Leib, was ihr anziehen sollt! Ist nicht das Leben mehr als die Nahrung und der Leib mehr als die Kleidung? Seht euch die Vögel des Himmels an: Sie säen nicht, sie ernten nicht und sammeln keine Vorräte in Scheunen; euer himmlischer Vater ernährt sie: Seid ihr nicht viel mehr wert als sie? Wer von euch kann mit all seiner Sorge sein Leben auch nur um eine kleine Spanne verlängern? Und was sorgt ihr euch um eure Kleidung? Lernt von den Lilien des Feldes, wie sie wachsen: Sie arbeiten nicht und spinnen nicht. Doch ich sage euch: Selbst Salomo war in all seiner Pracht nicht gekleidet wie eine von ihnen. Wenn aber Gott schon das Gras so kleidet, das heute auf dem Felde steht und morgen schon in den Ofen geworfen wird, wie viel mehr dann euch, ihr Kleingläubigen! Macht euch also keine Sorgen und fragt nicht: Was sollen wir essen? Was sollen wir anziehen? Denn nach all dem streben die Heiden. Euer himmlischer Vater weiß, dass ihr das alles braucht. Sucht aber zuerst sein Reich und seine Gerechtigkeit; dann wird euch alles andere dazugegeben. Sorgt euch also nicht um morgen; denn der morgige Tag wird für sich selbst sorgen. Jeder Tag hat genug an seiner eigenen Plage." (Mt 6,25–34)

Mit seinem Programm „Sorget euch nicht" ist Jesus gerade in Krisenzeiten, wie wir sie heute erleben, unglaublich aktuell. Die Bergpredigt Jesu ist die Charta eines neuen Lebens im Atomzeitalter. Im Zeitalter der Sinnkrise und der Zukunftsangst brauchen wir sie mehr denn je. Sie ist das Überlebensprogramm (Survival Guide) der Menschheit.

Also einfach mal positiv denken? Das ist zu oberflächlich. Jesus war weder Optimist noch Pessimist – beide Haltungen sind modische Geisteskrankheiten. Er war ein großer Realist. Einer meiner Bekannten hatte nach einer Midlife-Crisis beschlossen, sich in seiner zweiten Lebenshälfte weniger Sorgen zu machen. Nennen wir ihn folglich „Mr. Ohnesorg". Er sagte sich: „Die Sorgen, die ich mir bisher um meinen Job, meine Gesundheit, meine Familie und um die Politik gemacht habe, waren alle unnötig. Sie haben mich nur in meine Midlife-Crisis geführt, aber nie etwas verändert oder gar verbessert. Was lerne ich daraus? Wenn ich mir auch weiterhin in meiner zweiten Lebenshälfte viele Sorgen mache, dann nützt das niemandem. Es schadet eigentlich nur. Also befolge ich den klugen Ratschlag Jesu und mache mir in Zukunft weniger oder gar keine Sorgen mehr." Der Mann wurde als Mr. Ohnesorg anschließend bis an sein Lebensende weit erfolgreicher als in seiner Sorgenzeit. Er erzählte, dass er ein „glückliches, erfolgreiches Leben gehabt hat und viel Gutes bewirken konnte".

Die Geschichte von Mr. Ohnesorg kann jeder für sein Leben übernehmen. Jeder kann dazu beitragen, den Negativsog, der uns wie eine Droge abhängig macht, zu durchbrechen. Psychisch sind wir so programmiert, dass wir außergewöhnlichen Krisenereignissen vermehrt Aufmerksamkeit schenken. Von diesen Übertreibungen leben wir Journalisten in Wort und Bild.

Energiekrise, Gaskrise, Ukraine-Krise, Klimakrise: Das alles sind wichtige journalistische Themen. Wichtig ist freilich unsere innere Einstellung zu diesen Krisen. Statt sich immer mehr Sorgen zu machen, ist allein die Frage entscheidend: „Was kann ich zur Besserung der Lage beitragen?" Oder auch: „Wie werde ich von einem Teil des Problems zu einem Teil der Lösung?" Immer gleich mit dem Schlimmsten zu rechnen und sich vor lauter Zukunftssorgen schlaflose Nächte zu bereiten, hilft niemandem. Es gibt viele Gründe, nicht gleich bei jeder Krise an den Weltuntergang zu glauben. Wir haben schließlich schon manch einen „Weltuntergang" überlebt.

Den *Gott der kleinen Dinge* – ein Buch, das bezeichnenderweise im eher spirituell reichen Indien von Arundhati Roy geschrieben wurde – haben wir weitgehend verdrängt und vergessen. In diesem wundervollen Buch finden wir schon auf der ersten Seite unendlich viele kleine Götter und kleine Wunder: Es geht neben der nie genug zu preisenden Liebe gleich zu Beginn um die „Erinnerung an die Kindheit am Fluss" im südindischen Kerala – um „schwarze Krähen", „leuchtende Mangos an reglosen, staubgrünen Bäumen", um „Rote Bananen", um „Jackfrüchte, die aufplatzen", um „Schmeißfliegen, die stumpfsinnig brummen" oder um „nach Früchten duftender Luft".

Lauter Wunder also, die es in der modernen christlich-abendländischen Literatur immer weniger zu geben scheint. Diese Götter „der kleinen Dinge" kann ich jeden Abend bei meinem Waldspaziergang erleben: Bäume, Zapfen, Sträucher, Blätter, Nadeln, Gräser, Halme, Blumen, Ameisen, Schmetterlinge, Würmer, Pilze, und Beeren. All diese Geschöpfe sind wie das Lächeln der Erde. An manchen Tagen höre ich im Unterholz das Grunzen von Wildschweinen. Unser Ortsteil von Baden-Baden heißt schließlich *Eber*steinburg. Und im August sehe ich manchmal sogar Sternschnuppen am Himmel. Keiner dieser „kleinen Götter" wurde von einem Architekten geschaffen. Alles wundervolle Natur, das heißt: alles von selbst. Also alles von Gott, dem „Gott der kleinen Dinge". Milliardenfache Wunder Tag für Tag, wenn man nur die Augen aufmacht und ein wenig seinen sieben Sinnen vertraut. Die Natur ist der Nährboden für Religiosität und Mystik. Der Wald und das Vertrauen, dass Gott mich liebt, stärken mein Immunsystem. Für mich ist der Wald ein Antidepressivum.

Der Wald ist ein Ökosystem. Er ist mehr als die Summe seiner Bäume. Das Ökosystem Wald ist Trinkwasserspeicher, Schutz der Artenvielfalt, Erlebnis- und Erholungsort, Kohlenstoffspeicher, Luftreiniger und Sauerstoffspender, permanentes Experimentierfeld für Neues, ein Ort voller Wunder, ein Ort der Kühlung in einer immer mehr aufgeheizten Welt. Jedes Wunder beginnt mit wundern und aus dem Wundern erwächst Wissen. Schon Thomas von Aquin wusste: „Das Staunen ist eine Sehnsucht nach Wissen." Das Staunen kann eine Brücke zwischen Wissenschaft und Spiritualität sein.

Das Staunen und Sich-Wundern über die Schönheit, Größe und Unendlichkeit der Natur und des Kosmos ist der Urgrund aller

Philosophie, aller Wissenschaft und aller Religion. So habe ich es im Griechischunterricht schon als Vierzehnjähriger von Aristoteles gelernt. Das Staunen ist auch der Weg von intellektueller über die ethische zur moralischen Integrität beim Handeln. Und der Weg auf der Suche nach Sinn. Dieses Staunen vereint naturwissenschaftlich und religiös-spirituell orientierte Menschen. Deshalb spricht der israelische Bestsellerautor Yuval Harari vom „Homo Deus". Wir entscheiden mit, wie es mit uns weitergeht, obwohl wir kein einziges Gräslein wachsen lassen können. Die Seele braucht das Staunen über die Schönheit und Güte der Welt.

Die Geschichten Jesu sind voll von diesen „kleinen Göttern". Dahinter verbirgt sich freilich noch Höheres und gleichzeitig Tieferes: Wer oder was bewirkt, dass der Samen wächst und dass der Boden und die Bäume Früchte hervorbringen? Mutter Erde ist heilig. Und der Wald bietet uns kostenlos eine Freiluftspiritualität an. Die heutige Religion und die Theologie insgesamt sind zu kopflastig. Die Natur ist die am einfachsten zu verstehende Bibel. Sie bietet eine unerschöpfliche Quelle von Wissen, Weisheit, Energie und Harmonie. Dabei gehören für mich Beten und Meditieren in Gottes schöner und wirkmächtiger Schöpfung zum Leben wie die Luft zum Atmen. Franz von Assisi hat die Natur als Abbild der göttlichen Schöpfung besungen und Bruder Sonne sowie Schwester Mond gepriesen. Er war Tierschützer, Minimalist und Friedensstifter. Pompöse Klerikerkleidung lehnte er als Ausdruck von Macht und Hierarchie ab. Franziskus war praktizierender Jesuaner.

Die Stille beim Waldbaden ist mehr wert als alle Religionen und Psychotherapien. Sie ist „die Schwester des Göttlichen", wie es in der keltischen Mythologie heißt. Das Schönste, was wir überhaupt besitzen, ist vielleicht die Sehnsucht nach einer heilen Welt und nach einem Leben im Einklang mit der Natur. Schon Charles Darwin wusste: „Alles, was gegen die Natur ist, hat auf Dauer keinen Bestand." Deshalb kann die chemisierte Landwirtschaft auch nur für eine kurze Zeit funktionieren und höhere Erträge bringen, doch auf Dauer ist die biologische Landwirtschaft erfolgreicher.

Mit der Massentierhaltung führen wir nicht nur Krieg gegen die Tiere, sondern auch gegen die gesamte Natur. Alles, was wir heute Tieren antun, wird auf uns zurückkommen. Dies ist der Grundkonsens aller Weltreligionen: „Ihr könnt nur ernten, was ihr sät." Tiere gab es, lange bevor es Homo sapiens gab. Wir stehen auf den Schultern unserer älteren Geschwister im Tier- und Pflanzenreich. Wir werden gemeinsam überleben oder zusammen zugrunde gehen. Erst rotten wir die Tiere aus, und dann sterben die Menschen. Der Klimawandel hat viel mit unserem Fleischkonsum zu tun – der Klimawandel liegt auch auf unserem Teller.

Die Natur und die Gesetze, nach denen sie arbeitet, sind die eindrucksvollste Manifestation des Göttlichen. Diese Naturgesetze, die gesamte Schöpfung und die Natur sind der überzeugendste Gottesbeweis. Gottes Größe, Schönheit, Liebe und Weisheit spiegeln sich im unendlichen Kosmos und in der Natur wider. Die Erde ist unsere Mutter. Wir sollten sie schätzen und schützen. Wir leben in ihr und von ihr. Das Licht des himmlischen „Vaters" können wir heilsam nutzen, wenn wir uns mit unserer „Mutter" Erde versöhnen, anstatt sie weiter zu vergewaltigen.

Der Mensch braucht die Natur. Sie weckt unsere Sinne für die Schönheit, sie macht gesund, klug und zufrieden – vielleicht sogar glücklich, und sie fördert die psychische Reife, wie wissenschaftliche Studien belegen. Wer Wohlbefinden und Resilienz durch die Natur empfindet, wird sie auch schützen und für sie eintreten. Wir schützen aber nur, was wir auch wirklich lieben.

Schöne und einzigartige Landschaften können auch ökonomisch nutzbar sein. Dasselbe gilt für die Attraktivität regionaler Produkte oder für umweltverträglichen Tourismus.

5. Vertrauen ist der Goldstandard aller Beziehungen

Schon eine knappe Stunde im Wald, am See oder auf einem Berg – und wir spüren die heilende Kraft der Natur. In der Natur findet unsere Seele zu neuer Energie. In einer Meditation im Wald sehen wir mit den Augen der Seele. Und es ist unglaublich, wie viel Kraft die Seele dem Körper zu verleihen vermag. Hier ahnen wir, wie recht Immanuel Kant hatte, als er in der *Kritik der praktischen Vernunft* schrieb: „Zwei Dinge erfüllen das Gemüt mit immer neuer und zunehmender Bewunderung und Ehrfurcht, je öfter und anhaltender sich das Nachdenken damit beschäftigt: der bestirnte Himmel über mir und das moralische Gesetz in mir." Die Wiedergewinnung der Seele ist die Voraussetzung für die Heilung der Wunden unserer Zeit. Doch für viele Christen klingt das Wort Seele nach Folklore und für viele Theologen nach Esoterik. In dieser materialistischen Zeit fällt es uns schwer, zu begreifen, dass Dinge, die materiell wertlos sind, elementar für das Seelenheil sein können.

Wo Vertrauen in die Natur wächst, schwindet die Angst um die Zukunft. Vertrauen ist der Goldstandard aller Beziehungen.

Jesus nutzt Bilder, die seine ökologische Seite erahnen lassen: Seine bäuerlich geprägte Sprache ist voll von Worten wie Abfall, Acker, Aas und Ähre, von Blumen, Brot, Blitz, Backen und Bauen, von Dürren und Dünsten, von Dorf und Dornen, von Essen, Engeln, Erdbeben, Ei und ewigem Leben, von Frucht und Frieden, von Feuer und Flamme, von Gott und Gras, von Kalb und Kraft, von Ochsen und Ottern, von Regen, Reben und Reifen, von Sämann und Samen, von Schöpfen und Schaf, von Trinken und von Trauben, von Vertrauen und Verlieren, von Wachsen und Wandern, von Weisheit und vom Weizen, von Wein und von den Weiden, von Wundern und Wölfen, vom Wurm, von der Wurzel und von der Wüste. In meinem Buch *Der ökologische Jesus. Vertrauen in die Schöpfung* habe ich noch mehr dieser jesuanischen Naturbilder in seinen Geschichten aufgezeigt.

Er war nicht nur ein großer Naturbeobachter, sondern auch ein großer Naturpoet. Nur deshalb konnte er seinen Freunden und Freundinnen empfehlen: „Macht euch weniger Sorgen – vertraut doch mehr der Natur." Dieselbe Intention klingt in den indischen Upanischaden so:

> Gott schläft in den Steinen,
> träumt in Tieren,
> atmet in Pflanzen
> und erwacht in Menschen.

„Sorget euch nicht", rät Jesus in der Bergpredigt (Mt 6,19–21). Er schlägt stattdessen vor: „Sammelt euch nicht Schätze hier auf der Erde, wo Motte und Wurm sie zerstören und wo Diebe einbrechen und sie stehlen, sondern sammelt euch Schätze im Himmel, wo weder Motte noch Wurm sie zerstören und keine Diebe einbrechen und sie stehlen. Denn wo dein Schatz ist, da ist auch dein Herz."

Meine Lebenserfahrung sagt mir: Wenn man nicht immer mit dem Schlimmsten rechnet, wird alles halb so schlimm und wahrscheinlich sogar vieles noch besser. Geduld freilich ist eine wichtige ökologische Tugend.

Mit seinen Vorschlägen und Geschichten vor 2000 Jahren ist Jesus auch im 21. Jahrhundert erstaunlich aktuell: Er prangert Geiz und Gier an sowie die Götzenherrschaft des Geldes, er verlangt Gerechtigkeit und Frieden, ja sogar Feindesliebe, Dienst am Nächsten und Steuergerechtigkeit, er kritisiert Arbeitslosigkeit, Naturzerstörung und das Schuldenmachen. Er äußert sich zu Ehe und Ehebruch und zu den Chancen der Gewaltfreiheit. Der Höhepunkt im Leben Jesu war gekommen, als er denen vergab, die ihn gekreuzigt hatten, meint Martin Luther King. Das war praktizierte Feindesliebe, die radikalste aller religiösen Maximen. Und Feinde zu lieben, heißt, „dass wir wieder und wieder die Notwendigkeit akzeptieren müssen, denen zu vergeben, die uns Böses und Unrecht zufügen".

Dies sei der Schlüssel zur Lösung der Probleme unserer Welt (Martin Luther King). Nur dann werden wir auch endlich lernen, keine Kriege mehr gewinnen zu wollen, sondern den Frieden. Das zu lernen, ist der alles entscheidende Lernauftrag für zukunftsfähige Menschen im Atomzeitalter. Im heutigen globalen Dorf ist jeder unser Nachbar.

Beim Thema Gerechtigkeit weisen Sozialmediziner wie der Wiesbadener Arzt Gerhard Trabert darauf hin, das sich im heutigen reichen Deutschland Millionen Menschen fragen müssen: Friere ich oder esse ich? Oder: Friere ich nicht und verzichte auf Essen? Arme Frauen sterben hierzulande viereinhalb Jahre früher und arme Männer neun Jahre früher als reiche: Das geht auch an die psychische Substanz der Betroffenen. Mahatma Gandhi wusste: „Armut ist die schlimmste Form der Gewalt." Was würde Jesus dazu sagen, ihr lieben Christdemokraten?

Sein Gegenprogramm besteht nicht aus Magie und Mirakel, sondern aus Bildern und Beispielen der organischen Natur: Es geht ihm um Werden und Reifen, um Wachsen und Sich-Entwickeln und um Sich-Entfalten. Es geht ihm nicht um äußeres Wachstum, sondern um Prozesse der Wandlung und um innere Umkehr. Um persönliches Reifen.

Jede Namensgebung erfolgt aus dem Unbewussten. Jesus – aramäisch Jeschua, hebräisch Joschua – heißt: Gott ist Hilfe und Heil. Doch der Gott Jesu meinte nie den alttestamentlichen Patriarchengott, sondern „Abba", am besten wohl mit dem zärtlichen „Papi" übersetzt. Das klassische Wort „Gott" war zur Zeit Jesu zum Teil mit barbarischen Vorstellungen vieler Kulte und Religionen belastet. Abba ist immer ein fürsorgender, mütterlicher Vater. Abba ist der Ausgang und das Ziel unseres Seins. Wie der verlorene Sohn in einem seiner bewegendsten Gleichnisse kommen wir alle von Gott und sind auf dem Weg zu ihm – Kinder Gottes. Wenn das so ist, dann ist unsere Zukunft hoffnungsvoll. Für Jesus ist Gott die Güte in Person. Seinen Kindern, uns, gilt seine Liebe. Wenn es im ersten

Johannesbrief heißt: „Gott ist Liebe" (1 Joh 4,16), dann gilt es zu bedenken, dass im Aramäischen das Wort Liebe identisch ist mit Mutterschoß und Mutterleib. Inniger, klarer, schöner, beglückender, sensibler und liebevoller ist der Name Gottes wohl nie erkannt und umschrieben worden.

Dieses revolutionäre Gottesbild Jesu wurde leider durch viele Übersetzungen, Hinzufügungen und theologische „Verbesserungen" entschärft, verharmlost und verwässert. „Mutterschoß" als Ort der Liebe bedeutet ein Gefühl der Geborgenheit, wie es nur das ungeborene Kind im Mutterleib erfahren kann. Genau so, schlägt Jesus vor, können wir uns Gottes Liebe zu uns Menschen vorstellen.

Der Schriftsteller Alfons Rosenberg nannte Jesus den „Entdecker der Innenkraft des Menschen". Fast 2000 Jahre hat es gedauert, bis die Mediziner es wagten, in die durch Jesus erschlossenen Höhlen der Seele hinabzusteigen. Auf seinen Spuren hat erst die Psychotherapie des späten 19. und 20. Jahrhunderts Jesus, den Seelenheiler, entdeckt. Die ältesten Bilder von Jesus zeigen ihn als Arzt. Eugen Drewermann beschreibt wie kein anderer in unserer Zeit Jesus als Seelenarzt und Heiler. Seine Bücher erreichen Millionenauflage. Doch dieser erfolgreiche Theologe hat in katholischen Kirchen Predigtverbot.

6. Gott ist Liebe

Jesus verstand sich nie als Gott, zu dem viele Theologen ihn hochstilisierten, sondern seit seiner Taufe am Jordan als „Sohn Gottes", so wie Sie, liebe Leserin und lieber Leser, ein Sohn oder eine Tochter Gottes sind. Jesus wollte immer unser Bruder sein. Jesus als „wahrer Gott und wahrer Mensch" ist Theologen-Sprech und entspricht niemals Jesu Selbstverständnis. Für ihn ist „Gott" ein anderes Wort für „Liebe" oder für „Geist" oder für „Energie". Er verstand sich selbst als eine Kraftquelle, eine Tankstelle Gottes. Dazu Alfons Rosenberg: „Wer sich mit Jesus in Verbindung setzt, gewinnt Anteil an der Kraft, die ihn (am Jordan bei seiner Taufe) durchdrang."

Zum Tauferlebnis Jesu heißt es bei Matthäus 3,16–17: „Kaum war Jesus getauft und aus dem Wasser gestiegen, da öffnete sich der Himmel, und er sah den Geist Gottes wie eine Taube auf sich herabkommen. Und eine Stimme aus dem Himmel sprach: Das ist mein geliebter Sohn, an dem ich Gefallen gefunden habe." Aus dem Aramäischen rückübersetzt heißt es statt der Taube: „Er sah den Geist Gottes *geradewegs* auf sich herabkommen." Diese Neu-übersetzung ergibt mehr Sinn. Bis zum letzten Atemzug hat der Mensch den Auftrag, nach dem Sinn seines Lebens zu suchen.

Um den wirklichen Jesus zu verstehen, kann uns niemand mehr helfen als seine Gefährtin und Vertraute Maria Magdalena. In der Schule dieser Frau wurde Jesus zum Lehrer der Liebe für alle Menschen. Doch im Gegensatz zur Kirche hat Jesus „Liebe" im-mer ganzheitlich verstanden und also auch die leibliche Liebe, die Sexualität, nie abgewertet, sondern auch in ihr das Wirken Gottes erkannt. Sexualität ist eine Kultur der Zärtlichkeit.

Im Garten Eden der Schöpfungsgeschichte ist von sexueller Verklemmung zweier Liebender keine Spur. Ein verzaubernder Umgang mit der Sexualität ist die höchste Form der Lebendig-keit und der Feier des Lebens, die sogar neues Leben entstehen lässt.

Im Traum sah ich vor einigen Wochen diese Schrift in großen Buchstaben: „GOTT IST LIEBE – ALLE LIEBE WILL EWIG-KEIT." Über Träume erfahren wir die Wirklichkeit der Seele. Der Tiefenpsychologe Carl Gustav Jung schreibt: „Deshalb ist jeder Traum Informations- und Kontrollorgan und darum das wirk-samste Hilfsmittel beim Aufbau der Persönlichkeit."[22] Oder: „Die Beschäftigung mit Träumen ist eine Art von Selbstbesinnung."[23] Träume sind so etwas wie ein Echo der Seele, wie ein sechster Sinn, eine Quelle unserer Intuition, unser inneres Kommunikations-instrument. Liebe ist das Wesen der Seele. Träume gehören zum

Gefühle-Teil unseres Hirns. Und dieser Bereich ist in der Nacht besonders aktiv. Da ist nachts richtig was los.

Die Missachtung der Träume verdrängt unser Seelenleben und beeinträchtigt unser Glaubensleben, schreibt der Theologe und Psychotherapeut Helmut Hark in seinem Buch *Religiöse Neurosen. Ursachen und Heilung.* Nach seinen Erfahrungen sind sich viele Christen völlig im Unklaren über die Beziehungen zwischen Neurose und Religion: „Erst durch eine seelische Erkrankung werden die Menschen in der Regel auf diese Zusammenhänge aufmerksam."[24] Ich habe Träume auch als Hilfe für Problemlösungen erlebt. Albert Einstein sagte, die Ursprünge seiner weltberühmten Relativitätstheorie liegen in einem Traum, den er als Jugendlicher gehabt habe. Seine ganze wissenschaftliche Laufbahn könne man als „Meditation" über diesen einen Traum verstehen. Der Zugang zu den eigenen Träumen sei der Schlüssel zu einfallsreichem Denken. Der US-amerikanische Traumforscher Jack Maguire schreibt in seinem Buch *Traumarbeit und Transformation*: „Je mehr wir unser Traumleben kultivieren, desto reicher und lohnender wird es."[25] Es ist wissenschaftlich schon lange erwiesen, dass alle Menschen jede Nacht im Schlaf träumen.

Jesus war in diesem Sinn bestimmt ein großer Träumer. Ich sehe in ihm einen Traumaktivisten. Träume können uns helfen, unsere seelische Balance zu finden. Das Wort „Balance" (oder Harmonie) wird in diesem Buch später noch eine wichtige Rolle spielen. Die innere Balance zwischen Denken im Wachzustand und Träumen im Schlaf zu finden, scheint in allem die Kunst des guten Lebens zu sein. Die ganzheitliche Ayurvedische Medizin bietet Balancekuren an. „Dein Geist wird geklärt. Dein Körper wird gereinigt. Regeneration auf allen Ebenen des Seins, für ein Gefühl der ewigen Jugend … Du findest zur inneren Balance", sagt die österreichische Ayurveda-Expertin und Pionierin für European Ayurveda, Elisabeth Mauracher, zum Autor dieses Buchs. Die europäische Ayurveda-Heilmedizin, eine Kombination von europäischer Schulmedizin und indischem Naturheilverfahren, strebt für gestresste Europäer eine neue Balance von Körper, Geist und Seele an. Innere Balance (Nous) ist das Geheimnis eines gelingenden, wertvollen und guten Lebens, verriet schon Jesus seiner Gefährtin Maria Magdalena (siehe Kapitel VI). Ayurveda ist das älteste Gesundheitssystem der Welt und bedeutet: die Wissenschaft vom langen Leben, das eine Balance von Körper, Geist und Seele zur Aktivierung der Selbstheilungskräfte voraussetzt. Der Zukunftsforscher Franz Josef Radermacher befürchtet eine Zerstörung der Weltwirtschaft, wenn wir keine Balance zwischen Ökonomie und Ökologie finden. Er sieht die Alternative zum neoliberalen Brutal-Kapitalismus in einer ökosozialen Marktwirtschaft.[26]

Jeder Blick in die Nachrichten zeigt uns, dass die Welt außer Balance ist oder in Unordnung. Ist die jesuanische Balance mehr als ein Modewort, ist es wirklich ein Schlüsselwort, das uns helfen kann in den vielen Krisen unserer Zeit? Das aktuellste Beispiel: Die Balance der Sicherheitsinteressen der Ukraine und Russlands ist die Formel für ein Ende des Ukraine-Kriegs. Das heißt: Wirkliche Sicherheit muss immer auch die Sicherheit das anderen sein. Hier liegt die Chance für die Lösung im Ukraine-Krieg.

Spätestens jetzt, im Atomzeitalter, müssen Konfliktparteien anerkennen, dass die eigene Sicherheit immer auch die Sicherheit des Gegners sein muss. Es geht gar nicht mehr ohne Balancedenken. Die ständige NATO-Osterweiterung nach 1990 hat uns im Westen natürlich keine Angst gemacht, anders aber musste sich das für Wladimir Putin und für Russland anfühlen. Wir versuchen noch immer, unsere Ängste dadurch zu verarbeiten, dass wir dem Gegner noch mehr Angst machen. Diese Politik der „atomaren Abschreckung" kann jederzeit in den Atomkrieg führen – auch durch ein Versagen der Technik. Ein Atomkrieg, so hat es mir mal der Realpolitiker Michail Gorbatschow gesagt, wäre aber „der letzte Krieg der Menschheitsgeschichte, weil es danach keine Menschen mehr gäbe, die noch einen Krieg führen könnten". So dramatisch aktuell ist das, was Jesus schon vor 2000 Jahren seiner engsten Gefährtin mit dem Schlüsselwort „Balance" und uns mit dem Schlüsselwort „Feindesliebe" in der Bergpredigt anvertraut hat.

Jesus war frei von Geschlechts- und Frauenfurcht, von der so viele Asketen befallen sind. Ein Asket war Jesus gerade nicht. Nicht zufällig nannten ihn seine Feinde „einen Fresser und Säufer, einen Freund der Zöllner und Sünder" (Mt 11,19). Der Mann ließ damals so gut wie kein Fest aus. Er war ein Genießer, kein Verzichtsapostel. Man denke nur an die Geschichte der Hochzeit zu Kana oder an die vielen Einladungen zu weiteren Festmählern, denen er folgte. Die Theologin und Psychotherapeutin Hanna Wolff schreibt über diesen Jesus, dass er „den positiv schöpferischen Möglichkeiten des Menschen" in einer „wesenhaften Unbekümmertheit" vertraute. „Wesenhafte Unbekümmertheit ist keine Eigenschaft, sie ist Grundhaltung einer integrierten Persönlichkeit, angstfrei, realitätsverbunden, sinnenfreudig, weltoffen, sicher."[27] Dem gegenüber wirkt der kirchliche Jesus oft geradezu steril, unsicher, asketisch, angstbesessen und gerade nicht Welt- und zukunftsoffen.

Gott ist Liebe. Kann Liebe Sünde sein? Und was ist homosexuelle Liebe? Im Januar 2023 sagte Papst Franziskus laut der Nachrichtenagentur AP: „Homosexualität ist kein Verbrechen." Aber sie bleibe eine Sünde. Das gilt in der katholischen Kirche schon als Fortschritt. Viele Christen und manche Theologen haben geradezu eine panische Angst vor dem Wort Selbstverwirklichung.

Für viele Menschen gilt Jesus als antiquiert und von gestern, während der wirkliche Jesus neben seiner Gefährtin Maria Magdalena heute provokante Brisanz und universale Attraktivität ausstrahlt. Die westliche Theologie hat lange übersehen, dass das Christentum wie alle Weltreligionen in seinem Ursprung östlich ist. Erst wenn wir die Bibel in ihren alten Ursprung stellen, können wir sie voll verstehen. Unter den Jüngerinnen, die Jesus um sich hatte, war Maria Magdalena seine vertrauteste. Das steht auch in den offiziellen Evangelien. Doch immer mehr Theologen und vor allem Theologinnen fragen heute: War da noch mehr zwischen den beiden? Schließlich heißt es in einem apokryphen Evangelium auch: „Der Erlöser liebte Maria mehr als alle Jünger und küsste sie oft auf den Mund." Also nur geistige Nähe oder auch körperliche Liebe? Oder beides?

Warum von den vielen apokryphen Evangelien nicht auch nur eines von den Kirchen wirklich ernst genommen wird, ist wohl einfach zu erklären: Sowohl das Thomasevangelium wie das Philippusevangelium wie auch das Maria Magdalena-Evangelium fordern die Gläubigen auf, Gott in ihrem Innern zu suchen – ohne eine Kirche oder Kleriker auch nur zu erwähnen. Diese apokryphen Evangelien helfen uns, ein menschlicheres Bild von der jesuanischen Religion der Liebe zu gewinnen.

Was aber ist Liebe? Einer der tiefgründigsten Sätze der Bibel steht im ersten Johannesbrief: „Wer nicht liebt, hat Gott nicht erkannt. Denn Gott ist Liebe." (1 Joh 4,8) Gott hat Liebe und er *ist* Liebe. Der Theologe Joachim Nagel meint dazu: „Gott ist ein universales, nachgerade ‚kosmisch‘ zu nennendes Kommunikationsgeschehen."[28] Viele traditionelle Christen scheuen sich, Gottesliebe und Sexualität in eine zu große Nähe zueinander zu bringen. Doch diese Nähe ist immer mitgemeint. Diese Liebe Gottes ist als Innigkeit und Einheit zu erahnen, wie wir Menschen sie vor allem als Sehnsucht kennen. Die Liebessehnsucht von Menschen ist deshalb göttlich.

7. Jesus in schlechter Gesellschaft?

Auffällig ist, dass Jesus in seiner Umgebung sehr wohl Dirnen dulden konnte. Er lebte gerne auch „in schlechter Gesellschaft". Im Herzen nahm er die Gotteskindschaft eines jeden Menschen wahr. Das macht ihn zum „wahren Menschen". Jesus achtet die Geschlechterliebe in ihrer Würde und übersinnlichen Natur.

Der scheele Blick auf Sex und die Angst vor der Sexualität kamen erst durch Paulus ins Neue Testament und drangen so in das

Denken und Handeln des Christentums ein. Dieser frauenfeind-
liche Paulus stellt im siebten Kapitel seines Korintherbriefs einen
naturwidrigen Kodex „christlichen" Sexualverhaltens auf, der Jesu
Unbefangenheit und Bejahung des Eros total widerspricht. Für
Paulus ist der Eros ein notwendiges Übel, das besser gar nicht wäre.
Dieses Übel muss bekämpft werden: „Ich wünschte, alle Menschen
wären unverheiratet wie ich." (1 Kor 7,7) Oder: „Wer seine Verlob-
te heiratet, handelt also richtig; doch wer sie nicht heiratet, handelt
besser." (1 Kor 7,38) Für Paulus ist die patriarchale Ehe eine Ver-
einigung, durch welche die Hurerei vermieden werden kann.

Alfons Rosenberg fasst die Sexualmoral des Paulus so zusammen: „Erlaubte Brunst, legalisierte Notdurft, genehmigte Sünde."
Je größer und mächtiger die Kirche wurde, desto kleiner und ohnmächtiger wurden die Frauen in der Kirche gemacht.

Völlig egal, wer die vielen Paulusbriefe im Neuen Testament
auch geschrieben haben mag: Die paulinische Theologie wirkt dem
jesuanischen Befreiungswerk diametral entgegen. Paulus verbietet
den Frauen sogar den Mund in der Kirche. Was die Rechte der
Frauen angeht, hat sich die Kirche weitgehend Paulus und nicht Jesus angeschlossen. Das Spezifisch Jesuanische harrt bis heute seiner
Verwirklichung. Christa Mulack merkt an, dass für Paulus „der Sieg
des Weiblichen gleichbedeutend mit der Niederlage des Männlichen" war.[29]

Ganz anders Jesus und seine Freundin Maria Magdalena. Jesu
Verkündigung enthält auch den Lobpreis der leiblichen Liebe:
Mann und Frau sollen nicht eine Seele, sondern ein Leib werden:
„Die zwei werden ein Fleisch sein. Sie sind nicht mehr zwei, sondern ein Fleisch." (Mk 10,8) Im Mittelalter galt Liebe als „Religion zu zweit". Dass beim Streitthema Sexualität Kirchenführer
auch dazulernen können und wollen, bewies im September 2022
der Aachener Bischof Helmut Dieser. „Homosexualität ist gottgewollt", sagte er der *Zeit*. Er setzte sich dafür ein, dass auch homosexuelle Paare gesegnet werden dürfen. Auch für Pille und Kondome

wünsche er sich eine „Neueinschätzung". Er habe dazugelernt und sehe Homosexualität heute nicht mehr „als Panne Gottes, sondern gottgewollt im selben Maß wie die Schöpfung selbst".

Jesus wandte sich gegen das mosaische Scheidungsrecht, das den Mann bevorzugte und die Frau entrechtete, denn nur der Mann, nicht die Frau, konnte die Scheidung vollziehen. Für Jesus verstieß diese Ungerechtigkeit gegen die Würde der Frau. Für ihn haben Frau und Mann vor Gott die gleiche Würde. Sie ergänzen sich in ihrer Geschlechtlichkeit. Gerade bei diesem sensiblen Thema „Jesus und die Frauen" setzt sich Jesus sehr eindeutig vom Scheidungsrecht des Alten Testaments ab: „Ferner ist gesagt worden: Wer seine Frau aus der Ehe entlässt, muss ihr eine Scheidungsurkunde geben. Ich aber sage euch: Wer seine Frau entlässt, obwohl kein Fall von Unzucht vorliegt, liefert sie dem Ehebruch aus; und wer eine Frau heiratet, die aus der Ehe entlassen worden ist, begeht Ehebruch." (Mt 5,31–32)

Jesus war Jude und setzt sich dennoch ständig vom traditionellen Judentum ab. Er war ein Mann, der weibliche Werte schätzte und – das ist das Besondere an ihm – zu leben versuchte. Das kommt auch in den drei synoptischen Evangelien (Markus, Matthäus und Lukas) zum Ausdruck, die Jesus mit der Weisheit identifizieren. Damit ist Jesus Vertreter eines matriarchalischen Bewusstseins. Als Galiläer war er kein reiner Jude, sondern auch von einer Fülle nichtjüdischer Traditionen geprägt. Galiläa war zur Zeit Jesu durch 400 Jahre Besatzung multikulturell orientiert. Schon deshalb schien Jesus den Traditionalisten und Obrigkeiten in Jerusalem grundsätzlich und immer wieder verdächtig.

Der Religionsphilosoph und ehemalige Staatspräsident Indiens Sarvepalli Radhakrishnan (1888–1975) fragt: „Jesus ist ein orientalischer Seher gewesen. Was habt ihr aus ihm gemacht?" Und diese Frage führt uns ins Zentrum dieses Buchs. Niemand hat die Geisteswelt des Orients und Okzidents so wesentlich geprägt wie dieser universale und ökumenische Jesus.

„Ich aber sage euch", betont Jesus dutzende Mal in den Evangelien, um sich von bisher gültigen jüdischen Gesetzen und Vorschriften abzugrenzen. Vor allem in der Bergpredigt wird dadurch deutlich, was er mit seinem Wort, „neuer Wein" gehöre in „neue Schläuche" (Mk 2,22) gemeint hat. So steht dieser wunderbare junge Mann aus Nazareth für eine neue Geistesepoche. Er war Jude, aber ein ganz besonderer Jude, ein einmalig fortschrittlicher Lehrer und – für mich – der außergewöhnlichste Mensch der Menschheitsgeschichte. *Der* Leitstern des Menschseins und der Menschheit. Es ist heute ein Weltphänomen: Jesus erwacht global in den Seelen der Menschen. Dieser Seelenverwandte aller Menschen wandert mit uns als Freund auf dem Weg in unsere wahre Heimat.

Der niederländische Theologe Huub Oosterhuis hat 29 Namen für Jesus zusammengestellt: „Nächster. Freund. Jude. Same. Baum an der Quelle. Bräutigam. Weg. Traummensch. Offene Tür. Eckstein. Schlüssel. Löwe Judas. Lamm. Gerechter. Hirte. Perle. Zweig. Fisch. Brot. Wort. Weinreben. Sohn des … Gott. Knecht. Ströme lebendigen Wassers. Morgenstern. Bahnbrecher. Einziger. Unsagbar Gesagter."

Oft wird Jesus auch als Guru, lachender Revolutionär, lustiger oder seltsamer Heiliger bezeichnet. Im Thomasevangelium fragt Jesus seine Apostel, für wen sie ihn halten: „Sagt es mir, wem ich gleiche. Sprach zu ihm Simon Petrus: Du gleichst einem gerechten Engel. Es sprach zu ihm Matthäus: Du gleichst einem Philosophen, einem einsichtigen Menschen. Es sprach zu ihm Thomas: Meister, mein Mund wird es gar nicht ertragen, zu sagen, wem du gleichst. Jesus sprach: Ich bin nicht dein Meister, denn du hast getrunken und dich berauscht an der sprudelnden Quelle, die ich ausgemessen habe. Er nahm ihn, zog ihn zurück, er sagte ihm drei Worte. Als Thomas aber zu seinen Gefährten kam, fragten sie ihn: Was hat dir Jesus gesagt? Es sprach zu ihnen Thomas: Wenn ich euch eines der Worte sage, die er mir gesagt hat, werdet ihr Steine nehmen und auf mich werfen, und Feuer wird kommen aus den Steinen und euch verbrennen." (Thomasevangelium 13)

Was sagen uns all die Worte? Jesus war und ist unvergleichbar.

Und wer war Maria Magdalena? Warum war seine Gefährtin die Apostelin der Apostel?

Maria aus Magdala war zwar nach den Berichten der offiziellen Evangelien, die wir aus dem Religionsunterricht und vielleicht aus Predigten kennen, die erste Augenzeugin des Wiedererwachens Jesu nach seiner Kreuzigung, gilt aber in den Kirchen immer noch als Nebenfigur. Doch nach dem Bericht des nach ihr benannten Evangeliums war sie Jesu wichtigste spirituelle Vertraute. Das erst in unserer Zeit wiederentdeckte Evangelium trägt den Namen „Evangelium nach Maria", nimmt aber eindeutig Bezug auf Maria Magdalena.

Unter ihrem Namen wurde ein erster Augenzeugenbericht über Jesu Wirken in Umlauf gebracht, noch bevor die offiziellen Evangelien im vierten Jahrhundert kanonisch fixiert waren. Das „Evangelium nach Maria (Magdalena)" ist noch immer weitgehend unbekannt, obwohl es einer der wichtigsten christlichen Basistexte ist. Es kann für das, was Jesus für die heutige Welt bedeutet, gar nicht überschätzt werden. Es enthält die spirituellen Geheimnisse Jesu selbst, die er bewusst einer Frau und nicht seinen Aposteln übermittelt hat. Der US-amerikanische Philosoph und Religionswissenschaftler Jacob Needleman nennt dieses Evangelium eine „Erschütterung von oben". Denn unter dem römischen Kaiser Konstantin I. wurde im Jahr 325 auf dem Konzil von Nicäa gerade dieses Evangelium sehr bewusst nicht ins offizielle Neue Testament aufgenommen, sondern unterdrückt. Doch die Unterdrückung war letztlich erfolglos.

Dieses Evangelium kam erst 1896 in Kairo ans Licht, verschwand aber wieder auf Schwarzmärkten und wurde 1945 im ägyptischen Wüstensand in einem alten Tongefäß zusammen mit anderen alternativen Schriften nochmals entdeckt, jedoch wiederum weitgehend verschwiegen. Die Papyrushandschriften gelangten sogar in den Besitz des Schweizer Tiefenpsychologen Carl Gustav Jung. In diesen Texten der „Gnosis" – für die einen ein anderes Wort für die göttliche Weisheit oder Erkenntnis, für die anderen schlicht Häresie und Gotteslästerung – sah Jung eine Bestätigung dessen, was er die „Erfahrung des Selbst" oder den „Individuationsprozess" genannt hat. In den gnostischen Texten werden Frauen eher als „Führerinnen" der Männer beschrieben, nicht als „Verführerinnen".

„Gnosis" heißt zunächst „Wissen durch Erfahrung". Für Jung war die Entwicklung der ursprünglich männlich-weiblichen Jesus-Bewegung zur Männerkirche und die damit verbundene Verdrängung des Weiblichen über viele Jahrhunderte nicht eine bewusste Entwicklung von bösen Männern, sondern ein Ergebnis der Dynamik des Unbewussten bei Männern. Das neutestamentliche „Glaube, Hoffnung, Liebe" (1 Kor 13) entspricht in der Gnosis dem Vers 115 des Philippusevangeliums: „Unsere Erde ist der Glaube, weil wir in diesem Wurzel fassen. Das Wasser aber ist die Hoffnung, weil wir uns von ihr ernähren. Der Wind ist die Liebe, weil wir durch sie wachsen. Das Licht aber ist die Erkenntnis, weil wir durch sie reifen." Erlösung durch Selbsterkenntnis ist eine zentrale Aussage der Gnostiker.

In meinem klassisch-konservativen Theologiestudium der Sechzigerjahre des letzten Jahrhunderts galt Gnosis noch als Häresie und unchristliche Ketzerei. Doch im Gegensatz zu den beiden Schöpfungsberichten der Bibel vermittelt die Gnosis die Vorstellung eines göttlichen Ur-Elternpaares, die Entstehung allen Lebens durch Zeugung und Geburt, das große Mysterium der Geschlechtlichkeit. Maria Magdalena, die wichtigste Apostelin Jesu, seine wichtigste Jüngerin, Mitarbeiterin und geliebte Gefährtin, wurde in der Männerkirche zur bußfertigen Hure verwandelt: das Schicksal einer „Gnostikerin". Gnostiker beteten: „Von dir, Vater, und durch dich, Mutter, die zwei unsterblichen Namen der Welten-Eltern ..."

Nach der gnostischen Lehre verlangt Jesus nicht die Verehrung des Gekreuzigten als zentrales Element, sondern die Suche nach der

Wahrheit: „Würdet ihr (beharrlich) bitten, Gott ließe euch geben lassen. Würdet ihr (beharrlich) suchen, Gott ließe euch finden lassen. Würdet ihr (beharrlich) anklopfen, Gott ließe euch öffnen lassen." (Mt 7,8 in der aramäischen Rückübersetzung nach Günther Schwarz) Für Gnostikerinnen waren diese Jesus-Worte eine Aufforderung zur Selbsterkenntnis, die auch zur Gotteserkenntnis führt.

Wann – außer vielleicht in den ersten 200, 300 Jahren nach Jesus – hätte die Kirche je an eine Botschaft geglaubt, die Jesus einer Frau übermittelt hat, oder gar danach gelebt? Jesus war ein Feminist, der von einer geschwisterlichen Kirche träumte – eine These, die in diesem Buch zentral sein wird. Aber es kam die real existierende Männerkirche. Diese beharrt seit 2000 Jahren darauf, dass Jesus das weibliche Geschlecht gemieden und ausschließlich Männer mit der Verkündigung seiner Botschaft vom Reich Gottes beauftragt habe. Jeder Versuch, den wirklichen frauenfreundlichen Jesus darzustellen, wurde als Bedrohung der männlichen Kirchenhierarchie empfunden, so wie im weltlichen Bereich Mutter Erde zu einer Männerwelt gemacht wurde.

8. Eine Kirche der Zukunft

Dafür nur ein aktuelles Beispiel: 2003 hat der US-amerikanische Schriftsteller Dan Brown seinen Thriller *Da Vinci Code* publiziert, der ein Jahr später unter dem Titel *Sakrileg* auch in Deutschland Furore machte. Das Buch wurde insgesamt 50 Millionen Mal verkauft. Das heißt: Es dürfte um die 100 Millionen Leserinnen und Leser gehabt haben. Dan Brown behauptet in seinem Roman, Jesus sei mit Maria Magdalena verheiratet gewesen und habe mit ihr ein Kind gehabt. Der Thrillerautor sieht einen Beleg für seine Thesen im Maria-Magdalena-Evangelium, wo Petrus zu Maria sagt: „Schwester, wir wissen, dass der Erlöser dich weit mehr liebte als den Rest der Frauen." Oder weil es im ebenfalls apokryphen Philippusevangelium heißt, dass Jesus sie mehr als alle andern Jünger liebte und sie „oft auf den Mund küsste" und die übrigen Jünger deshalb eifersüchtig waren. Alle anderen Behauptungen Browns über Jesus und Maria Magdalena können wir getrost ins Reich der Fiktion und Phantasien verbannen.

Das außergewöhnliche Verhältnis Jesu zu Maria Magdalena war zum Beispiel für den Vizepräses der Evangelischen Kirche Deutschlands, Bischof Christoph Kähler, ein „Tabubruch" und „Geschichtsfälschung". Kähler beschreibt in einem Interview auf *Spiegel-Online* im Jahr 2006 Dan Brown als ahnungslosen Verschwörungstheoretiker und sagt: „Sollten wir in 25 Jahren noch einmal über Dan Brown reden, wird sich vermutlich niemand mehr an ihn erinnern. Die Kirche aber wird dann noch immer eine wichtige Rolle spielen."

Bischof Kähler hat insofern recht, als Erfolg als solcher keine Glaubenskategorie ist, aber Fakt ist auch, dass beide große Kirchen in Deutschland heute Jahr für Jahr eine halbe Million Mitglieder verlieren, während zur selben Zeit immer mehr Menschen immer mehr Bücher über Maria Magdalena lesen. Wenn diese Entwicklung so weitergeht – und sie verstärkt sich zurzeit! –, dann haben die Kirchen in Deutschland bereits schon vor Ende dieses Jahrhunderts null Mitglieder und das Interesse an Jesu Freundin wird noch mehr zugenommen haben. Sind die Kirchen ihre eigenen Totengräber?

Sind Volkskirchen überhaupt wünschenswert? Ja, wenn sie geschwisterliche Kirchen sind. Wahrscheinlich ist eine geschwisterlich-jesuanische Kirche das einzige Gegengewicht gegen die Kräfte des schieren Marktes. Die „Verzauberung" von Tod und Leben durch Religion scheint mir lebensnotwendig. Noch keine Gesellschaft ist bisher ohne sie ausgekommen. Religion ist der „Sinn und Geschmack für das Unendliche", wusste Friedrich Schleiermacher. Eine Volkskirche muss allerdings mehr sein als eine Klerikerkirche zur Bewahrung der Tradition, mehr als eine klerikale Anarchie, sie muss eine jesuanische Kirche der Zukunft werden, welche Frauen sichtbar macht, Netze knüpft und die Botschaft Jesu in die Welt trägt – wie die erste Osterzeugin Maria Magdalena. So könnte Kirche vielleicht das Gewissen der Nation werden und eine Instanz der Orientierung an Werten ohne Verfallsdatum. „Das Gewissen ist der Ruf des Menschen zu sich selbst", schrieb Erich Fromm. Aber ohne Apostelinnen bleiben die Apostel saft- und kraftlos.

Dennoch darf der politische Einfluss der Kirchen auch heute nicht unterschätzt werden. Gerade weil sich die Dämonen des religiösen Extremismus soeben wieder erheben und selbst Kriege und Terror im Namen Gottes rechtfertigen. Hans Küng forschte am Beitrag der Weltreligionen zu einem Weltethos und erkannte in diesem gemeinsamen Ethos die unverzichtbare Voraussetzung für einen Weltfrieden. In den Zeiten von Putin und Trump ist die Weltethos-Agenda aktueller denn je.

In der alten DDR konnte man hören: „Karl Marx träumte vom Sozialismus, aber es kam die real existierende DDR." Übertragen auf die heutige Situation der christlichen Kirchen heißt das: „Jesus träumte vom Reich Gottes, aber es kam die real existierende Kirche." Die Kirchen in Deutschland und Westeuropa sind heute ihren Mitgliedern ähnlich entfremdet wie am Ende die DDR ihren Bürgern.

10. Jesus – ein Freund der Frauen

Die spirituelle Figur Maria Magdalena inspiriert gerade heute viele Menschen. Sie ist als Gefährtin Jesu das Beispiel für ein inneres Eins-Sein einer emanzipierten und mutigen Frau inmitten einer patriarchalisch geprägten Zeit. Erst durch die Achtung des Weiblichen wird auch die Achtung des Männlichen möglich und dadurch erst ganzheitliches Leben – dafür stehen Jesus und Maria Magdalena mit ihrer Liebe. Sie war als seine weibliche Seelengefährtin seine intimste Kennerin.

Jesus schätzte und bevorzugte seine Vertraute wohl nicht wegen ihrer Erotik, sondern weil sie ihn und seine Botschaft besser verstand als die männlichen Apostel. Katharina Ceming und Jürgen Werlitz, die in ihrem Buch *Die verbotenen Evangelien* eine sorgfältige Übersetzung des umstrittenen Evangeliums einer Frau aus dem Koptischen veröffentlicht haben, schreiben: „Es geht hier nicht um die Liebe eines Mannes zu einer Frau, sondern um die des Lehrers zum Schüler" – oder besser: zur Meisterschülerin.

Eine Frau als spirituelle Meisterschülerin Jesu? Als Leitfigur des frühen Christentums, als Apostelin der Apostel? Damit tun sich Kirchenmänner bis heute sehr schwer. Es ist ja nicht so, dass die Kirchenflucht ganz neu wäre. Schon vor 300 Jahren haben am Beginn der Aufklärung viele Intellektuelle die Kirchen verlassen, danach, mit dem Aufkommen der Gewerkschaften und sozialistischen Parteien im 19. Jahrhundert, viele Arbeiter. Die Frauenflucht aus den Kirchen begann mit der Frauenbewegung im 20. Jahrhundert, und viele junge Leute im 21. Jahrhundert gehen erst gar nicht mehr hin. Nach Albert Einstein ist es leichter, ein Atom zu zertrümmern als ein (kirchliches) Vorurteil. Anton Mayer spricht vom Patriarchat als dem „Urputsch" des Mannes. Kleriker verteidigen ihre angebliche Überlegenheit gegenüber Frauen – je höher sie stehen, umso mehr. Patriarchat ist die eigentliche Kirchenkrankheit.

Das Motto, das mich zu diesem Buch antrieb, heißt: Wenn ich Jesu Kirche verteidigen will, muss ich sie im Geiste Jesu auch radikal, also von der Wurzel her, kritisieren. Dabei weiß ich, dass heute in der Kirche unmöglich scheint, was morgen möglich ist, nämlich eine jesuanische Gemeinschaft. Ich halte ein jesuanisches Zeitalter für möglich und nötig.

Eine Frau von heute kann praktisch alles werden, was auch Männer werden können: Bankerin, Astronautin, Lokführerin, Kranführerin, Bundeskanzlerin, Verteidigungsministerin, Vorsitzende eines Konzerns, Meeresbiologin oder Chefärztin. Nur nicht katholische Priesterin oder Bischöfin oder Päpstin? Wie irrsinnig und wirrsinnig ist das denn?

Heute leben immer mehr bewusste Christen nach dem Motto: „Jesus ja – Kirche nein." Je ehrlicher und intensiver sich die Kirche dieser Herausforderung stellt, desto größer die Chance für eine jesuanische Kirche. Mein letztes Buch zu diesem Thema hat den Titel *Die außergewöhnlichste Liebe aller Zeiten. Das wahre Verhältnis von Jesus zu Maria Magdalena und Judas.* Es war rasch Spiegel-Bestseller.

Die Leserreaktionen zu Dan Browns Buch reichten von totaler Zustimmung bis zum schon erwähnten absoluten Verriss des evangelischen Bischofs Kähler oder der totalen Ablehnung des italienischen Kardinals Tarcisio Bertone, der später Kardinalstaatssekretär und damit Stellvertreter des Papstes wurde. Bertone forderte die Katholiken auf: „Lest und kauft dieses Buch nicht." Warum aber hat die Kirche Angst vor einem Roman? Fürchten die Kirchenmänner die Frauen ähnlich wie die Mullahs im Iran oder die Taliban in Afghanistan?

Geschichtsfälschung allein könne es nicht sein, meinte die renommierte feministische Schriftstellerin und Theologin Christa Mulack. Schließlich seien bis heute gerade im religiösen Bereich „Fälschungen gang und gäbe. So besteht zum Beispiel das Neue Testament aus mehr gefälschten als aus echten Paulus-Briefen … Das haben historisch-kritische Bibelexegeten zu Tage gefördert und nicht etwa Gegner des christlichen Glaubens."[30]

Schon vor Dan Browns Roman haben auch andere Roman-, aber auch Sachbuchautoren in Maria Magdalena eine enge Gefährtin, ja die Geliebte von Jesus gesehen, ohne eine kirchliche Verwarnung abbekommen zu haben. Ich sehe mit Christa Mulack zwei Gründe für die besonders negativen kirchlichen Reaktionen auf Dan Browns *Sakrileg*: „Es sind die für die Kirche beängstigenden Verkaufserfolge im Zusammenhang mit dem Inhalt des Buches, in dem es ja nicht nur um Maria Magdalena an der Seite Jesu geht, sondern um etwas wesentlich Grundlegenderes: um die Verdrängung der fundamentalen Bedeutung des Weiblichen in Leben und Lehre Jesu."[31]

Damit wurde auch die weibliche Seite Gottes oder „die Weiblichkeit Gottes" (Christa Mulack) verdrängt, die Jesus mit seinen wunderbaren Bildern vom mütterlichen Vater (Abba) immer betont hatte, die vorpatriarchale Göttin wurde eingesperrt zugunsten des HERR-Gotts. Im Maria-Magdalena-Evangelium hat Jesus mit seiner Freundin ausführlich über eine bessere Welt und über ein besseres Leben gesprochen und Lösungen vorgeschlagen, die er seinen Aposteln vorenthalten hat, weil sie diese nicht verstanden hätten. Dieses Evangelium führt uns zu einer unverbrauchten, überraschenden und unverschütteten Quelle der Jesus-Bewegung der ersten Jahrhunderte. Außerbiblische Quellen können die Kirchen so bereichern, wie in den letzten Jahrzehnten die außerparlamentarische Opposition die Politik bereichert hat.

Historisch gesichert ist, dass Maria Magdalena in Migdal lebte, einer für damalige Verhältnisse großen Stadt mit circa 3500 Einwohnern. In Europa ist diese Stadt besser bekannt unter ihrem aramäischen Namen Magdala. Dieser Ort, den ich im heutigen Israel mehrmals besuchte, liegt etwa sechs Kilometer nördlich von Tiberias am See Genezareth. Jesus lebte einige Zeit in Kafarnaum nordwestlich davon. Um einander zu besuchen, mussten die beiden etwa zwei Stunden Fußweg auf sich nehmen. Der Name dieser Maria aus Magdala wird im Neuen Testament zwölfmal erwähnt, häufiger als der Name der meisten Apostel. Freilich haben die meisten Kirchenmänner den Namen dieser Frau zu verdrängen versucht, allerdings ohne Erfolg. Spätestens seit Sigmund Freud können wir wissen, dass uns alles Verdrängte einholt.

Hauptsächlich die Erzählungen der ersten Christen zeigen selbstbewusste Frauen jenseits der kirchlichen Klischees, vor allem in den apokryphen Evangelien. So zeigt auch eine Seitenkapelle in einem Nebengebäude der Lateranbasilika in Rom ein prächtiges Mosaik aus dem siebten Jahrhundert. Man sieht oben den segnenden Christus, flankiert von zwei Engeln. Darunter eine Reihe Jünger. Mehr sieht man nicht. Denn ein barocker Altar versperrt die Sicht. Doch ein Buch aus dem 19 Jahrhundert zeigt noch die gesamte Abbildung: Im Zentrum steht Maria, die Mutter Jesu, mit bischöflichen Insignien. Sie belehrt Petrus und Paulus. 1916 verbot der Vatikan solche Bildnisse von Jesus mit predigenden Frauen.

Die predigende Maria: Mosaik in der Lateranbasilika

Die Zahl der apokryphen Evangelien übersteigt die Zahl derjenigen, die im offiziellen Neuen Testament versammelt sind. Was in diesen geheimen Evangelien steht, deckt sich nur zum Teil mit den Evangelien des Markus, Matthäus, Lukas und Johannes. Der wohl entscheidende Unterschied der beiden Evangelienarten ist die Stellung und Achtung der Frau, weil bisher immer mächtige Kirchenmänner bestimmten, was ihre Anhänger glauben sollten. In den Männerkirchen spielten Frauen immer nur die zweite Geige – wenn überhaupt. Doch in den ersten drei Jahrhunderten des Christentums gab es darüber heftige Auseinandersetzungen, was jedoch bis heute die wenigsten Christen wissen. Ein kurzer Blick auf gegenwärtige Versammlungen von Kardinälen und Bischöfen in ihrer altrömischen Verkleidung in langen farbigen Gewändern und seltsamen Hüten macht deutlich, warum Frauen derzeit in Scharen aus der Altherrenkirche austreten.

Die Verdrängung des Weiblichen ist seit dem Beginn des Patriarchats vor etwa 6000 Jahren das größte Problem der Menschheit, bis hin zur heimlichen Grundlage unseres Kapitalismus: der schamlosen Ausbeutung weiblicher Ressourcen. Bis heute gilt es als „natürlich" und „normal", dass Frauen für die gleiche Arbeit weniger Lohn bekommen. Dieser Verdrängungsprozess wurde in den letzten 2000 Jahren von den christlichen Kirchen ganz wesentlich gefördert und unterstützt. Frau im Patriarchat zu sein bedeutet, grundsätzlich weniger Geld, Macht und Freiheit zu haben. Das wurde während der Pandemiejahre in den Pflegeberufen wieder besonders deutlich, in denen Frauen ja – unterbezahlt – in der Überzahl vertreten sind.

Jesus hingegen war ein Freund der Frauen, die zu seiner Zeit geradezu verrückt nach ihm waren. Der zum Tod verurteilte Jesus richtete seine letzten Worte an Frauen, und der Überlebende richtete seine ersten Worte an Frauen. Er hat in seiner Person und in seiner Lehre erstmalig und einmalig Männliches und Weibliches integriert und gelebt. Nach Carl Gustav Jung hat jede Frau auch einen männlichen Animus-Anteil und jeder Mann einen weiblichen Anima-Anteil, den sie leben sollen, um ganzheitlich zu werden und den Sinn des Lebens zu erkennen. Auch der große indische Reformer Keshab Chandra Sen wusste erstaunlicherweise schon vor über hundert Jahren: „Was anderes war Christus als die Union weiblicher und männlicher Vollkommenheit?" Und er fügte hinzu: „Der Christus aber, der von einer Frau geboren, selbst eine Frau im Manne ist, wartet noch darauf, erkannt zu werden."[32] Die moderne Tiefenpsychologie weiß, dass die Vollkommenheit eines jeden Charakters in der Integration des Männlichen und des Weiblichen liegt. In der Schule von Frauen hat Jesus seine kinderleichte Theologie gelernt und danach gelehrt, die oft das Gegenteil dessen ist, was das Christentum bis heute lehrt.

Ich nenne den „anima-integrierten Jesus" (Hanna Wolff) deshalb den „ersten neuen Mann". In ihm sehe ich die Leitfigur, mit deren Hilfe wir das Atomzeitalter überwinden und Wege in ein ökologisches Zeitalter finden können. Voraussetzung dafür ist eine bessere Balance zwischen Frauen und Männern in der ganzen Welt. Das habe ich so ähnlich bereits vor dreißig Jahren in meinem Buch *Jesus – der erste neue Mann* beschrieben. Wenn wir Jesus als anima-integrierten Mann verstehen, gerät auch das heutige Verhältnis zwischen Frauen und Männern in den Blick, das doch ziemlich aus dem Lot geraten ist. Inzwischen habe ich über den Aramäisch-Experten Günther Schwarz den Jesus kennengelernt, dessen Muttersprache die damalige Weltsprache Aramäisch war, und ich habe verstanden, was die Theologen mit ihren vielen falschen Bibelübersetzungen aus dem Griechischen über 2000 Jahre angerichtet haben.

Wenn die Worte nicht stimmen, ist die gesamte Botschaft falsch. Das gilt erst recht, wenn wir verstehen wollen, was Jesus seiner engsten Mitarbeiterin Maria Magdalena anvertraute und was erst durch den Fund des Maria-Magdalena-Evangeliums öffentlich wurde, von den Kirchen aber bis heute nicht wirklich anerkannt ist. In diesem „neuen" Jesus sieht Hanna Wolff „eine Gestalt von hinreißender Klarheit" und „eine umwerfend moderne Erscheinung". Dieses Jesus-Bild vermittelt die gegenwärtige Kirche gerade nicht. Im Gegenteil: Viele Theologen und Kirchenführer prägen ein Jesusbild, das wie durch eine hohe, dicke, unüberwindbare Mauer über 2000 Jahre von uns getrennt und fremd ist.

Ein Hauptgrund für dieses folgenschwere Versäumnis: Die akademische Theologie interpretiert Jesus bis heute entsprechend den griechischen oder hellenistischen Einflüssen seiner Zeit, aber Jesus kam aus dem Nahen Osten, aus der aramäisch-syrisch-nahöstlichen Geisteswelt. Deshalb werden auch an vielen Stellen des Neuen Testaments die Juden dämonisiert, was auch mir in meinen ersten Jesus-Büchern oft nicht aufgefallen war und zu Recht kritisiert wurde. Uns Heutigen eröffnet sich so zum ersten Mal in der abendländischen Kultur die Möglichkeit, Jesus nicht als orthodoxen Christen oder Juden, sondern als einen Lehrer der nahöstlichen Spiritualität und als einen „Eingeborenen des Nahen Ostens"[33] kennenzulernen.

11. Der Schlüssel zur Heiligen Schrift

Der assyrische Theologe und Vertreter der Katholischen Kirche des Ostens beim zweiten Vatikanischen Konzil in Rom, George M. Lamsa, hat als Erster die Evangelien aus dem Aramäischen ins Englische übersetzt und schreibt in seinem Buch *Ursprung des Neuen Testaments*: „Nicht ein einziges Wort des Alten oder des Neuen Testaments wurde zuerst in der griechischen oder in einer anderen europäischen Sprache niedergeschrieben … Niemand in Palästina und Syrien würde sich nur für einen Augenblick dem Gedanken hingeben, die schlichten galiläischen Nachfolger Jesu, die Fischer, Hirten und Bauern waren, könnten es je versucht haben, einer Ansprache oder Belehrung, die in einer anderen als in ihrer aramäischen Muttersprache erfolgte, zuzuhören oder gar in einer solchen Fremdsprache zu schreiben … Ich bin nur einer von Millionen von Christen und Mohammedanern der Bibelländer, die alle davon überzeugt sind, dass das Neue Testament anfänglich aramäisch abgefasst wurde … Heute wenden sich viele prominente Professoren und Bibelforscher dieser Sprache zu, um die Heilige Schrift besser zu verstehen … Das Aramäische ist tatsächlich der Schlüssel zur Heiligen Schrift."[34]

Dieser wirkliche, aramäische Jesus ist ein Mann von einmaliger Konsequenz und Eindeutigkeit. Er hat nicht gesagt, „Ich mache die Kirche neu" oder „Ich bringe eine neue Religion", sondern er sagt in der Offenbarung des Johannes, im letzten Buch der Bibel: „Ich mache alles neu." Das Wort „neu"s ist ein Schlüsselwort in Jesu Lehre. Er brachte eine „ganz neue Lehre mit Vollmacht" (Mk 1,27); ein „neues Gebot" (Joh 13,34); ein „neuer Wein" soll in „neue Schläuche"; seine Nachfolger sollen „neu geboren" werden (Joh 3,3); er bringt ein neues Gottesbild und verkündet eine „neue Ordnung im Reich Gottes" (Lk 13,22–19,27). Jesu Nachfolger sollen in „neuen Sprachen" (Mk 16,17) reden. Ein „neuer Mensch" in einem „neuen Bund" (2 Kor 3,6) soll entstehen. „Das Alte ist vergangen, Neues ist geworden." (2 Kor 5,17) Und im zweiten Petrusbrief (3,13) wird gar ein „neuer Himmel und eine neue Erde, in denen die Gerechtigkeit wohnt", versprochen. Wer hätte je eine solch revolutionär neue Lehre verkünden können? Das jesuanische Rezept für dieses neue Programm: Vertrauen. Hoffnung. Liebe. Wurde in den letzten 2000 Jahren wirklich *alles* neu? Eine ehrliche Antwort heißt: Nein!

Die Methoden der Gewalt wurden seit Jesus so gesteigert und verfeinert, dass wir heute gleich mehrfach selbst das Ende unserer Spezies und allen Lebens organisieren können. Das ist wirklich neu! Wer hat dabei versagt? Jesus oder wir? Haben wir ihn wirklich verstanden?

Im Patriarchat ist Gewalt gegen Schwache „normal", sie ist systemisch und vielfältig: beim Militär, beim Sport, in den Kirchen, in der Politik, in der Wirtschaft, im Schlafzimmer. Für viele Frauen ist das Schlafzimmer der gefährlichste Ort.

Mit Jesus begann zwar eine neue Zeitrechnung. Aber noch keine neue Zeit. Doch unsere Zeit ist reif für diesen wirklichen Jesus. Ideen bewegen die Welt. Und nichts ist bekanntlich so stark wie eine Idee, deren Zeit gekommen ist. Nicht der 20. Februar 2022 brachte die „Zeitenwende", sondern die frohe Botschaft Jesu vor 2000 Jahren.

Ich kenne als politischer Journalist keine wichtigere und zeitgemäßere Botschaft als die des Bergpredigers aus Nazareth. In diesem Buch unternehme ich den Versuch, diesen wirklichen Jesus heutig zu machen. Er hat uns spirituell, aber auch pazifistisch, ökologisch, sozial, ökonomisch, feministisch und gesellschaftlich viel zu sagen. Er zeigt uns eine Frohe Botschaft für das dritte Jahrtausend, eine echte Alternative zur bisherigen Drohbotschaft der Kirchen.

Aus dem Propheten der Frohbotschaft haben die Kirchen 2000 Jahre lang überwiegend eine Drohbotschaft gemacht, eine Leidfigur. Er ist in Wahrheit die Leitfigur für ein neues, ein besseres Jahrtausend.

II.
„Ich bin Jesuaner"

1. Was hat Jesus wirklich gesagt?

Nach meinen Jesus-Vorträgen werde ich oft gefragt: „Sind Sie eigentlich katholisch oder evangelisch?" Wenn ich dann sage: „Ich bin Jesuaner", erlebe ich ungläubiges Staunen. Zur Begründung füge ich hinzu: „Der wunderbare junge Mann aus Nazareth ist mein Vorbild, nicht das, was Theologen 2000 Jahre lang aus ihm gemacht haben. Die wirkliche Reformation kommt weder aus Wittenberg noch aus Rom, sondern aus Nazareth." Das eigentliche Problem der christlichen Kirchen ist ihre Jesus-Vergessenheit. Sie sind Christus-versessen und Jesus-vergessen. Das hat wesentlich zu ihren Perversionen geführt. Der Soziologe Anton Mayer bemerkte schon vor Jahrzehnten in seinem Buch *Der zensierte Jesus. Soziologie des Neuen Testaments*: „Die Evangelisten gebrauchen ‚Jesus' zehnmal häufiger als Christus, im ältesten Evangelium (Markus) erhöht sich dieser Unterschied auf 98 Prozent. Bei Paulus kehren sich diese Verhältnisse um. Er sagt Christus häufiger als Jesus und erreicht dabei mehr als 70 Prozent des gesamtneutestamentlichen Gebrauchs."[1] Deshalb haben wir heute eher ein Paulustum als ein Jesustum. Paulus hat eine „Theologie der Obrigkeit" gepredigt. Er schreibt im berühmt-berüchtigten Römerbrief: „Jeder ordne sich den Trägern der staatlichen Gewalt unter. Denn es gibt keine staatliche Gewalt außer von Gott: die jetzt bestehen, sind von Gott eingesetzt. Wer sich daher der staatlichen Gewalt widersetzt, stellt sich gegen die Ordnung Gottes, und wer sich ihm entgegenstellt, wird dem Gericht verfallen."(Röm 13,1–2)

„Gehorsam" ist eines der paulinischen Schlüsselwörter, sogar Gehorsam gegenüber Sklavenhaltern: „Ihr Sklaven, gehorcht den irdischen Herren mit Furcht und Zittern und mit aufrichtigem Herzen, als wäre es Christus." (Eph 6,5). Die Paulus-Lehre nimmt im Neuen Testament einen größeren Raum ein als die Jesus-Botschaft. Wir Deutschen haben diese Gehorsamsideologie des Paulus besonders verinnerlicht. Wir wurden – nicht nur unter den Nazis

– geradezu ein „Volk der Gehorsamen", bis hin zur Ausrede „Befehl ist Befehl" bei den Massenmorden in beiden Weltkriegen. Der Theologieprofessor und evangelische Bischof Martin Dibelius lobt als echter Paulus-Schüler noch im Stalingrad-Jahr 1942 die „christliche Loyalität" gegenüber dem Nazi-Staat als politische Tugend.

Diese Jesus-Vergessenheit hat die Friedenstheologie Jesu in der Bergpredigt verdrängt. An ihre Stelle traten „Heilige Kriege", Kreuzzüge, „Gott mit uns"-Phrasen und „christliche Milizen" oder – bei den Nazis – sogar die „SA Jesu Christi". Kein Wunder, dass in den 2000 Jahren Christentum zehntausende Theologen in den Dienst der politischen Machthaber traten. Dazu Anton Mayer: „In der Weltkriegstheologie waren die Deutschen führend."[2] In dieser grausigen Kriegstheologie waren selbst die Nazis „Werkzeuge der Vorsehung". Sogar Martin Luther in Wittenberg hat den Ungehorsam gegen die Obrigkeit als größere Sünde gewertet als den Totschlag der Bauern während der Bauernaufstände im 16. Jahrhundert. Und Johannes Calvin in Genf forderte selbst gegenüber tyrannischen Regierungen „Gehorsam". Beide haben sich auf Paulusbriefe im Neuen Testament berufen können. Und Patriarch Kyrill sieht in Putin bis heute „ein Werkzeug Gottes".

Was hat der historische Jesus aus Nazareth, der Aramäisch sprach, wirklich gesagt und getan? Was davon ist für uns heute relevant? Warum waren die Menschen, vor allem Frauen, damals „verrückt" nach Jesus – wie Matthäus schreibt –, und warum werden die Kirchen heute immer leerer? Warum ist die Bibel das meistgekaufte Buch der Welt, der Bestseller aller Bestseller, wird aber kaum noch gelesen?

Nach meinem Theologiestudium wurden mir die liberale Theologie von Hans Küng, die politische Theologie von Johann Baptist Metz, Helmut Gollwitzer, Oswald von Nell-Breuning und Ernesto Cardenal, der mich zusammen mit Günter Grass nach Nicaragua eingeladen hatte, die tiefenpsychologische Theologie von Eugen Drewermann sowie die feministische Theologie von Hanna Wolff,

Christa Mulack und Dorothee Sölle wichtiger als die offizielle christologische Kirchentheologie. So lernte auch ich erst allmählich, was uns Jesus wirklich lehrte: Dass *alle* Menschen Exklusivpartner Gottes sind. Und dass in jedem und jeder von uns als Kind Gottes ein göttlicher Funke glüht. Als Kinder Gottes tragen wir alle ein Gottesgen in uns.

In diesem Sinn hat sich Jesus auch nie als Gott verstanden, allenfalls als Gottessohn, meist jedoch als Menschensohn, also einfach als Mensch. Dafür gibt es viele Belege im Neuen Testament. Er wurde ärgerlich, wenn seine Mitmenschen das nicht verstehen wollten. Dafür will ich nur eine Bibelstelle zitieren, nämlich aus dem ältesten Evangelium (Mk 10,18): „Warum nennst du mich gut? Niemand ist gut außer der eine Gott." Der Aramäisch-Experte Günther Schwarz übersetzt diese für das Selbstverständnis Jesu wichtige Stelle so: „Warum nennst du *mich* gut? Keiner ist gut! Außer dem *Einzigen* – Gott!" Zu Jesu Selbstverständnis gehört, dass er sich auch als „guter Hirte" (Joh 10,1–11) verstand, doch seine Nachfolger wollten dann gleich „Oberhirten" sein, noch über Jesus stehen. Bis heute lehrt das Bodenpersonal Gottes, vom Ortspfarrer bis zum Papst, dass Jesus „Gott und Mensch" zugleich war und seine Mutter Maria „Gottesmutter". Man muss schon lammfromm oder blind katholisch sein, um Jesu wirkliches Selbstverständnis zu übersehen. Wie kann ein einfaches junges Mädchen die Mutter von Gott sein? Maria war die Mutter des Menschen Jesus, aber nicht „Gottesmutter".

Erst 2012 lernte ich die Schriften des Theologen Günther Schwarz kennen, ein evangelischer Pastor, der fünfzig Jahre lang mit aramäischen Texten gearbeitet hatte, um Jesus in seiner Muttersprache besser zu verstehen. Vieles, was dieser Theologe in seiner aus dem Griechischen übersetzten Bibel las, konnte er weder verstehen noch glauben. Über seinen „aramäischen" Jesus schrieb er zwanzig Bücher und über hundert wissenschaftliche Aufsätze in nationalen und internationalen theologischen Zeitschriften und kam so dem Ur-Jesus auf die Spur. Seine Erkenntnis: Mehr als fünfzig Prozent aller Jesusworte, die uns aus dem Griechischen überliefert sind, sind falsch vom Aramäischen ins Griechische übersetzt oder bewusst gefälscht worden, oder es wurde ihnen etwas hinzugefügt, was Jesus nie gesagt hatte. Wenn aber die Worte nicht stimmen, ist die ganze Botschaft falsch.

Bereits Martin Luther hatte erkannt: „Die Ebräer trinken aus der Bornquelle; die Griechen aber aus dem Wässerlein, die aus der Quelle fließen; die Lateiner aber aus den Pfützen." Allein die „Bornquelle" enthält das aus der Erde quellende, reine Wasser. Luther wusste, dass man „die heilige Schrift ohne die ebräische (= aramäische) Sprache *nimmermehr* recht verstehen kann".

Und die „Bornquelle", von der Luther hier spricht, ist wissenschaftlich zweifelsfrei das Aramäische, die damalige Weltsprache. Die Urquellen der Evangelien existieren in aramäischer Sprache. Leider wissen bis heute die meisten Theologen diese Zusammenhänge nicht – oder sie wollen sie nicht wissen. In Jesu galiläischer Heimat wurde galiläisches Westaramäisch gesprochen, im benachbarten Syrien Ostaramäisch, zwei verwandte Dialekte. Doch bis heute ist die christliche Theologie geradezu in lateinischer und griechischer Gefangenschaft.

Statt aus den aramäischen Urquellen reines Jesus-Wasser zu schöpfen, trinken wir aus griechischen „Wässerlein" und aus lateinischen „Pfützen" und wundern uns dann über Wassermangel und vergiftetes Wasser. Den Weg zur „Bornquelle" wies im 19. Jahrhundert der Theologe und Orientalist Julius Wellhausen. Er schrieb: „Wer die Reden Jesu wissenschaftlich erklären will, muss imstande sein, sie nötigenfalls in die Sprache zurückzuübersetzen, die Jesus gebraucht hat." Das versuchte Günther Schwarz sein ganzes Leben lang. Als Quelle benutzte er neben den offiziellen vier Evangelien unter anderem syrisch-aramäische Manuskripte der Evangelien, die Peschitta. Sie ist die früheste aller Versionen des Neuen Testaments. Diese Peschitta gibt uns einen Blick frei auf das Leben der ersten Christen und damit auf Jesu Gedanken, Sprache, Kultur und Spiritualität. „Kein griechischer Text kann uns einen solchen Zugang eröffnen." (Neil Douglas-Klotz) Die assyrischen Christen sind bis heute davon überzeugt, dass die Peschitta eine Version der ursprünglichen aramäischen Form der Worte Jesu ist. „Die Peschitta umfasst die grundlegenden Bücher von Matthäus, Markus, Lukas und Johannes, jedoch in aramäischer Sprache, die dem von Jesus selbst verwendeten Dialekt nahe ist." (Neil Douglas-Klotz) Auch der Religionspädagoge Georg Bubolz hat 2019 in seinem Buch *Ohne Taube und Kamel* die vier Evangelien des Neuen Testaments aus dem Aramäischen übersetzt. Diese Peschitta wurde von der traditionellen westlichen Theologie bis heute fast völlig übersehen, obwohl sie den reichen Schatz syrisch-christlicher Tradition enthält, der bis ins erste nachchristliche Jahrhunderts zurückreicht. Dieser Rückgriff auf das Syrische war für Günther Schwarz von großem Wert für seine Rückübersetzung ins Aramäische. Was das Syrische genannt wird, ist der ostaramäische Dialekt, und was das Aramäische genannt wird, der westaramäische Dialekt im Wesentlichen derselben Sprache. Deshalb sind viele Fehler, die im griechischen Standardtext enthalten sind, in der syrischen Wiedergabe der Jesus-Überlieferung vermieden.

Das Glaubensbekenntnis der christlichen Theologen, basierend auf griechischen Übersetzungen, besteht aus vielerlei Thesen und dogmatisierten Behauptungen, das Glaubensbekenntnis Jesu dagegen heißt schlicht: „Liebe Gott aus deinem ganzen Herzen und deinen Nächsten wie dich selbst." Peschitta heißt auf Deutsch „schlicht", „einfach", „klar", „rein", „original", „leicht verständlich" oder „ursprünglich". Die Peschitta ist die verbreitetste Bibel des syrischen Christentums. Die aramäische Sprache beruht auf relativ wenigen Wörtern, die allerdings oft verschiedene Bedeutungen haben. Das macht Übersetzungen schwierig.

Außerdem wusste Günter Schwarz, dass alle Propheten der damaligen Zeit zu ihren Schülern in poetischer Versform sprachen, damit diese das Gesagte besser behalten und weitergeben konnten.

Alle mündlichen, nichtschriftlichen Kulturen benutzten Reim und Versform zur Weitergabe ihrer wichtigen Botschaften. Diese sogenannten Mnemotechniken benutzte Jesus, um die Gedächtnisleistung seiner Schüler und Schülerinnen zu steigern. Bei den fünf Jahrzehnte umspannenden Arbeiten von Günther Schwarz zeigten sich im Aramäischen bei *jedem* Jesus-Wort poetische Formen: mit Reimen, Alliterationen, verschiedenen Rhythmen, Wortspielen etc. Der aramäische Jesus war ein unvergleichlicher Poet. Also übersetzte Günther Schwarz alle überlieferten Jesus-Texte poetisch zurück in aramäische Versform. Der aramäische Jesus war selbstverständlich ein Poet. Günther Schwarz und sein Sohn Jörn haben diese Jesus-Poesie wunderschön in ihrem Buch *Jesus der Poet* dargestellt und beschrieben.

2. Das krankmachende und das gesundmachende Gottesbild

Das Gottesbild einer Religion ist keine Nebenfrage, es ist die Hauptfrage. Als erster Mensch der Weltgeschichte hat Jesus das alte, krankmachende, tyrannische Gottesbild überwunden und ein neues, menschenfreundliches Gottesbild eines liebenden mütterlich-väterlichen Gottes aufgezeigt. Jesus wollte die alte Drohbotschaft in eine neue Frohbotschaft verwandeln.

Das Vaterunser ist das meistgesprochene Gebet der Menschheit, das Gebet aller Gebete. „Das Vaterunser ist ein Weltgebet."[3] Doch im herkömmlichen Vaterunser bezeugen wir noch ein erbärmliches Gottesbild, wie mir auch ein römischer Kardinal und ein österreichischer Bischof zugestanden haben. Hier stellt sich grundsätzlich das Identitätsproblem des Christentums. Aber die meisten Theologen sind zu feige, sich dieser Grundsatzfrage zu stellen.

Sie missachten das Jesus-Wort „Ich mache alles neu" ebenso wie seine Forderung „Niemand setzt ein Stück neuen Stoff auf ein altes

Gewand; denn der neue Stoff reißt doch wieder ab, und es entsteht ein noch größerer Riss. Auch füllt man nicht neuen Wein in alte Schläuche, der Wein läuft aus, und die Schläuche sind unbrauchbar. Neuen Wein füllt man in neue Schläuche, dann bleibt beides erhalten." (Mt 9,16–17) Wir sollten im Vaterunser endlich eine Sprache finden, die das Gottesbild Jesu nicht weiter verdunkelt.

Auch die berühmte Theodizeefrage „Wie kann Gott das zulassen?" verdunkelt das lichtvolle jesuanische Gottesbild. Diese Frage macht einen „allmächtigen Gott" für alle Übel der Welt verantwortlich. So hat Günther Anders nach 1945 geschrieben: „Wenn es ihn gibt …, dann ist er einer, der Auschwitz und Hiroshima nicht verhindert hat." Richtig! Nicht Gott, sondern wir Menschen sind verantwortlich für Auschwitz und Hiroshima. Meine Antwort an Günther Anders, als ich ihn in den Achtzigern in Wien besuchte, lautete, angelehnt an den Juden Hans Jonas und sein Buch *Das Prinzip Verantwortung*: „Nicht weil Gott nicht will, sondern weil er nicht kann, greift er nicht ein. Das größte Geschenk, das der Gott Jesu uns macht, ist unsere Freiheit." Gott ist ein Freund der Freiheit, und Religion kann ein Fitnessstudio für die Seele sein, wenn religiöser Glauben nach Freiheit schmeckt.

Aber, so schrieb Salman Rushdie: „Wenn wir kein Vertrauen in unsere Freiheit haben, dann sind wir nicht frei." Deshalb musste Jesus den „Gott, den allmächtigen Vater" (wie es noch heute im Apostolischen Glaubensbekenntnis heißt) verabschieden zugunsten eines allgütigen Gottes. Das wahre Jesustum ist die Religion eines ohnmächtigen Gottes. Gott hat seine „Macht" eingeschränkt, um der Schöpfung und Evolution Raum zu geben. Diese Freiheitsfrage ist die Schicksalsfrage der christlichen Kirchen. Wahrheit gibt es nur in Freiheit.

Die Evolution ist eine Gabe Gottes, aber sie wird zur Aufgabe des Menschen: Bewahrung der Schöpfung ist unser Ur-Auftrag. In diesem Sinne bin ich konservativ.

3. Die Gewalt im Patriarchat

In seinem Buch *Abschied vom allmächtigen Gott* beschreibt Günther Schiwy das alte und das neue Gottesbild Jesu so: „Der Allmächtige Gott, der zum Allherrscher eingesetzte Christus, der römische Papst als Stellvertreter Gottes und Christi auf Erden mit der für alle Menschen verbindlichen Leitungs- und unfehlbaren Lehr-,Gewalt', dann die daran partizipierenden Bischöfe, dann die von den Bischöfen abhängigen Priester und Diakone, dann die Ordensleute und schließlich die ,Laien', das ,Volk', erst die Männer, zuletzt die Frauen und Kinder: die ,Laien' nicht mehr Subjekte, sondern Objekte hierarchischer Entscheidungen sowie männlicher Verkündigung und Seelsorge ... alles in allem das genaue Gegenteil dessen, was der sich selbst entmachtende und andere ermächtigende Gott mit seiner Schöpfung wollte: dass sie Subjekt werden, frei und sich selbst bestimmend."[4]

Das kirchliche Patriarchat ist ein besonders perfides. Denn es herrscht „im Namen das Vaters", im Namen eines besonders falschen, Jesus-fremden Gottesbildes.

Neben der falsch übersetzten Vaterunser-Bitte verdunkeln auch viele andere zentral charakteristischen Jesus-Worte sein wahres Gottesbild – weil auch sie falsch übersetzt sind. Der neue Inhalt dieser Jesus-Botschaft verlangt „neue Schläuche". Die Theologin und Carl-Gustav-Jung-Schülerin Hanna Wolff analysiert die Kirche besonders kritisch: „Das Christentum ist bisher nie wirklich aus dem Schatten des Judentums herausgetreten! Das ist seine Schuld, das ist seine Tragik, das ist sein Existenzproblem."[5] Wolff meint: Es gibt bis zum heutigen Tag einen nicht durchgearbeiteten Judenkomplex bei den Christen und einen ebenso wenig durchgearbeiteten Christenkomplex bei den Juden. Und dahinter verbirgt sich eine zum Verzweifeln elende Theologie, die von den Erkenntnissen der heutigen Tiefenpsychologie oder Neurologie und genauso vom aramäischen Jesus völlig unberührt ist.

In seinem im Verlag Herder erschienenen Buch *Vaterunser* schreibt Papst Franziskus zur Bitte „Und führe uns nicht in Versuchung": „Ich kann mir einfach nicht vorstellen, dass Gott uns versucht ... Als ob Gott seinen Kindern einen Hinterhalt legen würde!" Günther Schwarz hat diese Bitte aus dem Aramäischen so übersetzt: „Lass uns retten aus unserer Versuchung" – das ist ebenso sinnvoll wie der neue Franziskus-Vorschlag: „Und lass uns nicht allein in der Versuchung." Die katholischen Kirchen in Frankreich, Italien, Spanien, Portugal und Brasilien haben den Vorschlag des Papstes bereits übernommen und beten dieses meistgesprochene und populärste Gebet der Welt jetzt so, wie es Jesus gebetet hat. Leider lehnen hierzulande sowohl die katholische wie auch die evangelische Kirche den Vorschlag von Papst Franziskus ab. Dazu die frühere Bischöfin Margot Käßmann in der *Bild am Sonntag* in einem Streitgespräch mit mir sinngemäß: „Wir wollen doch die Tradition nicht ändern." Wenn die Tradition wichtiger ist als Jesus, dann sind die christlichen Kirchen wirklich nicht mehr zu retten.

Ein Buch, das in seinen vielen Übersetzungen über die Jahrtausende so voller Fake News geworden ist wie die kirchenoffizielle Bibel, kann nicht die Basis einer gelebten und zukunftsfähigen Religion sein. Wenn sich alte Übersetzungen wissenschaftlich als falsch erweisen oder wenn sie nicht mehr in die Zeit passen, weil sie zum Beispiel zu derb sind, dann müssen sie geändert werden. Im Ave Maria ist ja auch nicht mehr von „Weibern" die Rede, sondern von Frauen.

In der Religionsgeschichte sehen wir über viele Jahrtausende ein „krankmachendes Gottesbild" (Hanna Wolff). Auch im Alten Testament erleben wir diesen strafenden, rächenden, ja kriegerischen Gott, der zum Beispiel von Abraham fordert, seinen Sohn umzubringen und ihm zu opfern. Dagegen lehrt Jesus eindeutig und konsequent einen Gott der Liebe, der Güte und der Menschlichkeit, der keine Opfer braucht. „Barmherzigkeit will ich, nicht

Opfer" (Mt 9,13), zitiert Jesus seinen „Vater". Doch viele christliche Theologen lehren bis heute einen Gott, bei dem die beiden total konträren Gottesbilder „harmonisiert" sind: einen Abraham-Gott, der bestraft, und zugleich einen liebenden Jesus-Gott. Aber genau diese „Harmonisierung", so Hanna Wolff, sei die eigentliche Tragik des Christentums, eine Regression, ein Rückschritt anstatt eines Fortschritts, zu dem Jesus eingeladen und aufgefordert habe. Jesu neues, gesundmachendes, empathisches Gottesbild wurde in das bis dahin herrschende patriarchalische Gottesbild eingeebnet.

Tragischerweise wurde dieses krankmachende Gottesbild auf die Pädagogik und die „christliche" Erziehung übertragen. Vorbild war auch hier nicht der kinderfreundliche Jesus – er stellte seinen Aposteln Kinder als Vorbilder hin („Wenn ihr nicht umkehrt und werdet wie die Kinder, werdet ihr nicht in das Himmelreich hineinkommen. Wer sich so klein macht wie dieses Kind, der ist im Himmelreich der Größte." Mt 18,3–4) –, sondern der strenge Patriarchengott, der prügelt, straft und rächt – und natürlich macht er das „aus Liebe". Nur einer der vielen biblischen Sprüche, welche diese Pädagogik über Jahrhunderte legitimierte – wieder mal von Paulus: „Mein Sohn, verachte nicht die Erziehung des Herrn, verzage nicht, wenn er dich zurechtweist. Denn wen der Herr liebt, den züchtigt er, er schlägt mit der Rute jeden Sohn, den er gern hat. Haltet aus, wenn ihr gezüchtigt werdet. Gott behandelt euch wie Söhne. Denn wo ist ein Sohn, den sein Vater nicht züchtigt?" (Hebr 12,5–7)

Paulus, der Apostel des „Herrn", verfasst hier einen ganz brutalen Aufruf zur Gewalt gegen Kinder – in der Bibel! Eine glatte Regression im Umfeld der Jesus-Botschaft. Bis heute sterben jedes Jahr in Deutschland mehrere hundert Kinder durch solche Züchtigung. Wir zeigten einmal in meiner *Report*-Sendung in der ARD dazu einen Film mit erschreckenden Folgen: Schädelbrüche bei Kindern, Arm- und Beinbrüche, Blutungen, Platzwunden, blaue Flecken, Bisswunden, verbrüht mit heißem Wasser, Verbrennungen mit dem Dampfbügeleisen oder der Herdplatte. Zehntausende Kinder werden so allein in Deutschland Jahr für Jahr misshandelt, bis heute. Laut Kinderschutzbund werden hierzulande jedes Jahr um die 200 000 Kinder schwer misshandelt. Viel zu viele Menschen scheuen sich, Kindesmisshandlung anzuzeigen. Sie schließen lieber die Augen davor. Verständlich, aber leider nicht hilfreich.

Zu diesem Thema Jesus sehr eindeutig: „Ich bin nicht auf die Erde gekommen, um Menschen zu bestrafen, sondern ich bin auf die Erde gekommen, um Menschen wiederzubeleben." (Joh 12,47 in der Rückübersetzung nach Günther Schwarz) In der biblischen Übersetzung derselben Stelle sagt Jesus: „Ich bin nicht gekommen, um die Welt zu richten, sondern um die Welt zu retten." Bei Jesus war das Vertrauen der Eltern der Nährboden, auf dem das Selbstvertrauen der Kinder gedeihen kann.

In den USA schwärmen die zahlenmäßig sehr starken fundamentalistischen Christen besonders für radikale und brutale Erziehungsmethoden. So erzählte die prominente Hollywoodschauspielerin Anne Heche, dass ihre christlich-fundamentalistischen Eltern sie und ihre vier Geschwister permanent „mit einem Holzlöffel" geschlagen haben. Selbst Bücher seien im Hause Heche verpönt gewesen. Lediglich das Zitieren von Bibelversen war als adäquate Freizeitbeschäftigung erlaubt. Dabei war der Holzlöffel noch das kleinste Problem, ihr Vater habe sie ihre ganze Kindheit hindurch bis zu ihrem zwölften Lebensjahr sexuell missbraucht. Dieser streng-christliche Vater habe ein Doppelleben geführt. Er, der fromme Christ, sei heimlich schwul gewesen. Als Anne Heche als erwachsene Frau ihrer Mutter am Telefon von den Gewalttaten ihres Vaters erzählte, habe diese nur gesagt: „Anne, Jesus liebt dich" – und dann aufgelegt. Auch spätere Versuche, mit ihrer Mutter über den Missbrauch durch den Vater zu sprechen, waren erfolglos. Die prominente Schauspielerin, die mit 53 Jahren starb, dazu: „In diesem Moment war ich von mir selbst abgespalten." Sie war schließlich in Los Angeles mit ihrem Auto in so hoher Geschwindigkeit gegen eine Hauswand gerast, dass ihr Auto Feuer fing und sie den Unfall nicht überlebte. Der *Spiegel* zum Tod von Anne Heche: „In seiner Tragik ähnelt ihr Ende ihrem Leben."

Die Familiengeschichte begleitete diese Frau ihr ganzes Leben: brutale Kindheit, sexueller Missbrauch, außergewöhnliche Karriere, fundamentalistische Religion, unglückliches Liebesleben, Drogenabhängigkeit, ein traumatisiertes Leben. Von einem deutschen Internatsschüler weiß ich, dass in seiner Schule das Motto galt: „Bete, arbeite und beziehe Prügel." Karlheinz Deschners *Kriminalgeschichte des Christentums* ist voll von bösen Taten, die man in der Kirche halt Tradition nennt: „Schläge haben doch noch nie jemand geschadet." Bis in die zweite Hälfte des 20. Jahrhunderts herrschte eben der „Weltschmerz der katholischen Religion" (Peter Handke). Für viele jüngere Leser dürfte das alles wie ein Märchen klingen. Leider war es keines. Ja, bis heute halten viele alte Männer in der katholischen Kirche einfach an dem fest, weil es schon immer so war.

Ein anderes Beispiel für fundamentalistisches Religionsverhalten: Mir ist eine Familie im katholischen Rheinland bekannt, deren vier Töchter alle ins Kloster gingen aus einem einzigen Grund: Sie wollten dafür sühnen, dass ihr älterer Bruder eine evangelische Frau geheiratet hat, was für die Familie eine Todsünde war. Über ein solches „Sühneopfer" wird sich der liebe Gott sicherlich sehr freuen!

Ich selbst war in meiner Kindheit einige Jahre Messdiener. Aber als ich im Religionsunterricht erleben musste, dass unser Pfarrer Klassenkameraden unter die Schulbank prügelte, habe ich diesen Gewaltladen etwa als Zwölfjähriger verlassen. Auch in vielen christlichen Familien ist ständig von der Liebe Gottes die Rede, aber wenig von der menschlichen Liebe spürbar. Ich habe christliche Gemeinschaften kennengelernt, in denen viel von Liebe die Rede war, in denen es aber recht lieblos zuging. Zum Beispiel in einer politischen Partei mit dem C im Namen, deren Mitglied ich 28 Jahre war.

Aus dem Jahr 1934 haben wir diesen Bericht eines Lehrers, der sich selbst dieser Erziehungstaten während seiner Lehrtätigkeit rühmt: „911 527 Stockschläge, 124 000 Peitschenhiebe, 136 715 Schläge mit der Hand und 1 115 800 Ohrfeigen".[6]

Worin besteht nun diese „Regression"? Hanna Wolff: „Sie besteht darin, dass Jesu neues Gottesbild, das ich früher das erste heile Gottesbild der Weltgeschichte genannt habe, als solches schlechthin verloren ging. Es wurde in das bis dahin herrschende patriarchalische Gottesbild eingeebnet. Niemals wurde somit wirklich verstanden, dass jenes neue und heile Gottesbild eine Gesamtschau aller Existenz- und Seinsebenen bedeutete. Es kam vielmehr zu einem großen dogmatischen Flickwerk, entgegen der ausdrücklichen Parole Jesu, dass man einen alten zerrissenen und unbrauchbaren Kittel nicht mit einem neuen Stück Stoff flicken solle. Die krank machende Regression ist die Folge dieses Flickwerks."[7]

4. Neuer Wein in neue Schläuche

Neuer Wein sollte eben in neue Schläuche gegossen werden – wie es Jesus vorgeschlagen hat – und nicht in alte. Aus dem krankmachenden Gottesbild folgt ganz selbstverständlich ein krankmachendes Menschenbild und ein ebenso krankmachendes Weltbild. In vielen Träumen wird ein Zusammenhang zwischen einem krankmachenden Gottesbild und einem krankmachenden Elternbild sichtbar. In diesem Fall empfiehlt sich eine Psychotherapie. Im geschützten Raum der Therapie ist Heilung möglich, wie ich sie auch – nach einer typisch männlichen Midlife-Crisis – erfahren durfte. Nicht immer, aber häufig kann dabei Hoffnungslosigkeit überwunden und Zukunftsoffenheit erreicht werden. Zum Thema dieser Umkehr erreichen mich hunderte Briefe nach jedem meiner Jesus-Bücher.

Der bereits erwähnte evangelische Theologe und Familientherapeut Helmut Hark hat religiöse Neurosen, deren Ursachen und Heilung wissenschaftlich und empirisch untersucht und mit Umfragen untermauert. Er schreibt: „So wie das Glaubensleben durch seelische Stimmungen und das seelische Befinden beeinträchtigt wird, kann umgekehrt auch das seelische Erleben durch eine lebensfeindliche Religiosität beeinträchtigt und gestört werden. Insbesondere eine gesetzliche Frömmigkeit kann das Seelenleben verhärten und die kreativen Phantasien abtöten. Während der wahre Glaube das Leben befreit und heilende Kräfte freisetzt, macht eine erstarrte Frömmigkeit krank."[8] Erstarrte Frömmigkeit, religiöse Neurosen und Kirchenkrankheiten finden wir heute bei vielen Fundamentalisten in fast allen Religionsgemeinschaften.

Im größten katholischen Land der Welt, in Brasilien, steigt die Zahl fundamentalistischer evangelikaler Sekten besonders schnell. Sie verbreiten Hass in Gottes Namen. Jeder dritte Brasilianer bezeichnet sich bereits als evangelikal. Im Jahr 2030 dürften es schon über fünfzig Prozent sein.

Kritische Bibelexegese gilt Evangelikalen als Sünde. Den größten Zulauf haben die Evangelikalen unter den ultraorthodoxen Pfingstkirchen. Diese wollen meist noch „päpstlicher" sein als der Papst. Sie verteufeln den Feminismus und die feministische Theologie.

Zwischen 1933 und 1945, in der Zeit des „Deutschland, Deutschland über alles", haben die Nazis mit ihrem Deutsch-Nationalismus die ganze Welt in Angst und Schrecken versetzt und den Tod von über fünfzig Millionen Menschen verursacht. Dieser Nationalismus war das Gegenteil dessen, was Jesus in seiner Bergpredigt gemeint hat: Alle Menschen sind Geschwister, unabhängig von Nation, Religion oder Geschlecht. Christliche Fundamentalisten verstehen die Bibel wörtlich. Dass die Bibel geschichtlich gewachsen ist und auch viele falsche oder zweideutige Übersetzungen enthält, dass „Gottes Wort" auch von fehlerhaften Menschen weitergegeben wurde und es in ihr neben hellen, gesundmachenden Gottesbildern auch dunkle und krankmachende Gottesbilder gibt, leugnen die Fundamentalisten ganz einfach. Ein Beispiel dafür sind die furchtbaren, dunklen, Angst einflößenden Gottesbilder in der

Apokalypse des Johannes. Diese apokalyptischen Bilder sagen uns: Seit im Himmel für den Teufel kein Platz mehr ist, ist auf unserer Erde der Teufel los!

5. Jesus ja – Kirche nein?

Bei weniger als einem Prozent des Inhalts im Neuen Testament hat Jesus vor irgendeiner Gefahr gewarnt. Doch die Patriarchen der Kirche haben aus dem Christentum im Wesentlichen eine gefahrenträchtige Gebots- und Verbotsreligion gemacht. Das zeugt von wenig Vertrauen oder gar Urvertrauen in Gott und ins Leben. Kein Wunder, dass immer mehr Christen sagen: „Jesus ja, Kirche nein!" Das entspricht sogar dem Willen Jesu. Er warb für Vertrauen und wollte niemandem Angst machen.

Doch die real existierende Kirche praktizierte über Jahrhunderte das exakte Gegenteil. Das Evangelium der Maria Magdalena erinnert uns daran, dass Gott die Liebe und die Liebe das göttliche Gesetz ist und Jesus der Zeuge dieses göttlichen Gesetzes. Dieser Zeuge meint nicht „du musst" oder „du sollst", sondern „du kannst" und „du darfst". Liebe lässt sich nicht befehlen, aber üben. Nur in Freiheit können wir unsere eigene Identität finden. Also: Werdet nicht Sklaven von Gesetzen oder Verboten oder Geboten. Eure Bestimmung ist vielmehr: Voranschreiten, sich entwickeln und emanzipieren. Empfehlt Jesus. Seine Zusage: „Und siehe, ich bin bei euch alle Tage bis zum Ende der Welt." (Mt 28,20)

Der islamische Reformtheologe Mouhanad Khorchide, der in Münster mit Polizeischutz leben muss, sagt über den religiösen Fundamentalismus: „Gegen eine menschenfeindliche Auslegung der Religion hilft nur ihre menschenfreundliche Auslegung und Praxis … Ich glaube, Gott will, dass wir Menschen die Hand seiner Liebe sind. Das gibt mir Kraft."[9] Durch meine Traumtherapie der Jung'schen Schule wurde mir das Verständnis der religiösen Funktion der Seele wichtig. Besonders in der zweiten Lebenshälfte hat der Mensch nach Carl Gustav Jung religiöse Bedürfnisse.

Für Sigmund Freud war Religion eine „universelle Zwangsneurose". Für Jung gehört Religion aber zur Ganzheit der Person. Sie ist keine Illusion, sondern ein dynamischer Faktor des lebendigen Seelenlebens: „Unter allen meinen Patienten jenseits der Lebensmitte, das heißt jenseits 35, ist nicht ein einziger, dessen endgültiges Problem nicht das der religiösen Einstellung wäre. Ja, jeder krankt in letzter Linie daran, dass er das verloren hat, was lebendige Religionen ihren Gläubigen zu allen Zeiten gegeben haben, und keiner ist wirklich geheilt, der seine religiöse Einstellung nicht wieder erreicht hat, was mit Konfessionen oder der Zugehörigkeit zu einer Kirche natürlich nichts zu tun hat."[10]

Die religiöse Orientierung ist für Jung also mehr als traditioneller Glaube oder kirchliche Bindung.

6. Der zensierte Jesus

Journalistisch gesprochen: Jesus wurde 2000 Jahre lang zensiert. Der Frauenfreund wird bis heute missbraucht,

- um Frauen in der katholischen wie auch in der orthodoxen Kirche zu diskreditieren;
- der Jude Jesus wird benutzt, um Antisemitismus zu praktizieren;
- der Sohn eines Handwerkers wird instrumentalisiert, um noch die schlimmsten Auswüchse des Kapitalismus zu rechtfertigen;
- der Befreier von Angst muss herhalten, um kirchliche Angstverbreitung zu legitimieren, und
- der große Friedensfreund der Bergpredigt wurde 2000 Jahre lang missbraucht, um auch noch die brutalsten Kriege zu rechtfertigen;

- der Menschsohn wird zum Gottessohn hochgejubelt, um den wirklichen Jesus zu verharmlosen. Schlimmer geht's nimmer.

Das alles führte zur Zerstörung des Menschen und der Natur – wie wir heute allmählich erkennen und erleben. Nur der klare Blick auf den wirklichen Jesus kann uns helfen, für eine humanere, gerechtere, ökologische und friedlichere Welt zu streiten. Für lange Zeit hat der real existierende Kapitalismus ökonomische Fortschritte für Millionen Menschen bewirkt, doch heute frisst er zunehmend seine Kinder. Der klassische Kapitalismus und die klassischen Kirchen haben keine Antworten mehr für die Zukunft. Beide sind Auslaufmodelle. Vor Papst Franziskus war die einzige Enzyklika, die den real existierenden Kapitalismus infrage stellte, die von Papst Paul VI.: *Populorum Progressio*. Sie wurde in kirchlichen Kreisen sofort als „kommunistisch" verschrien und versank in Vergessenheit.

Schon Karl Marx wusste, dass ein System, in dem die Reichen immer reicher und die Armen immer ärmer werden, keinen Sinn ergibt – so wie es heute der Fall ist. Zudem leben die Industriestaaten auf Kosten der Natur und der Armen. Wir müssen lernen, mit der Natur zu leben und zu rechnen. Wir brauchen eine wirkliche Zeitenwende. Zu unserem Glück sind auch erste Erfolge dieser Zeitenwende sichtbar: Immer mehr Konzerne versprechen, nicht nur ihren Anlegern, sondern der Gesellschaft verpflichtet zu sein, Gemeinwohlwirtschaft wird ein Thema auch für klassische Ökonomen, in dreißig Ländern gehen die CO_2-Emissionen zurück, obwohl die Wirtschaft noch immer leicht wächst. Das alles eröffnet die Chance für eine gerechtere und nachhaltigere Welt. Eine Reform des Kapitalismus zu einer ökosozialen Marktwirtschaft ist für viele keine Drohung mehr, sondern eher eine Verheißung. Marxismus „auf die sanfte Tour" nennt das der *Spiegel* in seiner Neujahrsausgabe 2023 und kann sich dabei auf renommierte Ökonomen, vor allem Ökonominnen, berufen. Kann auch die jesuanische Botschaft eines „Lebens in Balance" dabei helfen?

Jesus war Bruder, nicht Herrscher. Er war Gefährte, nicht Patriarch. Er war Befreier, nicht Erlöser. Er war Menschensohn, nicht Gottessohn, oder Gottessohn allenfalls in dem Sinn, dass wir alle Gottessöhne und Gottestöchter sind. Er war Pazifist und nicht Kriegstreiber. Dazu mehr im nächsten Kapitel.

Die Theologin Dorothee Sölle schreibt: „Ich halte Jesus für den glücklichsten Menschen, der je gelebt hat. Er scheint als ein Mensch, der seine Umgebung mit Glück ansteckte."[11] Jesus selbst verstand sich als Wegweiser zu einem Gott mit menschlichem Antlitz. Deshalb verstehe ich mich als Jesuaner und weniger als Christ. Es waren Christen, die schwarze Menschen versklavten, an Indianern Massenmord verübten, gegeneinander Weltkriege mit bestem Gewissen führten und im Frühkapitalismus millionenfach ihre eigenen Kinder ausbeuteten.

7. Unsere Kinder gehören nicht uns

Kahlil Gibran zeigt in einem wunderbaren Text, was Jesus unter Erziehung und Pädagogik verstand:

„Eure Kinder sind nicht eure Kinder. Sie sind die Söhne und Töchter der Sehnsucht des Lebens nach sich selbst."

Denn die Kinder, so Gibran, kommen zwar durch uns, aber nicht von uns. Und sie gehören uns nicht, obwohl sie bei uns sind. „Ihr könnt ihnen eure Liebe geben, aber nicht eure Gedanken, weil sie ihre eigenen Gedanken haben. Ihr könnt ihren Körpern eine Behausung geben, aber nicht ihren Seelen, weil ihre Seelen im Haus von Morgen wohnen, welches ihr nicht betreten könnt, noch nicht einmal in euren Träumen."

Und er fährt fort, dass wir versuchen können, ihnen gleich zu sein, wir aber nicht versuchen sollten, sie uns gleich zu machen.

Denn „das Leben geht nicht rückwärts noch verweilt es beim Gestern".

Gibran schließt: „Ihr seid die Bogen, von denen eure Kinder als lebende Pfeile abgeschossen werden … Möge das Gebogenwerden in des Schützen Hand Freude in euch auslösen."[12]

Hier schwingt Jesu empathisches Gottesbild und Menschenbild mit. Das Kind gehört nicht den Eltern. Sondern die Eltern sind für das Kind da. Und für das jesuanische Gottesbild heißt das: Gott ist für euch da. Während zuvor galt: Du bist für Gott da. Durch den Klimawandel und den Krieg, den wir heute gegen die Natur führen, setzen wir die Zukunft unserer Kinder aufs Spiel. Wenn wir ihnen sagen „Wir lieben euch", aber weiterhin ihre Zukunft verbrennen, dann ist das reine Heuchelei. Wir sind die erste Generation, die dabei ist, ihren Brutinstinkt zu verlieren. Kein Wunder, dass sich verzweifelte, aber noch engagierte junge Menschen die „letzte Generation" nennen. Wir sind in der Tat die letzte Generation, die nach den Erkenntnissen des Weltklimarats – das sind tausende Klimaforscher aus der ganzen Welt – die Klimakatastrophe noch aufhalten kann. Und diese ist wahrscheinlich die größte Herausforderung der menschlichen Geschichte. Die Klimakatastrophe zeigt uns auch, wie sehr wir mit der Natur verbunden und gleichzeitig von ihr abhängig sind. Unser Hauptproblem: Wir sollen uns nicht mehr vorstellen, was wir mit Atombomben und der Klimakatastrophe anstellen.

António Guterres, der Generalsekretär der Vereinten Nationen, auf der Weltnaturkonferenz in Montreal: „Mit unserem grenzenlosen Appetit auf unkontrolliertes und ungleiches Wirtschaftswachstum ist die Menschheit zu einer Massenvernichtungswaffe geworden." Bei dieser Konferenz ging es um die dringende Aufgabe, Frieden mit der Natur zu schließen. Die Menschheit behandle die Natur wie eine Toilette, sagte Guterres weiter.

Aber: Auf dieser Konferenz passierte tatsächlich das „Wunder von Montreal". Die „Zukunftsmelodie" für den Artenschutz heißt jetzt, dass sowohl dreißig Prozent der Meere wie auch dreißig Prozent der Landfläche unter Naturschutz gestellt werden. Ein historischer und überwältigender Erfolg für die Weltgemeinschaft. Die neue Hoffnung ist, dass sowohl das Pariser Klimaschutzabkommen wie auch das neue Montrealer Artenschutzabkommen nun umgesetzt werden. Jetzt nicht nachlassen!

III.
Der aramäische Jesus

1. War Jesus ein Krieger?

Ein weiteres Beispiel für Missverständnisse durch Übersetzungsfehler: In Matthäus 10,34 sagt Jesus: „Denkt nicht, ich sei gekommen, um Frieden auf die Erde zu bringen, sondern das Schwert." Das soll der Pazifist der Bergpredigt tatsächlich gesagt haben? Jesus – ein Prediger der Gewalt? So steht es aber in etwa 4,5 Milliarden Bibeln der Welt. Dieser himmelschreiende Unsinn heißt rückübersetzt aus dem Aramäischen: „Ich bin nicht gekommen, um Kompromisse zu schließen, sondern ich bin gekommen, um Streitgespräche zu führen." Auch das passt zum wirklichen Jesus. Seine Bergpredigt ist doch kein beliebiger Heimatroman, sondern eine Anleitung zur Gewaltfreiheit und zum Erbarmen gegenüber Feinden. Dabei muss jedoch immer um einen Ausgleich von verschiedenen Interessen gestritten werden.

Schon vor 2000 Jahren war Jerusalem eine Stadt der mächtigen Männer, Frauen galten als Menschen zweiter Klasse: der jüdische Hohe Rat auf der einen Seite und der römische Stadthalter Pontius Pilatus auf der anderen. Bis heute verstehen die Mächtigen nicht, dass in dieser Stadt auch Platz für zwei sein kann – für Israelis und für Palästinenser. Hier wird noch immer bis aufs Blut gekämpft. Und von wenigen Ausnahmen abgesehen, haben bis heute die Mächtigen noch immer nicht den Geist der jesuanischen Bergpredigt verstanden. Deshalb bauen sie noch immer mehr Mauern gegeneinander anstatt Brücken zueinander und füreinander.

Lena Naumann lässt in ihren Maria-Magdalena-Roman *Mariam geht fort* Jesu Gefährtin über ihr Verhältnis zueinander dieses sagen: „Was ich an Jeschua (Jesus) besonders liebte? Dass er bereit war, mit einer Frau zu sprechen, ihr zuzuhören, bisweilen auch von ihr zu lernen. So miteinander sprechen, wie er und ich es konnten, hatte ich vorher nie erlebt. Manchmal war unser Gespräch auch hart, nicht nur für ihn, für mich nicht weniger. Wenn unsere Wahrheiten, die meine und die seine, wie Steine aufeinanderprallten. Gibt es an

Wahrheiten nicht immer zwei, die mit viel Mühsal zu einer gemeinsamen, die dann ganz neu ist, verschmolzen werden müssen? Doch nicht in allem ist es uns gelungen."[1] Jesus wollte leuchten, nicht herrschen – auch und gerade gegenüber Frauen. Er wollte vor allem sie befreien vom Bann des Gesetzes und der Tradition.

Die letzten Zeilen dieses Romans über die „außergewöhnlichste Liebe aller Zeiten" lauten: „Wenn wir einander anschauen, erreicht unsere Erkenntnis eine Tiefe, in die das Wort nicht mehr reicht. Zweisein führt ins Paradies."[2]

Als Gefährtin des Zimmermannsohns hat Maria aus Magdala eine neue Welt jenseits der jüdisch-christlichen Gesetze und Gebote entdeckt und entlarvt die Doppelmoral und Machtstrukturen von Religionen. Sie erlebt eine Liebe, die am Ende stärker ist als der Tod.

In die meisten Kriege der Menschheitsgeschichte sind Religionen involviert. Der Krieg wurde zum „Vater aller Dinge" (Heraklit) – von den Glaubenskriegen im vierten Jahrhundert über die Kreuzzüge, die in islamischen Ländern bis heute nachwirken, den Dreißigjährigen Krieg, in dem sich Millionen Katholiken und Protestanten im Namen Gottes abschlachteten, bis zu den Religionskriegen in Nordirland und der Gewalt zwischen Sunniten in Saudi-Arabien und Schiiten in Iran und Putins Krieg in der Ukraine. Die russisch-orthodoxe Kirche unter Patriarch Kyrill unterstützt Putins Krieg. Er hat vergessen, dass Jesus Mensch geworden ist, damit wir Menschen nicht mehr morden.

Noch im Januar 2023 hetzt ein Prediger mitten in Deutschland, in der Moschee im nordrhein-westfälischen Neuss, mit diesen Worten gegen die kurdische PKK: „Genau wie wir ihnen in der Türkei kein Lebensrecht geben, werden wir es ihnen auch in Deutschland nicht geben. Mit Allahs Erlaubnis werden wir sie überall auf der Welt aus ihren Löchern, in die sie sich verkrochen haben, rausziehen und vernichten."[3] Todesdrohung mit religiösen Motiven in Deutschland im Jahr 2023!

Der renommierte jüdische Theologe und Autor Pinchas Lapide schreibt: „Nicht das soll gelten, was über Jesus gesagt worden ist, und was *nach* Jesus gesagt worden ist, sondern allein das soll gelten, was Jesus *selbst* gesagt hat, und was Jesus *selbst* gewollt hat."[4] Jesus sagt in seiner Muttersprache über Güte, Erkenntnis und Selbsterkenntnis: „Wenn ihr erkannt hättet, was das bedeutet ,Güte will ich und nicht Opfer' (Hos 6,6), so hättet ihr die Schuldlosen nicht verurteilt." Im apokryphen Philippusevangelium (123): „Wenn ihr die Wahrheit erkennen würdet, so würde die Wahrheit euch frei machen." Im Johannesevangelium (8,31.32): „Wenn ihr meinen Worten gemäß leben werdet, seid ihr wahrhaftig meine Jünger; und wenn ihr die Wahrheit erkennen werdet, wird die Wahrheit euch frei machen." Im Thomasevangelium (3): „Wenn ihr euer Selbst erkennt, so seid ihr reich. Wenn ihr euer Selbst nicht erkennt, so seid ihr arm." (Gemäß den Rückübersetzungen von Günther Schwarz.) Solange die Kirchen nicht zu diesem aramäischen Jesus zurückfinden, finden sie nicht zur Einheit. Sie werden ewig um Worte streiten. Nur an der Quelle eines Flusses gibt es reines, trinkbares, kostbares, sauberes Wasser. Die gemeinsame Quelle aller christlichen Konfessionen ist der aramäische Jesus. Buddha sagt denselben Gedanken so: „Seid euer eigenes Licht. Seid eure eigene Zuversicht. Haltet euch an die Wahrheit in euch selbst als das einzige Licht."

2. Jesus kennt nur eine Religion: ein gutes menschliches Herz

Die heutige, gewaltbesessene, einseitig materialistisch orientierte und umweltvergessene Welt braucht eine Jesus-Renaissance, aber eine Renaissance des Ur-Jesus. Und das ist der Aramäisch sprechende Jesus. Für mich ist Jesus – vielleicht neben Buddha – der einzigartigste Mensch der Weltgeschichte, der Meister aller Meister. Dieser aramäische Jesus kennt nur *eine* Religion: ein gutes menschliches Herz. Er lehrte, dass Menschen mit dem Verstand allein nicht zur Vernunft (Nous) kommen. Der Verstand braucht die Balance mit einem liebevollen Herzen. Das meinte Jesus, wenn er seiner Vertrauten Maria Magdalena erklärte, was „Nous" bedeutet. Nous wird im Deutschen meist mit „Verstand" übersetzt. Gemeint ist Bewusstsein, Harmonie, Balance und Vorstellungskraft. Darauf kommen wir bald ausführlich zurück. Er hat bestimmt nicht gesagt: „Tut dies zu meinem Gedächtnis, getrennt nach Konfessionen." Christliche Konfessionen könnten bei gutem Willen friedlich zusammenfließen wie das grau-grüne Wasser des Rheins und das dunkle Wasser des Mains bei Groß-Gerau. Über die Frage, ob Protestanten an der katholischen Kommunion teilnehmen dürfen, würde Jesus wohl Lachkrämpfe kriegen, dann aber wütend werden und vielleicht sogar zur Peitsche greifen, wie er das schon mal vor 2000 Jahren im Tempel zu Jerusalem getan hat. Jesus wusste: Gier frisst Hirn. Das lesen wir beinahe täglich in den Zeitungen und sehen und hören es in Nachrichtensendungen. Konfessionsstreit ist weitgehend Machtstreit und lächerliche dogmatische Rechthaberei.

Wie zentral wichtig richtige Übersetzungen aus Jesu Muttersprache sind, zeigt das Thema „Wiedergeburt", das die christlichen Theologen bis heute total verdrängen, obwohl es für den aramäischen Jesus wirklich wichtig war.

3. Jesus und die Wiedergeburt

„Amen! Amen! Ich soll dir sagen: Wenn jemand nicht wiederholt geboren wird, so kann er nicht (wieder) eingelassen werden in die Himmelsherrschaft." (Joh 3,3 in der aramäischen Rückübersetzung nach Günther Schwarz)

Wenn Jesus zweimal Amen sagt, will er etwas besonders betonen. Amen hat im Aramäischen den Sinn, einem Wort Kraft zu verleihen. Nach Günther Schwarz hat Jesus im Aramäischen achtmal von Wiedergeburt gesprochen. Doch für die heutigen Kirchen spielt diese zentrale Botschaft Jesu keine Rolle. Sie haben die frühen Wiedergeburtstexte nicht ins offizielle Neue Testament aufgenommen. Wem vertrauen wir mehr: den Kirchen oder Jesus? Wiedergeburt heißt, dass es keinen Tod gibt, sondern Verwandlung, dass der Tod kein Untergang, sondern ein Übergang ist, kein Ende, sondern eine Wende. Reinkarnation ist immer eine zweite Chance. „Reif werden zum Tod", so sagte mir die Sterbeforscherin Elisabeth Kübler-Ross kurz vor ihrem Tod in einem Fernsehinterview, „bedeutet, ein sinnerfülltes Leben zu führen." Der Tod sei „die letzte Stufe der Reife". Der Tod müsse keine „Katastrophe, keine destruktive Angelegenheit sein, vielmehr muss man ihn als einen der konstruktivsten, positivsten und kreativsten Bestandteile des Lebens ansehen". Das Bewusstsein, dass wir im Tod alle gleich sind, könnte uns auch verstehen lassen, dass wir im Leben eine Einheit sind. Im Menschsein sind wir alle gleich. Alle Menschen sind von einer Mutter geboren und von einem Vater gezeugt. Viel zu wenig stellen wir uns die Frage: „Worauf können wir uns nach dem Tod freuen?" Als der Bestatter Julian Heigel auf Twitter diese Frage stellte, war eine der vielen überraschenden Antworten: „Endlich mal leben."

Frau Kübler-Ross hielt tausende von Sterbenden in ihren Armen. Für ihre wissenschaftlichen Forschungen über das Sterben hat sie 23 medizinische Ehrendoktortitel erhalten. Die gebürtige Schweizerin war die wissenschaftlich höchst ausgezeichnete Frau der Welt: „Wer mir sagt: ‚Tot ist tot', dem widerspreche ich: Ich vertraue auf des ewige Leben in der geistigen Welt."

Anselm Grün zeichnet dieses schöne Bild: So wie im Herbst die Blätter sanft zu Boden fallen, so fallen auch wir beim Tod in Gottes gute Hände. Was immer Sie, liebe Leserinnen, von diesen schönen Theorien halten mögen, eines ist ganz gewiss: Der Tag, an dem Sie diese Zeilen lesen, ist der erste Tag vom Rest Ihres Lebens. Also lieben Sie diesen Tag und leben Sie ihn ganz bewusst. Jesus zum Thema Tod: „Er ist der Nährende! Jeder, der zu ihm kommt –

er wird nie mehr hungern. Er ist der Erleuchtende! Jeder, der ihm nachfolgt – er wird nicht umhergehen in Verfinsterung. Er ist der Wiederbelebende! Jeder, der auf ihn vertraut – er wird nie mehr tot sein." (Joh 6,35; 8,12 und 11,25–26 in der Rückübersetzung aus dem Aramäischen von Günther Schwarz)

„Habt keine Angst, ich habe den Tod überwunden", lehrt Jesus ferner: sein ganz großes Thema. Menschen, die von Wiedergeburt überzeugt sind, werden sich schon aus egoistischen Gründen ökologisch verhalten. Sie kommen ja wieder auf diesen Planeten. Jeder Tod ist eine neue Geburt in der geistigen Welt. Damit ist Religion Trost und Angstüberwinder. Eigentlich ist der Tod eine Einladung zur Freiheit. In der Bibel steht 366 Mal: „Fürchtet euch nicht!" Dort, wo wir beim Tod hingehen, erwartet uns ein warmer, herzlicher Empfang. Der irische Mystiker John O'Donohu ein seinem Buch *Anam Cara*: „Viele Menschen fürchten sich vor dem Sterben. Aber es besteht kein Grund zur Sorge. Wenn der Augenblick kommt, empfängt jeder alles, was er benötigt, um diese Reise gelassen, hoffungsvoll und zuversichtlich anzutreten."[5] Der heilige Franziskus sagte es so: „Durch das Sterben werden wir geboren zum ewigen Leben." Wir werden den Tod erst begreifen, wenn er an unsere Tür klopft. Die vier Menschen, die ich kurz vor ihrem Tod erlebte, meine Eltern und Schwiegereltern, sind alle friedlich und ruhig gestorben. Es schien mir wie ein Hinüberreifen.

Auch für den aramäischen Jesus war selbstverständlich, was über den Tod schon im Tibetischen wie auch im Ägyptischen Totenbuch steht oder auch in den keltischen Weisheiten selbstverständlich ist: „Wir leben nicht, um zu sterben, sondern wir sterben, um (in der geistigen Welt) ewig zu leben." Nach Jesus gibt es keinen Grund, vor dem Tod Angst zu haben. Welch eine Botschaft für unsere heutige Zeit, in der die Menschen sich vor nichts so fürchten wie vor dem Tod. Dagegen Jesus: „Amen, Amen, ich sage euch: Wenn jemand an meinem Wort festhält, wird er auf ewig den Tod nicht schauen." (Joh 8,51) Ostern lehrt uns, dass es auch beim Tod um das Leben geht. Zweifeln Sie daran? Zweifel gehören immer zu einem gelebten Glauben.

Die aramäische Welt des Jesus von Nazareth kannte keine Trennung des Heiligen und des Natürlichen. Diese Trennung von „Himmel" und „Erde" ist eines der typischen Ergebnisse der rationalistisch-abendländischen, einseitigen Aufklärung. Selbstbestimmt, souverän und autonom: So sollte das moderne Subjekt sein. Der vernünftige Mensch sollte das Maß aller Dinge werden. Doch daraus wurde nicht viel. „Es gibt viel Ungeheuerliches, doch nichts ist ungeheuerlicher als der Mensch", wusste schon der griechische Tragödiendichter Sophokles in seiner *Antigone*. Daran hat sich nach zweieinhalb Jahrtausenden in den Zeiten der möglich gewordenen Selbstzerstörung nichts geändert. Deshalb brauchen wir für die Lösung der heute anstehenden Probleme eine zweite Aufklärung, eine Aufklärung der Aufklärung, in welcher der Geist gegenüber der Materie nicht als weniger wirklich angesehen wird.

Diese zweite Aufklärung stützt sich auf die schlichte Erkenntnis: Wir sind geistige Wesen in einem materiellen Körper. Mein Eindruck ist, dass diese Erkenntnis heute weltweit wächst. Wir erleben eine Vergeistigung und erfahren, dass in aller Materie auch Geist lebt, das heißt Gott. Dann sind auch wir Kinder Gottes, göttlicher Herkunft. Wir sind göttliche Wesen. Kinder des einzigen Lichts. Jesus sagt im Maria-Magdalena-Evangelium: Unser Lebensauftrag heißt: Liebe in Aktion. Liebe ist, was aus tiefstem Herzen kommt.

4. Jesus und die Geistin

In den alten Sprachen Hebräisch und Aramäisch ist Geist nicht männlich, sondern weiblich: Ruach auf Hebräisch und Ruha auf Aramäisch, also „Geistin, eine weibliche Energie". Diese weibliche Energie wird bis heute unterdrückt und verdrängt.

Am besten lernen wir Jesus über seine Partnerin Maria Magdalena verstehen. Vielleicht gilt auch für dieses biblische Paar die schlichte Erkenntnis: Hinter jedem erfolgreichen Mann steht eine starke Frau.

Die vier biblischen Evangelien berichten, dass Jesus in seinen Geschichten mehr als einhundertmal den Geist, also die Geistin, erwähnt hat. Zu Deutsch: Geist, Wind, Energie, Atem. Heiliger Geist kann also auch heiliger Atem heißen oder heilender Geist, den Jesus bei seinen Heilungen beschworen hat. Bei allen östlichen Meditationsübungen, beim Yoga, spielt der Atem eine wesentliche Rolle. Diese Körperenergie ist im Westen erst in den letzten Jahrzehnten entdeckt und erforscht worden. Sie hat sich beinahe parallel zur Frauenbewegung entwickelt. Fast keine Volkshochschule mehr ohne Yoga-Angebote.

Dass wir heute Atombomben bauen, aber kaum wieder abschaffen können, ist der deutlichste Beweis dafür, dass Homo sapiens alles andere als sapiens, geistig weise, ist. Das lebensbedrohliche atomare Gleichgewicht des Schreckens in den Zeiten des Kalten Krieges ist heute von einem noch gefährlicheren atomaren Imperialismus abgelöst worden. Oder: Dass wir schon lange wissen, wie der Klimawandel oder das Artensterben aufzuhalten sind, aber es dennoch nicht wirklich tun, ist ein weiterer Hinweis auf die bislang unzulängliche, weitgehend geistlose Aufklärung.

Während ich dieses Buch schreibe, hat die US-Behörde für Klima und Ozeanografie einen neuen Bericht über die CO_2-Entwicklung in der Atmosphäre vorgelegt. Danach wird es immer heißer. Die Konzentration der Treibhausgase hat 2021 ihren höchsten Wert seit mindestens einer Million Jahren erreicht. UNO-Generalsekretär António Guterres auf der 27. Weltklimakonferenz in Ägypten: „We are on a highway to the climate hell – with the foot on the accelerator" – „Wir sind auf dem Weg zur Klimahölle – mit dem Fuß auf dem Gas."

5. Der ökologische Jesus

Es wird immer heißer – die Gletscher schmelzen immer schneller –, Emissionen erreichen immer neue Rekordwerte. Weltweit sterben die Korallen. Global brennen die Wälder. Kommen alle Bemühungen zur Rettung des Weltklimas und der Artenvielfalt zu spät? Haben wir unseren Brutinstinkt schon völlig verloren?

Beim Wirtschaftswachstum reden wir immer noch von Wertschöpfung, obwohl es immer mehr Schäden anrichtet: Dürren, Wirbelstürme, Waldbrände. Doch der Klimawandel führt auch zu Schäden an unserer Gesundheit – zu Burnout, zu Panikattacken und Zukunftsängsten, zu Diabetes, zu mehr Krebstoten, zu Übergewicht, zu Herzkreislauferkrankungen und zu Millionen Toten durch Hitzewellen. Verharmlosend nennen wir all diese Verluste an Lebensqualität „Zivilisationskrankheiten".

Die Ursachen sind leicht zu erklären und seit Jahrzehnten bekannt. Wir verwechseln Wohlbesitz mit Wohlbefinden. Viel zu wenig stellen wir die Frage: Was macht eigentlich ein gutes Leben aus? Was ist Lebensqualität wirklich? Vor 25 Jahren sagte mir ein guter Bekannter, dass er mit Mitte fünfzig aufhören wolle zu arbeiten und sein Leben genießen. Doch jetzt mit knapp siebzig sagt er: „Ich habe noch nie so viel gearbeitet wie heute." Und er ist krank. Viele von uns verlieren das Ziel des guten Lebens aus den Augen. Immer mehr Autos bringen uns eben nicht immer mehr Freiheit, sondern immer mehr Staus und Klimaprobleme. Wir sind dabei, unseren Kindern eine Welt zu hinterlassen, in der Milliarden Menschen nicht mehr dort leben können, wo sie geboren wurden.

Im Jahr 1900 betrug der CO_2-Gehalt in der Atmosphäre 280 ppm (Teilchen pro Million Teilchen). 1940 waren es bereits 310 ppm, im Jahr 2000 circa 370 ppm und 2021 waren es genau 414,7 ppm. Der neue Rekordwert seit einer Million Jahren. Das sind exakt 2,3 ppm mehr als noch im Jahr zuvor. Also auch 2021 kein Rückgang, sondern ein weiterer Anstieg – trotz des Paris-Verspre-

chens aller 196 Regierungen im Jahr 2015, das 1,5-Grad-Ziel erreichen zu wollen.

Unsere vielseitige, bewundernswerte, hochentwickelte, aber
auch bedrohte Zivilisation steht an einem Scheideweg. Wir wissen seit über 35 Jahren alles über den Klimawandel, aber haben so
gut wie nichts dagegen getan. Dabei ist die Natur voller Erfolgs-
geschichten, von denen wir lernen können. Wir haben allerdings
nur noch eine kurze Gnadenfrist, die Weisheit der Evolution zu
nutzen. Soziale Bewegungen werden dabei die Stimme der Zukunft
sein müssen. Die Fridays-for-Future-Bewegung lehrt uns Ältere,
dass ein lebenswerter Planet die Voraussetzung für ein lebenswertes
Leben für alle ist. Und der jüngste Bericht an den Club of Rome
hat den schönen Titel: *Earth for All. Ein Survivalguide für unseren
Planeten.*

Wissen und nichts tun ist wie Nichtwissen. Unsere heutigen
Instrumente sind überentwickelt, aber seelisch sind wir unterentwickelt. Der Maßstab der bisherigen Aufklärung ist der Intelli-
genzquotient, der IQ. Doch mit diesem einseitigen IQ-Verstand
allein kommen wir nicht zur Vernunft. Der „Tausendsassa Intel-
lekt" (Carl Gustav Jung) spielt uns immer wieder einen Streich.
Die beiden für die Menschheit überlebenswichtig gewordenen Beispiele führen vor Augen, dass wir eher „Dummis" geblieben sind,
als weise geworden wären. Die beiden Hauptgefahren unserer Zeit,
Atomkrieg und Klimakatastrophe, zeigen, dass Dummheiten geradezu ein Privileg der „Intelligenten" sein können. Die Welt braucht
nicht noch mehr „intelligente" Menschen, wir brauchen Friedensstifter, Visionäre, Heiler und Liebende. Jesu Religion der Liebe ist
das exakte Gegenprogramm zur Teufelei der Machtmenschen.

Kein Tier kommt auf die Idee, Räume zu heizen. Sie wärmen
sich selbst, wenn es ihnen zu kalt wird. Aber Menschen heizen ganze Häuser, Räume und Fabriken, um im Winter nicht zu frieren.
Und im Sommer verbrauchen wir viel Energie, um unsere Häuser
zu kühlen. Der Ingenieur Ralf Ruszynski hat ausgerechnet: Wenn

Menschen sich im Winter wie Tiere selbst wärmen würden – durch entsprechende Kleidung –, dann könnten wir damit 99,9 Prozent der Heizenergie einsparen. Der Mensch ist das einzige Tier, das glaubt, ganze Häuser aufheizen oder kühlen zu müssen. So wurden wir zu Pyromanen, welche die Zukunft ihrer Kinder verbrennen. Kleidungshersteller arbeiten übrigens bereits am Selbstwärmeprinzip. Die ersten Versuche mit Menschen, die entsprechende Kleidung tragen, waren vielversprechend. Wiederum zeigt sich, dass ein Leben im Einklang mit der Natur möglich ist. Die ersten Firmen bieten bereits beheizbare Kleidung an: Socken, Handschuhe, Jacken, Westen, Einlegesohlen. Gestern noch Utopie, heute schon Realität und morgen bereits selbstverständlich. Die Versuchspersonen bei der Vision „Körper wärmen statt Häuser heizen" sagen: Diese Form des Wärmens „ist auch angenehmer".

In der neuen Wissenschaft der Bionik (Verbindung von Technik und bios = Leben) sind viele solcher neuen Möglichkeiten bereits erforscht, und sie werden auch von tausenden Firmen bereits gewinnbringend und umweltschonend umgesetzt. Wir können unsere Ölheizungen vergessen und dennoch wohlige Wärme bei geringem Stromverbrauch genießen. Die Natur ist die große Gesetzgeberin des wirklichen Homo sapiens. Naturrecht ist oft das Gegenteil von patriarchalischem Recht. Ein Eisbär friert auch im Winter nicht.

Was Eisbären schaffen, können auch wir Menschen. Die Natur kennt die Lösungen all unserer Probleme. Deshalb beten manche Menschen heute etwas sarkastisch: „Herr, wirf Hirn vom Himmel." Gerade heute erreicht mich ein Angebot für eine Wärmedecke mit sechs Wärmestufen. Der Ingenieur Ruszynski träumte schon im Jahr 2007 von einer Ente, die im Winter auf einer zugefrorenen Eisfläche schläft, und von Stimmen, die ihm zuflüsterten, er solle es machen wie die Natur. Menschen würden den See und den Park beheizen, um nicht zu frieren. Ein riesiger Energieaufwand – mit demselben Ergebnis: zu überwintern. Doch die Natur macht es besser, preiswerter und umweltverträglich. Wenn wir auch in Zukunft unsere Häuser heizen, sollten wir sie wenigstens besser dämmen, um viel Energie einzusparen. Noch heute heizen wir über unsere Gebäude auch die Erde auf.

Einer der bekanntesten Psychologen der USA ist Professor Robert Sternberg. Er hat sich wissenschaftlich mit der Dummheit beschäftigt und kommt zu diesem Schluss: „Die meisten Menschen sehen Dummheit als das Gegenteil von Intelligenz an, das stimmt aber nicht ... All die Menschen, die uns zurzeit mit ihren Dummheiten die meisten Probleme bereiten, haben einen hohen IQ", sagt der Professor.[6] In den USA dürften Expräsident Donald Trump ebenso dazugehören wie Präsident Wladimir Putin in Russland, Präsident Xi Jinping in China, die Mullahs in Iran oder Präsident Kim Jong Un in Nordkorea. Auffällig ist, dass einem bei diesem Thema fast ausschließlich Männer einfallen, psychisch verkrüppelte Männer. Wer nach Macht hungert, ist seelisch meist schwach und oft krank.

6. Jesus und das Vertrauen

Innerhalb der Kirchen zeigen die tausendfachen sexuellen Missbrauchsskandale, dass auch viele Kirchenmänner psychisch verkrüppelt und geistig verarmt sind – und gottvergessen sowie machtversessen.

Wie gottvergessen müssen Kleriker sein, wenn sie Kinder vergewaltigen? Wie gottvergessen, wenn ihre „Mitbrüder" dazu schweigen? Wie gottvergessen, wenn deren Sorgen zuerst dem Image der Institution gilt und nicht dem Wohl der Kinder? Viele in der römisch-katholischen Hierarchie fürchten noch heute den Skandal mehr als das Verbrechen. Doch die Vertuschung treibt noch mehr Menschen aus der Kirche. Inzwischen muss sich, wer noch in der Kirche bleibt, mehr rechtfertigen als die vielen, welche austreten.

Wenn die Kirchen mehr sein wollen als Kulissen für die Hochzeit von Prominenten wie Christan Lindner – er ist aus der Kirche ausgetreten –, dann müssen sie über ihren Sinn und Auftrag nachdenken.

Unser Gehirn umfasst ca. 100 Milliarden Zellen, von denen jede Zelle wieder mit 10 000 anderen Zellen verbunden ist. Sie alle entscheiden, was wir letztlich denken, empfinden, tun und fühlen, haben Neurologen erforscht. Aber sind wir dadurch wirklich schlauer geworden? Oder gar intelligent und weise, wie der Name „Homo sapiens" eigentlich vermuten lassen könnte?

Jesu große Entdeckung heißt: Menschen werden krank durch Angst, aber gesund durch Vertrauen. Das ist modernste Tiefenpsychologie. Jesus lehrt Vertrauen: Gottvertrauen, Urvertrauen ins Leben, Vertrauen in Menschen, Vertrauen in die Natur. „Als Mann des rationalen Gefühls ist Jesus das leuchtende Beispiel für sich emanzipierende Frauen und Männer und für suchende Jugendliche", schrieb ich in meinem Buch *Jesus – der erste neue Mann* im Jahr 1989. Ich nenne ihn so, weil er als erster prominenter Mann der Weltgeschichte das Weibliche in sich nicht verdrängt, sondern entwickelt und integriert hat.

Dieses Buch will nach der Wahrheit des Ur-Jesus suchen und sie dann unerschrocken sagen. Deshalb muss dieses Buch auch ein unkonventionelles Buch sein. Es geht schließlich um die Wahrheit Jesu, entsprechend der uns heute zugänglichen Quellen.

Die Analyse des großen Schweizer Seelenforschers und Psychotherapeuten Carl Gustav Jung: Ein Mann ist ein „neuer" Mann, wenn er seine weiblichen Seelenanteile entdeckt und lebt. Dies tat Jesus, wie in diesem Buch zu zeigen ist. Und deshalb ist er ein heilsamer Heiler, das Modell eines menschlichen Lebens für *alle* Menschen.

Für den aramäischen Jesus ist Gott die Liebe oder Geist (Geistin) in Person. Es ist bemerkenswert, dass dieser Jesus seinen Abba kein einziges Mal als strafend, rächend, richtend, zürnend oder verdammend beschreibt. Das Göttlichste an Gott ist die Liebe, eine geistig-mütterliche Energie. Das Weibliche schwingt in Jesu Gottesbild immer mit. Deshalb braucht die Welt eine jesuanische Revolution im Geiste des aramäischen Jesus. Voraussetzung dafür ist, dass wir die typisch westlich-abendländische Trennung von Geist und Körper, von Mensch und Natur überwinden und diese beiden Welten in Balance verstehen lernen. Dass Jesus im Wort „Balance" (Nous) den Schlüssel für eine bessere Welt sieht, einen Türöffner für das wahre Menschsein und für das, was er „Reich Gottes" (Ruach) nennt, erklärte er Maria Magdalena (Kapitel V).

Jean-Yves Leloup sieht in seinem Buch *Evangelium der Maria Magdalena. Das spirituelle Geheimnis der Gefährtin Jesu* die verschiedenen Bewusstseinsstufen des Menschen so:

- Der eindimensionale Mensch erkennt nur die sterbliche Materie.
- Der zweidimensionale Mensch erkennt die unsterbliche Seele und die sterbliche Materie.
- Der dreidimensionale Mensch erkennt den Verstand, die Seele (Psyche) und den Körper (Soma).
- Der vierdimensionale Mensch erkennt den Heiligen Geist (Pneuma), den Verstand (Nous), die Seele (Psyche) und den Körper (Soma).[7]

Der dreidimensionale Mensch ist dank seines Verstandes offen für die spirituelle, die vierte Dimension. Der Nous, der Geist des Menschen, empfängt den Geist Gottes, das Pneuma. Eine bessere Welt setzt – in der Sprache des Maria-Magdalena-Evangeliums – den vierdimensionalen Menschen voraus, einen Menschen, der über seine innere Balance offen ist für den Geist Gottes: den Menschen-Gott oder den Gott-Menschen, der von seiner „Unwissenheit" befreit ist. Solche Menschen sind Lichtblicke im Dunkel unserer Gesellschaft wie das Traumpaar Maria Magdalena und Jesus selbst.

Leloup schreibt: „Das Maria-Evangelium lässt sich wohl der vierten Anthropologie zuordnen. Sie umfasst das platonische und neuplatonisch-griechische Erbe (der Mensch = Körper-Seele-Geist) und das semitische Erbe, das das Pneuma (hebräisch *ruah*) als den heiligen Atem oder heiligen Geist betrachtet, der dem zusammengesetzten menschlichen Gebilde seinen Zusammenhalt und sein Leben verleiht."[8] Dieses Geheimnis des Nous hat Jesus seiner Gefährtin Maria Magdalena anvertraut. (Siehe das Kapitel V.)

Seine Apostel haben diese jesuanische Uranliegen nicht verstanden. Und im Gefolge auch die Männerkirche nicht. Carl Gustav Jung: „Die christliche Kultur hat sich in erschreckendem Ausmaß als hohl erwiesen: sie ist äußerliche Politur; der innere Mensch aber ist unberührt und darunter unverändert geblieben. Der Zustand der Seele entspricht nicht dem äußerlich Geglaubten. Viele Christen haben in ihrer Seele mit der äußerlichen Entwicklung nicht Schritt gehalten. Ja, es steht äußerlich alles da in Bild und Wort, in Kirche und Bibel. Aber es steht nicht innen. Im Innern regieren archaische Götter, wie nur je; das heißt, die innere Entsprechung des äußeren Gottesbildes ist aus Mangel an seelischer Kultur unterentwickelt und darum im Heidentum stecken geblieben."

Erste Analyse nach Carl Gustav Jung: Die seelische Kultur ist unterentwickelt. Die Kirche hat die Sprache der Seele verlernt.

Jung hat mit dieser Analyse völlig recht: Es gibt genug Kirchengebäude, genug Kirchenmänner, genug Kirchensteuer, aber wo sind die Jesus-Nachfolger und -Nachfolgerinnen? Die Art, wie wir Jesus und das frühe Christentum betrachten, muss neu durchdacht werden. Es gab und gibt schon immer zwei Arten von Religionen: eine innere, esoterische, und eine äußere, exoterische. Im esoterischen Christentum der Gnostiker spielte Maria Magdalena eine entscheidende Rolle.

Maria Magdalena verkörpert die andere Tradition der Urkirche. Doch sie ist bis heute vergessen, verschwiegen und verdrängt. Die Frau aus Magdala als erste Auferstehungszeugin, in den Evangelien dargestellt als von Jesus geheilte Jüngerin, war über Jahrhunderte eine Projektionsfläche kirchenpolitischer Interessen. Die Hamburger Theologin Silke Petersen fragt, ob nicht schon die klassischen Evangelien Spuren der wirklichen Maria Magdalena, der führenden Dialogpartnerin Jesu, beseitigt und dadurch eine Alternative zur Männerkirche verunmöglicht haben. Genau deshalb, so meint die Tübinger Theologin Johanna Rahner, habe die heutige katholische Kirche ein „Männerproblem, das zum Frauenproblem wird". Sie sagt auch, die Diskriminierung von Frauen sei in der katholischen Kirche „systemisch" und benötige eine „fundamentale Kehrtwende" wie einst in der Frage der Sklaverei. Wie könnte eine moderne Kirche aussehen, in der Frauen auf allen Stufen gleichberechtigt wären, so wie es für Jesus selbstverständlich war?

Für diese neue Kirche könnte Maria Magdalena eine Brücke von der Urkirche in unsere Zeit sein. Und das Maria-Magdalena-Evangelium eine geistige Basis dafür. Was heißt es, wenn Frauen als Erste mit der Verkündigung des Glaubens an den Auferstandenen beauftragt sind? „Maria Magdalena war dabei, als Jesus starb. Sie ist nicht weggelaufen wie die meisten Apostel. Wer will da sagen, sie dürften nicht predigen in unseren Kirchen?", fragt die Ex-Bischöfin Margot Käßmann.

Maria Magdalena ist Jesus weniger aus einer biblischen Perspektive als aus einer menschlichen gefolgt: Er tat, was damals unerhört war. Er heilte, indem er auf die Aussätzigen, auf die Kranken und auf die Ausgestoßenen zuging und sie spüren ließ, dass er sie um ihrer selbst willen wahrnahm. Das hat für diese Menschen alles verändert. Dieser Jesus als Heiler war es, der die Frau aus Magdala faszinierte. Nach allem, was wir heute über diese Frau wissen, wurden ihr vor ihrer Begegnung mit Jesus alle Entscheidungen für ihr Leben von Männern abgenommen. Sie hatte keine eigene Stimme, keine Selbstbestimmung. Erst Jesus sagt ihr: Deine Gefühle sind wichtig und richtig. Nimm dein Leben selbst in die Hand! Und sie lernte von ihm, dass jeder Mensch Gott in sich selbst finden kann. Wow! Das hat sie umgehauen. Margot Käßmann sagt: „Schon Martin Luther schrieb: ‚Wenn das weibliche Geschlecht anfängt, die christliche Lehre aufzunehmen, dann ist es viel eifriger in Glaubensdingen als Männer. Das erweist sich bei der Auferstehung (Joh 20,1f). Magdalena war viel beherzter als Petrus.‘ Dafür steht für mich Maria Magdalena: eine mutige Frau, die Jesus liebte, an ihn glaubte und als erste begriffen hat, dass der Tod nicht das letzte Wort hatte“.

Lieber Papst Franziskus, liebe Bischöfinnen und Bischöfe, es muss eine neue Übersetzung des Neuen Testaments her, die das geistige Erbe des aramäischen Jesus wiederherstellt. Noch heute im Jahr 2023 steht in der Einheitsbibel bei Matthäus 5,32: „Wer seine Frau entlässt, obwohl kein Fall von Unzucht vorliegt, liefert sie dem Ehebruch aus.“ Doch in seiner Muttersprache hat Jesus gesagt: „Jeder, der seine Ehefrau entlässt – *er* ist ein Ehebrecher.“[9]

Am besten lernen wir Jesus über seine Partnerin Maria Magdalena verstehen. Deshalb dieses Buch.

Das zeigen auch weitere zentrale Themen wie die Sexualität oder die kirchliche „Jungfrauengeburt“, das Papsttum und Judas als „Verräter“ oder das richtige Vaterunser.

7. Jesus und die Sexualität

Im apokryphen Philippusevangelium sagt Jesus zu einem Mann, der mit seinen sexuellen Problemen zu ihm kam: „Fürchte dich nicht vor der Geschlechtlichkeit! Brenne aber auch nicht darauf! Wenn du dich vor ihr fürchtest, so wird sie dich beherrschen. Wenn du aber darauf brennst, wird sie dich verschlingen!“ (Philippusevangelium 62, Rückübersetzung von Günther Schwarz) Was Jesus zum zentralen kirchlichen Thema Sexualität hier sagt, ist moderne Sexualpsychologie und das Gegenteil der verkorksten, unnatürlichen und Jesus-fremden christlichen Sexualverbote und -gebote.

Die christlichen Kirchen sind für Milliarden Sexualneurosen ver-antwortlich.

Im Juli 2022 reiste Papst Franziskus nach Nordkanada und be-kannte sich zu den Gewalt- und Sexualverbrechen seiner Kirche an hunderttausenden indigenen Kindern. Das Gräberfeld vor ihm war voller weißer Kreuze, jedes davon das Symbol für ein totes indigenes Kind. Und alle zusammen ein Symbol für die Zwangsassimilierung von etwa 150 000 Kindern in kirchlich geführten Internatsschulen, die es noch bis in die Neunzigerjahre des 20. Jahrhunderts gab.

Der deutsche Papst Benedikt hatte noch Gewalt und sexuellen Missbrauch an diesen Schulen relativiert, indem er wie so viele Kir-chenmänner darauf hinwies, dass diese Gewalt und dieser sexuelle Missbrauch nicht nur ein kirchliches „Problem" sei, sondern ein gesamtgesellschaftliches. Doch Papst Franziskus relativierte jetzt nichts mehr. Er empfinde „Schmerz, Empörung und Scham" und bitte „um Verzeihung für die Art und Weise, in der leider viele Christen die Kolonisierung unterstützt und die indigene Bevölke-rung unterdrückt haben". Und schließlich: „Das Gegenteil des Le-bens ist nicht der Tod, sondern die Gleichgültigkeit."[10] Die Gleich-gültigkeit seiner Kirche, die ein Ende haben müsse.

Trotz klarer Worte: Papst Franziskus erlebte bei den indigenen Inuit aus der Arktis, 1800 Meilen vom Nordpol entfernt, den viel-leicht einzigen frostigen Empfang seines gesamten Pontifikats. Eine eisige Kälte schlug dem Papst entgegen. Demonstranten forderten: „Fakten statt Worte!" Und: „Wir verlangen Entschädigungen." Noch in den Fünfzigerjahren des letzten Jahrhunderts willigte die katholische Kirche Kanadas ein, „Umerziehungsschulen für die Inuit" zu bauen.

Eine „Bußwallfahrt" hat Franziskus seine Kanadareise genannt. Wie ernst die schönen Worte gemeint sind, muss sich allerdings erst noch an der wirklichen „Umkehr" zeigen. Der Vatikan-Exper-te Andreas Englisch hat 49-mal einen Papst bei einer Auslandreise begleitet, aber nur eine, so schreibt er in der *Zeit*, sei so beklemmend gewesen wie diese: „Als Johannes Paul II. im März 2000 an der Klagemauer in Jerusalem um Vergebung bat für das, was auch Christen Juden angetan hatten. Nun also Franziskus: Als er auf die Bühne des kleinen, improvisierten Stadions gerollt wird, schrecken die Mitglieder seiner Delegation zusammen, denn etwas Unfassbares geschieht. Das Oberhaupt von 1,1 Milliarden Katholiken kommt – doch keiner wagt zu klatschen. Nicht einmal die Bischöfe und Priester."

Der Kollege Englisch spricht auf dieser Reise auch mit Opfern. Zum Beispiel mit Chekotah Bronson, der „stolz" darauf ist, „katholisch zu sein", und sagt: „Wie soll man über den sexuellen Missbrauch seiner eigenen Mutter sprechen? Auch wenn man schon 74 Jahre alt ist. ‚Was ihr geschah, war schlimm. Sehr schlimm. Die Priester haben sie …' Er weint jetzt. ‚Ich habe versucht, meine Geschwister zu finden. Ich habe nur sieben gefunden, sie hatte aber zwölf Kinder, glaube ich. Sie ist …' Wieder muss er weinen. Trotzdem bin ich katholisch. Aber sie haben sie zerstört."[11] So spricht einer von hunderttausenden Betroffenen.

Eine Inuit-Frau erzählt dem Reporter Englisch, dass in den Zwangsschulen ihre gesamte Eingeborenenkultur diskriminiert wurde. Ihre Eltern „jagten Rentiere, Eisbären, Robben. Alle Tiere, die es hier einmal gab. Sie lehrten uns, wofür die Nonnen in den Schulen später nur Verachtung übrig hatten: wie man einer Robbe folgt und was man tun muss, wenn das Meer unter dem Kajak zufriert. Die Nonnen sprachen immer nur von Maria und dem ewigen Licht. Aber gebracht haben sie uns Finsternis."[12]

Diese Papstreise war für die katholische Kirche vielleicht historisch, aber für das gesamte Patriarchat erst ein kleiner Schritt. Während Franziskus zu den Indigenen sprach, reichten Inuit 94 Forderungen der kanadischen Wahrheits- und Versöhnungskommission herum. Eine davon lautet, dass die Kirche die Spiritualität der Indigenen respektieren soll. Ist es nicht unglaublich, dass diese Forderung im 21. Jahrhundert noch gestellt werden muss?

Historiker wissen, dass es nicht nur in Kanada diese Schulen des Schreckens gab, sondern zum Beispiel auch in Mexiko. Die Berichte, die uns durch den Papstbesuch in Kanada erreichten, erinnern meine Frau Bigi und mich an Berichte, die wir vor über vierzig Jahren in Tibet recherchierten und für die ARD filmten: über den kulturellen Völkermord, den die Kommunistische Partei Chinas an den Tibetern verübte. Der Titel unseres damaligen Films *Tränen über Tibet*. Wir sahen dieselbe Verachtung gegenüber einer der ältesten Hochkulturen der Welt. In unserem Film sprach der Dalai Lama damals vom „kulturellen Völkermord Chinas an meinem Volk". Auf seinem Rückflug aus Kanada sprach auch Papst Franziskus jetzt erstmals vom „kulturellen Völkermord" an den Inuit. Kulturellen Völkermord verübt das kommunistische China noch 2023 an den muslimischen Uiguren wie auch an den buddhistischen Tibetern, aber auch an vielen Christen im heutigen China.

8. Jesus und die Jungfrauengeburt

Das Aramäische ist eine alte semitische Sprache, die Hauptsprache im gesamten Nahen Osten in der Zeit zwischen 200 v. Chr. und 800 n. Chr. Eine klare Antwort auf die wunderliche Jungfrauengeburt Jesu gibt eines der ältesten altsyrischen Evangelien. Das Altsyrische ist dem Aramäischen verwandt. Dort, im Aramäischen nach der Rückübersetzung von Günther Schwarz, ist der Stammbaum Jesu bei Matthäus 1,16 so beschrieben: „Jakob zeugte Josef, Josef zeugte Jesus." Kurz und klar also: Josef zeugte Jesus. Wie einfach also. Josef ist der leibliche Vater Jesu.

Doch bis heute müssen Millionen Christen an die biologische „Jungfrau Maria" glauben, und Theologen wie Eugen Drewermann bekommen mit Bischöfen Probleme, wenn sie an der „biologischen Jungfrauengeburt" Zweifel anmelden. Wenn Jesus von seinem „Abba" sprach, meinte er immer seinen „Vater, der im Himmel ist". Das hätte er wohl so nicht gesagt, wenn er nicht noch einen irdischen Vater gehabt hätte, von dem Maria geschwängert wurde. Andernfalls hätte Jesus dann wohl nur „mein Vater" gesagt.

Leider interpretieren die meisten akademischen Theologen bis heute ihren Jesus entsprechend der griechischen oder hellenistischen Einflüsse seiner Zeit statt der nahöstlichen. Und exakt diese Fehlinterpretation führt zu katastrophalen Missverständnissen.

Josef ist der leibliche Vater Jesu. Das Wort „Jungfrau" ist im Aramäischen identisch mit „junge Frau". Nach Markus 6,3 hatte Jesus vier Brüder und mehrere Schwestern. Eine Mutter mit so vielen Kindern eine Jungfrau? Immerhin ist inzwischen auch in Rom eine Bibel publiziert worden, in der wenigstens in einer Fußnote darauf aufmerksam gemacht wird, dass es im Aramäischen das Wort „Jungfrau" im biologischen Sinne gar nicht gibt und es stattdessen auch mit „junge Frau" übersetzt werden kann.

9. Jesus und das Papsttum

„Dieser ist er, mein Sohn, mein Auserlesener. Er, an dem mein Selbst Wohlgefallen hat. Gehorcht ihm! – Denn er ist der Fels! Auf diesen Felsen werde ich meinen Tempel bauen lassen. Ihn können nicht überwältigen die Torhüter der Totenwelt. Ihm werde ich geben die Schlüssel der Himmelsherrschaft. Wem er zuschließen wird – ihm soll zugeschlossen sein. Und wem er aufschließen wird – ihm soll aufgeschlossen sein!" (Mt 17,5 aus dem Aramäischen, ein Gotteswort auf dem Berg Tabor an Jesus).

Aus dem Himmelswort an Jesus haben spätere Theologen ein Jesus-Wort an Petrus gemacht. Das Papsttum beruht auf dieser Fälschung. Auch Papst Franziskus sagte am 22. Februar 2018, dass nicht Petrus oder der heutige Papst der „Fels" sei, sondern Jesus. Während ich dieses Buch schreibe, sagt Papst Franziskus zu Rücktrittsgerüchten über ihn, dass er – wenn überhaupt – nicht als Papst zurücktreten werde, sondern als „Bischof vom Rom". Und deshalb wolle er nach einem eventuellen Rücktritt auch nicht wie sein deutscher Vorgänger im Vatikan, wohl aber in Rom wohnen. Schon während seiner Amtszeit hatte sich Franziskus oft nicht als Papst, sondern als „Bischof von Rom" bezeichnet.

10. Jesus und sein Freund Judas

„Amen! Amen! – Ich soll euch sagen: Einer von euch *muss* mich übergeben." (Joh 13,21 in der Rückübersetzung nach Günther Schwarz)

In der kirchenoffiziellen Übersetzung steht: „Einer von euch wird mich verraten." Ein angebliches Wort Jesu an den angeblichen Verräter. Die aramäische Rückübersetzung macht klar, dass Judas Jesus nicht verraten, sondern übergeben hat. Und zwar im Auftrag und in Absprache mit Jesus. In den vier offiziellen Evangelien kommt das Griechische „paradidomai" 59-mal vor, es heißt übergeben oder überantworten. Aber nur im Zusammenhang mit Judas wird es mit „verraten" übersetzt. Das ist verräterisch. Judas wurde so zum schimpflichsten Verräter der Weltgeschichte abgestempelt und der Judas-Kuss in der gesamten Welt-Literatur zum Verräter-Kuss.

Falsche oder gefälschte Übersetzungen können grauenhaftes Unheil anrichten – bis zum Holocaust und bis zu Auschwitz. Für Christen waren Judas und „die Juden" häufig identisch. Dabei hat nicht Judas Jesus verraten, sondern Petrus, und zwar gleich mehrmals, als der Hahn krähte.

11. Jesu Vaterunser aus dem Aramäischen

Abba!
Lass sich als heilig erweisen deine Gegenwart!
Lass sich ausbreiten deine Herrschaft!
Lass sich erfüllen deinen Willen!
Lass geben uns unsere Nahrung!
Lass vergeben uns unsere Sünden!
Lass retten uns aus unserer Versuchung!

Amen. (Mt 6,9–13)

Diese wenigen Beispiele von Rückübersetzungen aufgrund syro-aramäischer neutestamentlicher Texte zeigen einfache, leicht verständliche und ursprüngliche Worte Jesu in seiner Muttersprache, die klar und leicht verständlich sind und ohne dogmatisierte Schnörkel. Und das für alle religiös und spirituell interessierten Menschen. Diese neutestamentlichen Texte in syro-aramäischer Tradition könnten zusammen mit dem neu entdeckten Maria-Magdalena-Evangelium die Frohbotschaft für das dritte Jahrtausend werden. Eine Geschichte der Liebe und der Heilung der Welt. Erst wenn wir die lateinisch-westliche, die griechisch-östliche und die syrisch-aramäische Tradition zu einem „Dreistromland" miteinander verbinden, werden wir den wahren und wirklichen Jesus erkennen. Und erst dann kann seine Religion nicht nur geglaubt, sondern auch gelebt werden.

Zweite Analyse nach Carl Gustav Jung: Es ist kein Fehler, Fehler zu machen.
Die zweite Analyse könnte, wenn sie Carl Gustav Jung, Sohn eines protestantischen Pastors und weltberühmter Psychotherapeut, stellen würde, vielleicht so lauten: Es ist kein Fehler, wenn auch Kirchenmänner Fehler machen. Fehler sind menschlich. Dafür stand und steht nicht zuletzt Jesus mit seiner Botschaft der Barmherzigkeit,

Fehlerfreundlichkeit und Liebe. Aber es ist ein großer Fehler, ja eine „Sünde wider den Geist" oder wider die Geistin, aus Fehlern nichts zu lernen. Es ist eher gut, Fehler zu machen, zu stolpern und zu versagen. Daraus ergibt sich die Chance, Schmerz in Erfahrung zu transformieren.

Nebenbei: Jung sieht die Analyse als Dialog zweier Partner, die sich gegenübersitzen. Dialogisch soll auch in diesem Buch Carl Gustav Jung immer wieder eingreifen. Der „Seelenverlust" ist für Jung das Hauptproblem unserer Zeit, nicht so sehr die sexuelle Unterdrückung wie bei Freud. Deshalb konnte Jung auch schreiben: „Jeder krankt in letzter Linie daran, dass er verloren hat, was lebendige Religionen ihren Gläubigen zu allen Zeiten gegeben haben, und keiner ist wirklich geheilt, der seine religiöse Einstellung nicht wieder erreicht."[13]

Wir Menschen sind erstaunlich schlecht darin, aus Fehlern zu lernen. Das gilt auch für die Kirche. Der deutsch-britisch-israelische Politologe David Ranan unternimmt in seinem Buch *Kirche, Schuld und synodaler Weg. Was Galileo, die Judenverfolgung und den Missbrauchsskandal verbindet* den Versuch, drei Abgründe der jüngeren Vergangenheit der katholischen Kirche zu analysieren. Er widmet sich der viel zu späten Rehabilitierung Galileo Galileis, dem 2000 Jahre lang gepredigten Antisemitismus, der „die Juden" als „Gottesmörder" diffamierte, sowie dem hunderttausendfachen sexuellen Missbrauch durch Kleriker und den kriminellen Energien, diese Taten zu vertuschen. Es ist ein nüchterner Blick von außen auf die katholische Kirche.

Ranans Ergebnis: Jesus brachte eine Idee in die Welt und keine Institution. Die Idee blieb rein. Doch die von Menschen geleitete Institution wurde korrumpiert. Die Institution Kirche hat jahrhundertelang alle Schuld von sich gewiesen, aber immer einzelne Menschen für schuldig erklärt. Noch Papst Benedikt XVI. sprach von der „einen, heiligen katholischen Kirche". „Mea culpa, mea culpa, mea maxima culpa – durch meine Schuld, durch meine Schuld, durch meine übergroße Schuld" – so beginnt jede heilige Messe. Die aktuelle Kirchenkrise wird anhalten, solange diese Kirche sich für unschuldig hält. Sie hält sich sogar ganz ungeniert für heilig, für die heilige katholische Kirche. Ihre höchsten Werte sind schon lange nicht mehr die Nächstenliebe, die Gottesliebe oder gar die Feindesliebe, ihr höchster Wert ist sie selbst, die heilige katholische Kirche. Gegen die Selbstheiligsprechung ist übrigens fast keine Institution immun. Als Fernsehjournalist habe ich das nach kritischen Sendungen oft zu spüren gekommen.

Dass militärische Aufrüstung zu immer neuen Kriegen und Massenelend führt, haben wir nach Jahrtausenden Krieg immer noch nicht begriffen. Noch immer verhalten wir uns überwiegend so, wie es die französische Sängerin Edith Piaf unter großem Beifall 1960 gesungen hat: „Je ne regrette rien – ich bereue nichts." Jede Schuld sei vergessen und vergeben. Die Sängerin wurde nur 47 Jahre alt. Hatte sie wirklich nichts zu bereuen? Mit siebzehn bekam sie ein Kind, das sie weggab und das dann drei Jahre später starb. Gewalt prägte ihr Privatleben, gescheiterte Ehen und ein toter Liebhaber, Schulden und Alkoholsucht.

Wer aus Fehlern lernen will, muss Reue aufbringen können und auf seine Angst hören. Er oder sie muss prüfen, wie berechtigt die Angst ist. Die Angst hat zwar keinen guten Ruf. Aber Angst kann eine Superkraft sein. Mangel an berechtigter Angst kann auch lebensgefährlich sein. Berechtigte Angst ist ein Gottesgeschenk. Ohne Schmerz, Frust, Wut und Angst sind Lernen und Umkehr kaum möglich. Wer aber Reue empfinden kann, Ratschläge ernst nimmt und den Mut zu einer Psychotherapie hat, kann wirklich aus Fehlern lernen. Das hat uns auch Jesus gelehrt, und Maria Magdalena hat es den Aposteln weitergegeben, dass sich Gott mehr um das eine „verlorene Schaf" kümmert als um „die 99 Gerechten, die der Buße nicht bedürfen". In seiner Bergpredigt erinnert Jesus daran, dass wir umkehrfähig und lernfähig sind, solange wir über uns selbst weinen können. Was wäre das Leben ohne den Mut und die Chance zur Umkehr! Selig nennt der Bergprediger die Barmherzigen, die Trauernden und die Friedfertigen.

Viktor Frankl, Psychotherapeut und Auschwitz-Überlebender, schreibt zum Thema „Unbewusste Religiosität": „Die Menschen sind ganz selbstverständlich natur- und gottverbunden, nur wissen sie nichts davon."[14]

Unsere Erde ist ein Schulungsplanet, auf dem wir ernten, was wir säen. Ein Bauer, der Weizen sät, kann keine Kartoffeln ernten. Dieses geistige Naturgesetz gilt nicht nur in der Landwirtschaft, es gilt auch in der Religion, in der Wirtschaft und in der Medizin und in der Politik – überall im Leben. Wer massenhaft raucht, sollte sich über Lungenkrebs nicht wundern. Wer täglich meditiert, wird mit innerer Ruhe und Ausgeglichenheit belohnt. Wer den Krieg vorbereitet, wird Krieg ernten. Wer den Frieden vorbereitet, wird Frieden ernten. Diesem Wachstumsgesetz kann man nach meiner Lebenserfahrung voll vertrauen. Auch die Angst vor neuen spirituellen Erfahrungen ist überwindbar durch Vertrauens-Erfahrungen. Wahrscheinlich sind die Gottvergessenheit und die Egoversessenheit die größten Krankheiten unserer Zeit.

Nach 1945 hat die Entwicklung in Europa gezeigt, dass Frieden möglich ist, obwohl Jahrhunderte vorher beinahe jeder gegen jeden Krieg geführt hatte. Wie ist das möglich geworden? Konrad Adenauer in Deutschland, Charles de Gaulle in Frankreich und Alcide De Gasperi in Italien hatten Vertrauen zueinander gefasst und bauten zusammen mit den Beneluxstaaten den Kern der europäischen Union auf. Sie waren geschickte Vermittler zwischen Freiheit, Frieden und Demokratie in Europa. Das ist eines der größten politischen Wunder, die ich während meiner Lebenszeit erfahren durfte: Über siebzig Jahre hat innerhalb der EU, in Westeuropa, nie ein Land gegen ein anderes Krieg geführt. Dafür hat die Europäische Union 2012 den Friedensnobelpreis bekommen.

Zu Recht, sagt der Dalai Lama: „Diese EU ist ein wundervolles Friedensprojekt, das mir großen Respekt abverlangt und mir auch viel Mut macht."

Politik kann sich ändern, so wie sich Menschen ändern können. Es gilt in unserem Privatleben wie in der Politik allerdings die Erfahrung, dass vor einer grundsätzlichen Veränderung oft große Katastrophen passieren müssen. In der Politik war es in Europa der Zweite Weltkrieg. In unserem Privatleben ist es oft eine Krise in der Mitte unseres Lebens.

Gottvertrauen, Urvertrauen in das Leben und in Menschen sind zentrale Werte der jesuanischen Botschaft. Auch ich habe sie erst wirklich verstanden während einer Jung'schen Traumtherapie, der eine heftige, von mir verursachte Partnerschaftskrise vorausgegangen war. Meine Frau reagierte auf unsere Partnerschaftskrise sehr fair mit dem Satz: „Zu einer solchen Krise gehören immer zwei."

Den Wert von Vertrauen kann man erst wirklich verstehen, wenn man ihn ganz konkret und praktisch erfährt. Die Heilkraft des Vertrauens habe ich erst durch meine Therapie und durch meine Frau ahnen gelernt. Urvertrauen ins Leben heißt für mich: Gott hat immer Anfänge, wo wir am Ende sind. In diesem Vertrauen steckt auch immer ein Überschuss an Hoffnung. Wenn – zum Beispiel im Ukraine-Krieg – nur noch die Waffen zu sprechen scheinen, sage ich: Ich vertraue auf die Friedensarbeit von vielen und auch auf die Kraft der Bergpredigt. Gott hilft, wenn wir hilflos sind.

Meine Quelle ist nicht Carl Gustav Jung, sondern Jesus. Aber Jung hat mir über meine Träume einen inneren Zugang zu meiner Quelle gewiesen. Erst mit diesem neuen Wissen habe ich in den letzten Jahrzehnten einen tieferen Zugang zu Jesus von Nazareth gefunden. Über Carl Gustav Jung konnte meine verstopft gewesene innere Quelle wieder fließen. Meine wichtigste Lernerfahrung: Liebe fällt nicht vom Himmel – wie viele Männer meinen –, Liebe ist Liebesarbeit. Und Paartherapeuten sagen: „Das beste Aphrodisiakum ist das Gespräch." Die 83-jährige Schriftstellerin Helga Schubert, die seit vielen Jahren ihren jetzt 96-jährigen kranken Mann pflegt, sagt es so: „Liebe ist kein Zustand, sondern eine Aufgabe." Sie freut sich an jeder gemeinsamen Sekunde.[15] Leben ist heilig: vom ungeborenen bis zum sterbenden Leben.

Dritte Analyse nach Carl Gustav Jung: Religionen sind therapeutische Systeme.

Carl Gustav Jung dazu: „Religionen stehen nach meiner Ansicht mit allem, was sie sind und aussagen, der menschlichen Seele so nahe, dass am allerwenigsten die Psychologie sie übersehen darf."[16] Und: „Die Religionen sind psychotherapeutische Systeme in des Wortes eigentlichster Bedeutung und im allergrößten Ausmaß. Sie drücken den Umfang des seelischen Problems in mächtigen Bildern aus."[17]

Von der BBC 1957 gefragt, ob er an Gott glaube, sagte der Schweizer Psychotherapeut: „I don't need to believe, I know" – „Ich muss nicht glauben, ich weiß." Ähnlich schrieb er an einen Kollegen im Jahr 1957: „Was ich behaupte, ist kein Glaube, sondern ein Wissen, nicht von Gott selber, sondern von den Tatsachen der Seele."[18]

Tiefenpsychologie und moderne Seel-Sorge können eine Große Koalition zum Heil unserer persönlichen und politischen Krisen eingehen, so meine persönliche Erfahrung. Das Leitbild christlicher, kirchlicher, gesellschaftlicher und persönlicher Erneuerung kann nicht eine unverbindliche Liberalisierung oder eine anpassende Modernisierung an den Zeitgeist sein, sondern einzig eine Radikalisierung und Vertiefung im Geiste Jesu. Der Mann aus Nazareth hat seiner engsten Gefährtin, und damit auch uns, gezeigt, wie man richtig denkt und richtig lebt. Deshalb bezeichne ich Maria Magdalena und Jesus als spirituelles Traumpaar, welches die Geheimnisse Gottes in sich trug. Was wir von diesem Traumpaar hauptsächlich lernen können: Der Sinn unseres Hierseins ist geistige Höherentwicklung.

Nach 57 Jahren Eheerfahrung weiß ich: Das Geheimnis einer gelingenden Partnerschaft ist die Integration von männlich und weiblich sowohl bei der Partnerin wie beim Partner.

Seit ich den aramäischen Jesus und das Maria-Magdalena-Evangelium kennengerlernt habe, erwarten mich immer wieder neue Überraschungen und Erkenntnisse. Seit das Maria-Magdalena-Evangelium bekannt wurde, „offenbart sich die Gefährtin Jesu auf einmal als die eigentliche, aber versteckte, ja verleumdete und verbotene Göttin der Christenheit. Während sie für den äußeren Kreis der Gläubigen 2000 Jahre lang die bekehrte Sünderin spielen musste, bedeutete sie für den inneren Kreis sehr viel mehr … Die wirkliche Göttin des Christentums wieder erwachen zu lassen, ist ein Gebot der Gegenwart … Sie ist die geistige Hebamme für all diejenigen, die auf der Suche nach den Geheimnissen des Seins sind."[19]

IV.
Das spirituelle Traumpaar:
Maria Magdalena und Jesus

1. Seine vertraute Gefährtin

Die ganz besondere Beziehung zwischen Jesus und Maria Magdalena wird bei Markus (14,9) beschrieben, wenn Jesus über seine Gefährtin sagt: „Amen, ich sage euch: Auf der ganzen Welt, wo das Evangelium verkündet wird, wird man auch erzählen, was sie getan hat, zu ihrem Gedächtnis." Über keinen anderen Menschen hat der Meister aus Nazareth so euphorisch und empathisch gesprochen wie über seine Vertraute.

Wie aber konnte es dann passieren, dass diese ganz außergewöhnliche Frau beinahe 2000 Jahre lang in der Kirche vergessen und ihre Bedeutung als Apostelin der Apostel verdrängt wurde? Warum wurde sie versteckt, verraten und diskriminiert? Der Interpret des Maria-Magdalena-Evangeliums, der Theologe Jean-Yves Leloup, meint: „Weil sie eine zelebrierende Priesterin mit einer tiefen Einsicht an der Schwelle zur geistigen Welt war."[1] Gut möglich, dass die Männer um Jesus mit dieser Priesterin nichts zu tun haben wollten. Warum aber wurde sie dann die Gefährtin Jesu? Vielleicht gerade deshalb? Die Religionswissenschaftlerin und Psychologin Margarita Arminger geht noch weiter und nennt Maria Magdalena „[d]ie verbotene Göttin des Christentums ...Sie ist auch die geistige Hebamme für all diejenigen, die auf der Suche nach den Geheimnissen des Seins sind.[2]" Und welche Geheimnisse konnte Jesus ihr anvertrauen, die er seinen Aposteln verschwieg? Darauf gibt das Maria-Magdalena-Evangelium eine umfassende und klare Antwort.

Ich zitiere dazu zunächst eine Schlüsselstelle aus diesem Evangelium, die verdeutlicht, wie vor 2000 Jahren Männer damals und Kirchenmänner wie die deutschen Kardinäle Rainer Maria Woelki und Gerhard Ludwig Müller auch noch heute auf die spirituellen Erkenntnisse von Frauen reagieren:

Da ergriff Andreas das Wort und wandte sich an seine Brüder:
„Sagt, was denkt ihr über das, was sie uns gerade erzählt hat?

Ich jedenfalls glaube nicht, dass der Erlöser so gesprochen hat.
Diese Gedanken sind anders als die, die wir gekannt haben."
Petrus füge hinzu:
„Ist es möglich, dass der Erlöser so mit einer Frau geredet hat,
über Geheimnisse, die wir nicht kennen?
Sollen wir unsere Gewohnheiten ändern und alle auf diese Frau hören?
Hat er sie wirklich erwählt und uns vorgezogen? (Maria-Magdalena-Evangelium 17,9–20)

Was Jesus seiner Vertrauten wirklich erzählt hat, zeige ich im nächsten Kapitel. Hier ist zunächst einmal interessant und beispielhaft, wie viele Männer grundsätzlich reagieren, wenn Frauen etwas Grundlegendes sagen. Wehe, es ist ungewohnt, neu und bisher unbekannt. Dann kann es nicht richtig und wichtig sein. Es wird einfach deshalb abgelehnt, weil es eine Frau sagt. Petrus: Kann es Geheimnisse geben, die wir Männer nicht kennen? Sollen wir wegen einer Frau unsere Gewohnheiten ändern? Aber hallo! Auch in einer anderen gnostischen Schrift tritt Maria Magdalena als Gegenspielerin des Petrus auf, in der *Pistis Sophia*. In diesem Text diskutiert Jesus mit sieben Jüngerinnen und zwölf Jüngern. Neben Jesus ist Maria Magdalena dabei die Hauptperson. Von 46 Fragen, die an Jesus gestellt werden, kommen 39 von ihr. Petrus dazu: „Mein Herr, wir können diese Frau nicht dulden, weil sie uns die Gelegenheit nimmt, etwas zu sagen, sondern selbst oft spricht." Maria erwidert angriffslustig: „Mein Herr, mein Verstand ist stets bereit, um jedes Mal vorzutreten und die Erklärung deiner Worte vorzutragen; aber ich fürchte mich vor Petrus, weil er mir droht und unser Geschlecht hasst."

Auch bei diesem Streit stellte sich Jesus auf die Seite seiner Vertrauten und gegen Petrus. Schon Jesu Jünger Levi warnte bei derselben „Fragestunde" vor Petrus. Er nannte Petrus einen „Widersacher" Marias, was eigentlich ein anderes Wort für „Satan" ist.

„Keine schmeichelhafte Bezeichnung für den Mann, der in der Großkirche als Fels, auf dem Jesus seine Kirche gründete, verehrt wird."[3] Ganz offensichtlich konnte auch Jesus einen Teil seiner Jünger nicht von ihrer Frauenfeindlichkeit befreien.

Im Kapitel 25 des Sophia-Pistis-Evangeliums antwortet Jesus auf eine Frage von Maria Magdalena: „Vortrefflich, Maria! Du stellst eine gute Frage und leuchtest in alle Dinge sorgfältig hinein. Ich werde fortan nichts mehr vor euch verbergen, sondern euch alle Dinge wahrheitsgemäß offenbaren." Schließlich sagte Jesus auf die letzte Frage Marias: „Gut gesprochen, Maria! Du bist begnadet vor allen Frauen auf Erden, weil du die höchste Fülle und höchste Vollendung sein wirst." Und schließlich im Kapitel 17: „Maria, du Begnadete, die ich in alle Mysterien des Himmels einweihen werde, sprich offen, du, deren Herz mehr als das deiner Brüder auf das Königreich der Himmel gerichtet ist." Er nannte sie auch „Geisterfüllte" und „Lichtreine".

Nie hat Jesus zu einem Mann so etwas gesagt. Im Gegenteil. Im selben Pistis-Sophia-Text verzweifelt Jesus beinahe an der Schwerhörigkeit seiner engsten Mitarbeiter: „Wie lange noch werde ich euch ertragen? Wie lange soll ich es mit euch aushalten? Habt ihr denn jetzt noch nicht begriffen und seid ihr immer noch unwissend? Erkennt ihr denn nicht und begreift ihr nicht …?" Ähnliche Augenblicke der Verzweiflung über seine Männer finden sich auch in den offiziellen Evangelien.

Bis heute verstehen viele Kirchenmänner den wirklichen, frauenfreundlichen Jesus nicht. Noch im Juli 2022 verteidigte Gerhard Ludwig Müller, Erzbischof und Kardinal der römisch-katholischen Kirche, den Pflichtzölibat, das Verbot für Weiheämter von Frauen sowie den Umgang mit Macht und die rigide kirchliche Sexualmoral. Die Reformbemühungen der deutschen Katholiken im Rahmen des Synodalen Wegs lehnt der frühere Bischof von Regensburg ebenso ab wie sein Kölner Kollege Rainer Maria Woelki. Beide argumentieren: Zu Reformen seien sie nicht befugt. Den guten alten kirchlichen Grundsatz „Ecclesia semper reformanda est – Die Kirche muss immer reformiert werden" haben sie ebenso verdrängt wie die wirkliche Botschaft des wunderbaren jungen Mannes aus Nazareth. Und vor dem Evangelium einer Frau haben sie erkennbar Angst.

Kardinal Müller gegenüber der Deutschen Presse-Agentur: „Der Grund ist, dass die Kirche von Jesus Christus eingesetzt und entworfen worden ist. Wir haben keine Vollmacht, diese Ordnung zu verändern." Kardinal Woelki zur *Süddeutschen Zeitung*: „Der Stifterwille Jesu lässt uns keine Vollmacht und Handhabe, Frauen zu weihen."[4] Jesus hat nie so etwas theologisch, menschlich und moralisch Fragwürdiges gesagt. Das Maria-Magdalena-Evangelium beweist exakt das Gegenteil. Damit entfällt das eben zitierte „Argument" von Kardinal Woelki gegen die Frauenordination.

Hätten Müller und Woelki recht, dann wären alle Protestanten mit ihrem Frauenpriestertum und ihren Bischöfinnen gar keine richtigen Christen. Ebenso die Altkatholiken. Das Jesus-Evangelium kennt weder Zwangszölibat noch Frauendiskriminierung. Zudem: Papst Franziskus selbst hat gegenüber einem italienischen Journalisten darauf hingewiesen, dass der Zwangszölibat erst im Jahr 1139 eingeführt wurde. Erst dann und damit haben die Männer endgültig die Macht an sich gerissen. War die Kirche Jesu 1100 Jahre lang gar keine Kirche im Geiste Jesu, ihr Herren Kardinäle?

Solange solche Kardinäle wie die eben genannten die Gemeinschaft Jesu repräsentieren, kann die Kirche nicht zukunftsfähig sein. Aber noch im November 2022 bekamen Kardinäle wie Woelki und Müller Schützenhilfe aus höchsten vatikanischen Kreisen. Bei ihrem Routinebesuch im Vatikan wurden die deutschen katholischen Bischöfe für ihren Synodalen Weg, also für die Reformdebatte zwischen Klerus und Laien, vom damals noch höchsten römischen Glaubenshüter, dem Spanier Luis Ladaria, heftig kritisiert.

Ladaria wies die Behauptung zurück, die Würde der Frauen würde verletzt, weil sie nicht Priester werden dürfen. Er zitierte Papst

Johannes Paul II.: „Der entscheidende Punkt ist nicht, dass Frauen in der katholischen Kirche nicht zum Priester geweiht werden können; der Punkt ist, dass man die Wahrheit akzeptieren muss, dass die Kirche keinerlei Vollmacht hat, Frauen die Priesterweihe zu spenden."[5] Man kann Jesus kaum mehr missverstehen. Solange Kirchenmänner so Jesus-widrig argumentieren, kann es keine wirklich jesuanische Kirche geben. Einerseits nennt Papst Franziskus Maria Magdalena „Apostolorum Apostola", andererseits aber sollen Frauen nicht Priesterin werden dürfen? Welch eine Inkonsequenz! Welch eine Verhöhnung Jesu und seiner Gefährtin!

Der Papst „vom Ende der Welt" glaubt noch immer, am Ende allein entscheiden zu dürfen oder zu müssen. Päpstliche Alleinmacht ist noch jesuitisches Denken – Franziskus ist Jesuit, aber noch kein konsequenter Jesuaner.

2. Jesus: „Verurteilt nicht!"

Es ist schon seltsam: Im Zentrum der Bergpredigt sagt Jesus auch in der griechischen Übersetzung sehr eindeutig „Richtet nicht. Damit ihr nicht gerichtet werdet." (Mt 7,1) Günther Schwarz übersetzt diese Stelle so: „Ihr sollt nicht verurteilen, so dass ihr nicht verurteilt werdet. Mit welchem Urteil ihr verurteilt haben werdet, mit ihm wird Gott euch verurteilen lassen."

Dieses „Ihr sollt nicht verurteilen" Jesu ist sowohl in der Übersetzung aus dem Griechischen wie in der aramäischen Rückübersetzung sehr eindeutig. Und dennoch haben die Christen im Glaubensbekenntnis ihren Gott zu einem Weltenrichter gemacht. Er wird einst kommen, „zu richten die Lebendigen und die Toten". Nichts war Jesus in seinem Gottesbild eines liebenden Vaters und einer liebenden Mutter fremder als dieser „Richtergott". Wer das Evangelium nur ein wenig kennt, kann über diesen Unsinn lediglich den Kopf schütteln. Aber es wird nach 2000 Jahren noch immer so gnadenlos falsch und unjesuanisch gebetet. Der „Abba" Jesu will nicht richten, sondern aufrichten. Und dennoch regiert die Kirche noch immer mit Schuldgefühlen. Jesus aber meinte eine Güte, die vergibt und nicht verurteilt. Wir sollten endlich aufhören, über andere zu Gericht zu sitzen. Wir hätten eine friedliche Welt.

> Vierte Analyse nach Carl Gustav Jung: Der Rachegott passte gut ins Patriarchat.
> Den grausamen Rache- und Richtergott der sogenannten „Offenbarung des Johannes" im Neuen Testament analysiert Carl Gustav Jung zu Recht so: „Man kann es drehen und wenden wie man will, im Lichte des Evangeliums der Liebe gesehen, ist und bleibt der Richter und Rächer eine finstere Gestalt."[6] Aber der strafende, rächende und richtende Gott der „Offenbarung" passt ganz gut in das vorherrschende Patriarchat.

Die Rede von Gott ist in der christlichen Theologie und in den christlichen Kirchen auch im 21. Jahrhundert noch immer an eine patriarchale Grundstruktur gefesselt. In einem der letzten Gottesdienste, an dem ich teilnahm, war in den Gebeten und in der Predigt mindestens fünfzehnmal vom Herr-Gott die Rede – eine Ver-Herr-lichung Gottes für Männer, die bis heute auch zur Unterdrückung der weiblichen Hälfte der Menschheit eingesetzt wird. Dieser Gott ist nicht der mütterliche Vater Jesu, sondern ein patriarchaler Götze. Kein Wunder, dass gerade die Frauen massenhaft aus den christlichen Kirchen fliehen. Christa Mulack: „So aber wie nur Mann *und* Frau gemeinsam den *Menschen* abgeben, so kann auch das Göttliche nur aus der polaren Einheit von Männlichem und Weiblichem bestehen. Ein solches Gottesbild hat die Theologie bis heute noch nicht entwickelt – ein Versäumnis, durch das sie jede Legitimation, auch für die Frau zu sprechen, verloren hat."[7] Diese Männerinstitution ist mehr von Sentimentalität als von Sensibilität geprägt.

Tatsache ist, dass Jesus ein Mann war. Tatsache ist aber auch seine für damalige Zeiten außergewöhnliche Wertschätzung der Frauen und des Weiblichen insgesamt. „Solch eine Wertschätzung des Weiblichen, wie sie bei Jesus in vielfacher Form zum Ausdruck kommt, sollte ein wichtigeres Kriterium sein als seine Geschlechtszugehörigkeit und die negativen Folgen der männlichen Vereinnahmung seiner Person und Lehre."[8] Der 33-Tage-Papst Johannes Paul I., der als lächelnder Papst in die Geschichte einging, sagte unvergesslich und schlicht: „Gott ist Vater und Mutter zugleich." Für das nächste vatikanische Konzil gibt es keine wichtigere Aufgabe, als dieser Erkenntnis in einem neuen jesuanischen Gottesbild zum Durchbruch zu verhelfen. Ohne Aufstand und Empörung der Frauen werden sie freilich nie aus der Tyrannei und aus der Gewalt der Tyrannen befreit. Das gilt in Kirche und Gesellschaft, aber auch in privaten Beziehungen in gleicher Weise. Viele Frauen haben für diese Auseinandersetzung freilich nicht oder noch nicht das dafür notwendige Selbstvertrauen.

Hanna Wolff analysiert zu Recht: „Kurz gesagt, Patriarchat und Richten gehören zusammen. Das letztlich ist der Hintergrund des Schicksals Jesu. Der Patriarch und das Richten sind darum ein ganz zentrales Thema."[9]

Es ist genau dieser falsche Richtgeist und Richtgott, der politische Parteien, Regierungen, Wirtschaftsbosse, Diktatoren, aber auch Privatpersonen friedlos und unversöhnlich aneinandergeraten lässt. Unchristlicher aggressiver Richtgeist herrscht in der Politik, in der Wirtschaft, in Konfessionen und Religionen unserer Welt. An allen Übeln ist immer der andere schuld. Die Folge sind Feindbilder, Kriegspsychose und eine Politik, die ihr Heil und ihr Überleben in atomarer Abschreckung sucht.

Die schlimmsten Vertreter dieses jahrtausendealten Patriarchats, also die größten Obergauner unserer Welt, allein zu meiner Lebenszeit, waren ausschließlich Männer: Hitler, Stalin, Mao, Mussolini, Franco, Putin, Ceausescu in Rumänien, die Kims in Nordkorea, Xi

Jinping in China sowie Ayatollah Khomeini und Ayatollah Khamenei in Iran. Sie waren fast alle Massenmörder und millionenfache Verletzer von elementaren Menschenrechten. Ob eine „Frauenquote" helfen könnte?

Dass Frauen in solchen Spitzenpositionen fehlen, ist kein Beweis für die schlichte These, man müsse schlechte Männer durch gute Frauen ersetzen, dann werde die Welt automatisch besser. Es ist vielmehr ein Hinweis darauf, dass Frauen bisher Macht weniger missbrauchen konnten, weil sie fast keine hatten. Es gibt auch Machtfrauen, die erfolgreich imitierten, was ihnen Machomänner 6000 Jahre lang vorgemacht haben. Der Mythos von Frauen als dem besseren Geschlecht ist Unfug. Jesus ging es um Geschwisterlichkeit. Die gute Nachricht ist: Auch Frauen sind „nur Menschen" – sagt meine Frau.

3. Homo sapiens oder Homo Dummkopf?

Ich schreibe diese Zeilen am 6. August 2022, 77 Jahre nachdem ein US-Präsident den Abwurf der ersten Atombombe auf Hiroshima und drei Tage später auf Nagasaki angeordnet hatte. Die Folgen: Bis heute beinahe eine halbe Million Tote durch atomare Verstrahlung. Die Hiroshima-Bombe tötete über 100 000 Menschen sofort. Innerhalb einer Sekunde waren sie zu Asche geworden.

Wie intelligent ist denn Atombombenpolitik? Noch nie hat eine Maus eine Mausefalle gebaut, aber Menschen bauen Atombomben. Die Atombombe ist die größte und gefährlichste Missgeburt unseres materialistischen Zeitalters. Einseitig intelligent, wie wir sind, können wir zwar Atombomben bauen, doch uns fehlt – bisher zumindest – die Weisheit, diese Bomben wieder abzuschaffen. Wie sapiens ist dieser Homo sapiens wirklich? Eher Homo Dummkopf!

Durch die Politik der atomaren Abschreckung ist Hiroshima heute überall. UNO-Generalsekretär Guterres sagte bei der Gedenkfeier in Hiroshima „Die Menschheit spielt mit einer geladenen Waffe … 1945 sind hier Frauen, Kinder, Männer in einem höllischen Feuer verbrannt." Er rief eindringlich zu atomarer Abrüstung auf wie am selben Ort zuvor auch Papst Franziskus. „Schon der Besitz von Atomwaffen ist unmoralisch", sagte Papst Franziskus bei seinem Besuch in Hiroshima 2019 an die Adresse der neun Staaten, die Atomwaffen besitzen und mit deren Einsatz drohen wie Präsident Putin beim Ukraine-Krieg. Dieser Krieg zeigt, dass atomare Abschreckung Kriege gerade nicht verhindert.

„Was haben wir aus der Katastrophe von 1945 gelernt?", fragte der UNO-Chef über ein dreiviertel Jahrhundert nach dem Bombenabwurf auf Hiroshima. Man müsse „die Schrecken von Hiroshima jederzeit im Auge behalten und erkennen, dass es nur eine Lösung für die nukleare Bedrohung gibt: überhaupt keine Atomwaffen zu haben."

2007 war der Bomberpilot von Hiroshima, der US-Soldat Paul Tibbets, gestorben. Noch kurz vor seinem Tod sagte er: „Ja, ich würde es wieder tun. Ich hatte deshalb keine schlaflose Nacht." Kirchenvertreter hatten die beiden Atombomben vor ihrem Abwurf gesegnet. Bis heute hat sich kein US-Präsident in Japan für den Massenmord entschuldigt.

Die Bürgermeister beider japanischer Städte hatten mich vor einigen Jahren zu Vorträgen eingeladen. Mein Thema hieß „Vom Atomzeitalter zum Solarzeitalter". Nach meinem Vortrag in Nagasaki drückte mir der Bürgermeister einen handgeschriebenen Zettel in die Hand mit der Zahl der bis heute in Nagasaki durch die Bombe Getöteten: 140 144!

Am meisten erschüttert hat mich seine Bemerkung, dass noch immer jedes Jahr über 3000 Menschen an der nuklearen Verstrahlung des Jahres 1945 sterben. Die USA argumentieren bis heute: Die Hiroshima-Bombe habe den Zweiten Weltkrieg verkürzt und so tausenden US-Soldaten das Leben gerettet. Wenn man für diese Argumentation vielleicht noch ein wenig Verständnis aufbringen kann, so ist dies bei der zweiten Atombombe auf Nagasaki sicher nicht mehr der Fall. Diese zweite Atombombe war atomarer Wahnsinn, schierer Massenmord, reine Willkür. Unverzeihlich. Und ist bis heute auch publizistisch nicht aufgearbeitet.

77 Jahre danach liegen Hiroshima und Nagasaki nicht hinter uns, sondern noch immer vor uns. Es wird weiter gestorben. Die Oberbürgermeister von Hiroshima und Nagasaki haben sich schon 1982 geschworen, dass der atomare Massenmord in ihren Städten von der Menschheit niemals vergessen oder verdrängt werden darf, und gründeten die weltweite Organisation „Bürgermeister für den Frieden", der sich inzwischen 8031 Bürgermeister aus 164 Ländern angeschlossen haben – darunter auch die Bürgermeister von über 900 deutschen Städten und Gemeinden. Nach einer FORSA-Umfrage befürwortet die Mehrheit der Deutschen einen Abzug der noch immer auf deutschem Boden gelagerten zwanzig Atomwaffen der

USA. Das Ziel der „Bürgermeister für den Frieden", die inzwischen über 300 Millionen Menschen vertreten: eine atomwaffenfreie Welt!

Der frühere Oberbürgermeister von Hiroshima, Tadatoshi Akiba, optimistisch: „Da es möglich war, weltweit die Bio- und Chemiewaffen abzuschaffen, ist es natürlich auch möglich, die gefährlichsten Waffen, die Atomwaffen, abzuschaffen. Keine andere Stadt der Welt soll jemals das Schicksal von Hiroshima oder Nagasaki erleiden. Um dieses Ziel zu erreichen, müssen aber noch viel mehr Städte und Dörfer unserem Bündnis beitreten. Bitte helfen Sie uns auch in Deutschland dabei. Denn nur durch viel Druck auf die mächtigen nationalen Politiker der Atombombenbesitzer können wir erreichen, dass die heute weltweit über 16 000 Atomsprengköpfe vernichtet werden." (Mehr über die Friedensbürgermeister: www.mayorsforpeace.de)

Bei einem Vortrag in Fukushima fragte ich den dortigen Bürgermeister, der gerade von einem Besuch der Atomruine gekommen war, was passieren würde, wenn er dort hineingegangen wäre. Seine Antwort: „Nach einer Sekunde wäre ich Asche." Auch seine Botschaft lautet: Vergesst nicht die Lehren aus Hiroshima, Nagasaki, Tschernobyl und Fukushima!

Gibt es gar keinen Ausweg aus der jeden Tag möglich gewordenen atomaren Vernichtung, wie sie der große Philosoph des Atomzeitalters, Günther Anders, befürchtete? Die Antwort heißt: Es geht nur durch die Überwindung unserer „Schatten" durch mehr Selbsterkenntnis. Wie aber erkennen und wie überwinden wir unsere „Schatten"?

Jesus hat gefragt: „Warum siehst du den Splitter im Auge deines Bruders, aber den Balken in deinem Auge bemerkst du nicht? Oder wie kannst du zu deinem Bruder sagen: Lass mich den Splitter aus deinem Auge herausziehen! – und siehe, in deinem Auge steckt ein Balken! Du Heuchler! Zieh zuerst den Balken aus deinem Auge, dann kannst du versuchen, den Splitter aus dem ‚Auge deines Bruders herauszuziehen." (Mt 7,3–5) Würden wir diesen Jesus-Vorschlag verstehen, würden wir unseren eigenen „Schatten" wahrnehmen. Und es wäre eine völlig andere Welt. Mord, Gewalt, Geiselnahme, Kriege, Attentate und Terroranschläge könnten erfolgreich bekämpft und schließlich überwunden werden. Stattdessen waren und sind Kirchen und Religionen bis heute in diese Gewaltzustände verstrickt. Aggressiver Richtgeist gehört bis heute zur Gesamtbefindlichkeit beinahe jeder Gesellschaft. Russische Politiker zeigen mit dem erhobenen moralischen Zeigefinger auf die US-Atombomben und umgekehrt. Die Folge sind Feindbilder, Kriegspsychosen und das atomare Gleichgewicht des Schreckens. Die neun Atommächte verlangen von den Nichtatommächten, auf die Atombombe zu verzichten. Sie denken aber gar nicht daran, ihre eigenen Atombomben abzuschaffen.

Die Psychotherapeutin Hanna Wolff: „Der Schatten ist ein tatsächlich mächtiger Balken."[10] Jesus: „Nach dem Maß, mit dem ihr messt, werdet auch ihr gemessen werden." (Mt 7,2)

Aus negativer Haltung können nur negative Folgen entstehen. Dieser Jesus ist mit seiner Bergpredigt immer wieder überraschend aktuell. In seinem Geist hat vor 35 Jahren Michail Gorbatschow erfolgreich atomare Abrüstungspolitik vorgemacht. Gorbatschow und der US-Präsident Ronald Reagan hatten Vertrauen zu einander gefasst und es fertiggebracht, dass achtzig Prozent der damaligen Atomwaffen in Europa verschrottet worden sind. Die Initiative ging von Gorbatschow aus. Seine Stärke war, was ihm in Russland bis heute viele als Schwäche ankreiden: Er konnte sich in jeden anderen einfühlen. Selbst über seinen Nachfolger Putin meinte er in einem vertraulichen Gespräch mit mir im Jahr 2016: „Der Westen sollte auch mit Wladimir Putin verhandeln. Auch Putin hat einen guten Kern." Doch der Politiker Gorbatschow war der „Anti-Putin" (*Spiegel*-Titel zum Tod von Gorbatschow).

Der ehemalige Kommunistenchef sagte mir mal in Moskau diesen schwerwiegenden Satz: „Die Bergpredigt Jesu ist im Atomzeitalter das Überlebensprogramm der Menschheit." Er war der einzige Spitzenpolitiker der Welt, der immer wieder betonte, dass er hauptsächlich von Frauen gelernt habe: von seiner Frau Raissa und von seiner Mutter. So wurde „Gorbi" zum größten Abrüster aller Zeiten. Durch ihn wurde die friedliche deutsche Einheit möglich und das Ende des Kalten Kriegs. Er verstand wie kein anderer Politiker, was Jesus mit Nous meinte. Gorbatschow machte Nous-Politik – ganz konkret und praktisch –, eine Politik der Bergpredigt. Allerdings: Die Liebe zu seiner Frau wurde ihm in Russland nie hoch angerechnet. Im Gegenteil. Er galt vielen Russen deshalb als „Pantoffelheld", der sich von einer Frau beraten lässt und sie auf seine Reisen mitnimmt. Seine Frauenfreundlichkeit wurde ihm von vielen Sowjetmenschen geradezu übelgenommen. Diese Frauenverachtung war ein ganz wesentlicher Grund für die gesellschaftliche Rückständigkeit der alten Sowjetunion. Männlichkeitswahn und Frauenfeindlichkeit gibt es noch mitten im 21. Jahrhundert auf der ganzen Welt. Gott sei Dank bei der jüngeren Generation weniger als bei den Älteren. Auch bei „Gorbis" Beerdigung sah man mehr jüngere Gesichter als ältere. Die Jüngeren schätzen offenbar die relativen Freiheiten, die sie noch heute Gorbatschow verdanken. Als deutscher Bürger fand ich es freilich beschämend, dass an dieser Beerdigung kein führender deutscher Politiker anwesend war.

In seiner Bergpredigt sagt Jesus auch eines seiner Schlüsselworte, das wir jetzt im beginnenden Solarzeitalter endlich richtig und geradezu wörtlich verstehen müssen, um das in die Katastrophe der Klimazerstörung führende Zeitalter des Feuers verlassen zu können: „Er, Abba, lässt seine Sonne aufgehen über Bösen und Guten, und er lässt regnen über Gerechte und Ungerechte." (Mt 5,45) Erneuerbare Energien sind nicht nur Freiheits-, sondern auch Friedensenergien. Wenn ich heute vor Theologen spreche und Gott als die „Sonne hinter der Sonne" bezeichne, die Lichtquelle allen Lichts, die Urenergie aller Energie, widerspricht mir keiner mehr. Gott ist

Lichtquelle, und wir sollen Lichtträger sein. Jesus: „Wer Ohren hat, mag hören: Es ist Licht im Innern eines Lichtmenschen, und er leuchtet der ganzen Welt. Wenn er nicht leuchtet, ist Finsternis." (Thomasevangelium 24). Wer es fassen kann, der fasse es.

Schon für die Religion der Essener, denen Jesus zumindest nahestand, waren „Engel" die Kräfte des Universums: Sonne, Wind, Regen, Licht, Luft, Wasser und der „Lebensbaum". Die Lehre der Essener: Des Menschen Leben kann gedeihen, wenn er sich in Harmonie, in Balance, mit diesen Naturkräften bringt. Auch Jesus verstand diese Kräfte als Heilenergien. Der Lebensbaum symbolisiert die Verbindung zur Erde und zum Kosmos, zu Himmel und Erde. Die Anhänger der Essener wussten auch, dass wir Menschen mittels Meditation Empfangsapparate mobilisieren können, über die wir außerhalb von uns fließende Kräfte als Quelle von Energie, Harmonie und Wissen empfangen. Es ist jedem und jeder von uns möglich, über Meditation diese Schatzkammer kosmischer und göttlicher Kräfte anzuzapfen. In jeder Generation sind wir Menschen aufgerufen, an Gottes Seite zu Mitschaffenden zu werden. Wir sollen die Arbeit der Schöpfung fortsetzen. Letztlich werden wir die Einheit des Menschlichen mit dem Göttlichen erreichen. Das ist das endgültige Ziel der Menschwerdung. Wir werden es eines Tages erreichen. Das sind die Lehre und die Botschaft von Buddha, Jesus und Zoroaster und die der Essener-Gemeinschaft. Wir sind als Kinder Gottes Geschaffene und sollen die Arbeit des Schöpfers und der Schöpferin fortsetzen.

Die Essener-Meditation am Sonntagmorgen heißt zum Beispiel: „Engel des Erdbodens, sende deine Kraft in meine Geschlechtsorgane und belebe meinen ganzen Körper neu." Oder am Mittwochmorgen: „Engel der Sonne, ströme in mein Sonnenzentrum und gib das Feuer des Lebens meinem ganzen Körper." Oder am Mittwochabend: „Engel der Liebe, ströme in meinen Gefühlskörper und reinige alle meine Gefühle." Oder am Montagabend: „Friede! Friede! Friede! Engel des Friedens, sei immer überall."[11]

Die wichtigste Tätigkeit des Menschen ist, in Balance zu sein mit den Kräften des Himmelsvaters und der Erdenmutter. Diese Kommunion zwischen Himmel und Erde macht für die Essener gelingendes Leben aus: Freude aus der Schönheit der Natur zu schöpfen, aus einem Sonnenuntergang und einem Sonnenaufgang, aus Bergen und Blumen, aus Farben und Formen, aus Gerüchen und Gerichten, aus Sonnenbaden und Waldbaden. Jesu ganze Lehre lässt sich so zusammenfassen: Die Liebe ist die mächtigste Energiequelle im gesamten Kosmos. Der gesamte Kosmos ist ein Ozean der Liebe. Deshalb tragen Naturausflüge zu einem ausgeglichenen Seelenleben bei.

Das Wort Gnade wird bis in unsere Zeit oft von Kirchenvertretern benutzt. Von Jesus wurde es nie in den Mund genommen, taucht aber an vielen Stellen des Alten Testaments auf. Die Überbewertung alttestamentlicher Texte führt in der christlichen Theologie ständig zu einer Unterbewertung dessen, was Jesus gesagt hat. Vor allem in den Psalmen des Alten Testaments wird ständig Gnade gepredigt. Und bei Paulus ist Gnade auch im Neuen Testament geradezu das Zentrum seiner Lehre. Deshalb ist das heutige „Christentum" eher ein Paulustum als ein Jesustum. Was Paulus, der Jesus nie persönlich kennengelernt hat, über Jesus kommentierte, wurde in der kirchlichen Lehre von Anfang an mit der wirklichen Lehre Jesu vermischt und verwechselt. Seit der Reformation vor allem in der evangelischen Kirche. Hanna Wolff: „Es ist keine Übertreibung, wenn man sagt, dass hier Paulus den Evangelien sogar den Rang abgelaufen hat … Pointiert gefragt: Wen predigen wir eigentlich, Jesus oder Paulus?"[12] Auch gegenüber Paulus brauchen die christlichen Kirchen eine tiefenpsychologische Operation, wenn sie wieder glaubwürdiger jesuanisch werden wollen.

Paulus beruft sich im ersten Korintherbrief gleich mehrmals auf die Gnade Gottes: „Doch durch Gottes Gnade bin ich, was ich bin, und sein gnädiges Handeln an mir ist nicht ohne Wirkung geblieben." (1 Kor 15,10) Dass dieses Gottesbild ein anderes als das von

Jesus ist, wurde schon deutlich. Doch dieses, sein Gottesgnaden-tum wurde der Grundpfeiler seiner gesamten Theologie. Das ist wissenschaftlich unstrittig und unbestreitbar. Die paulinische Gna-dentheologie hat die Frohbotschaft Jesu über einen liebenden Gott mehr und mehr verdrängt. Hanna Wolff nennt diese vorjesuanische Gnadenbegrifflichkeit eine „belastende Projektion", unter der „der originale Jesus zum Paulinischen Christus geworden" ist.[13] So blieb auch die alttestamentliche Sündenbocktheologie („Auge um Auge – Zahn um Zahn") erhalten. Man nimmt die Verantwortung für sein Tun nicht auf sich, sondern projiziert Schuld und Folgen der Schuld immer auf andere. Auch auf Gott, der immer meiner Seite im Kampf gegen die andere Seite helfen soll.

Im Dreißigjährigen Krieg haben Katholiken und Protestanten jeweils zu ihrem Gott um den Sieg gegenüber den anderen gebe-tet und sich millionenfach umgebracht. Was soll denn in so einer Situation ein liebender Gott machen? Wenn heute iranische Schi-iten und saudische Sunniten zu ihrem Allah jeweils um den Sieg über den anderen beten, was soll da der arme Allah tun? Auch in Nordirland war der „liebe Gott" überfordert, wenn Katholiken und Protestanten jeweils um ihren Sieg gebetet hatten. Nicht Gott ist verantwortlich für Massenmord, Kriegsgräuel und Atombomben, sondern wir Menschen. Zum Beispiel auch der Moskauer Patriarch Kyrill, der als Christ vom „Heiligen Krieg" gegen die Ukraine fa-selt, den Massenmörder Putin unterstützt und seinen eigentlichen „Chef", den Friedensfreund Jesus, mit Füßen tritt. Ein Religions-führer sollte an Gott glauben und nicht an Putin.

Die Russisch-Orthodoxe Kirche legitimiert den Ukraine-Krieg theologisch. Das ist eine Perversion der jesuanischen Botschaft und spaltet die christlichen Kirchen. Wegen dieses Kriegs müssen zehn-tausende Menschen sterben, Millionen müssen deswegen fliehen, Vergewaltigung ukrainischer Frauen durch russische Soldaten wur-de zur Epidemie, und über eine Milliarde Menschen leidet deswe-gen Hunger – wegen fehlender Getreidelieferungen aus der Ukraine. Wie wollen Kirchenführer dieses Elend, das sie mit angestellt haben, einst verantworten? Zum orthodoxen Weihnachtsfest 2023 am 7. Januar forderte Kyrill eine Waffenruhe von 36 Stunden. Seine zynische Begründung: „Damit die Gläubigen die Messen an Heiligabend und am Tag von Christi Geburt besuchen können." Danach darf dann wieder geschossen, vergewaltigt und gemordet werden, meint der „Nachfolger" Jesu.

Papst Franziskus verurteilte bei einem Welttreffen der Religionsführer in Kasachstan im September 2022 den russischen Überfall auf die Ukraine: „Rechtfertigen wir niemals Gewalt … Gott ist Frieden und führt immer zum Frieden, niemals zum Krieg." Was aber sagt Franziskus zu Waffenlieferungen an die Ukraine? Diese gerade in Deutschland so heftig geführte Diskussion beantwortet der Papst nach Aussagen des Journalistenkollegen Andreas Englisch so: „Wer etwas liebt, wird es auch verteidigen, und wer etwas nicht liebt, wird es auch nicht verteidigen. Die Lieferung von Waffen kann moralisch sowohl legitim als auch verwerflich sein, wenn Waffen geliefert werden, nur um neue Kriege zu entfachen, oder wenn man einfach seine Waffen liefert, um alte Bestände loszuwerden."[14] Damit ist klar: Franziskus ist Realpazifist und unterstützt den bewaffneten Kampf gegen Putins völkerrechtswidrige und verbrecherische Aggression.

Allerdings: Das jesuanische „Verurteilt nicht, sondern versucht zu verstehen" gilt selbstverständlich auch, wenn zurzeit in Deutschland das Wort „Putin-Versteher" zu einem Schimpfwort degradiert wurde. Wie wollen denn NATO-Politiker je mit Putin klarkommen, wenn sie nicht einmal versuchen, Putin zu verstehen. Verstehen heißt ja nicht zustimmen oder rechtfertigen. Putins Ukraine-Krieg ist durch nichts zu rechtfertigen, er ist ein Massenmord wie jeder Krieg und widerspricht allem Völkerrecht und der UNO-Charta, welche die Menschheit von der „Geisel des Krieges" nach 1945 für alle Zeit befreien wollte. Aber es war ein fundamentaler Fehler, dass sich der Westen nach dem Kalten Krieg als Sieger aufspielte und die Sicherheitsinteressen Russlands sträflich verdrängte. Jesu Vorschlag der „Feindesliebe" heißt ja nicht: Lass dir alles bieten, sondern: Sei klüger als dein Feind – versuche, ihn zu verstehen. Mach den ersten Schritt auf ihn zu.

„Wenn dich einer auf die rechte Wange schlägt, so halte ihm auch die andere hin." (Mt 5,39) Es heißt ausdrücklich nicht, „dieselbe Wange" hinhalten, sondern „die andere". Das meint: Sich nicht alles bieten zu lassen, sondern Gewalt durch Gewissen und Klugheit ersetzen. Alles andere wäre Feigheit. Feigheit und Flucht geben der Gewalt nur neuen Spielraum. Pazifismus darf keine Einladung für den Aggressor sein und auch keine morbide Lust am Leiden. Die „andere Wange" hinhalten meint eine klügere Strategie und einen anderen Umgang mit dem Problem: Dem anderen ins Gesicht sehen, sie oder ihn als Subjekt betrachten, als Mensch und nicht als gefügiges Objekt. Das geht nicht ohne Konflikte, kann aber Gewalt durch jesuanische Klugheit überwinden. Diese Position ist realistischer und humanistischer als schlichte Rache. Bevor man Balance oder Gerechtigkeit mit anderen herstellen kann, muss man diese in sich selbst herstellen, meint Maria Magdalena gegenüber den männlichen Aposteln. Man muss mit sich selbst in Balance oder im Einklang sein. Die wohl wichtigste Erkenntnis dieses neuen Evangeliums. „Wer Ohren hat zu hören, der höre." Und dann gilt: Denke! Fühle! Handle!

Für eine Kirche der Liebe ist Leben ein Ausdruck der Liebe, ist Liebe das höchste schöpferische Gefühl, denn Liebe ist Liebesarbeit.

4. Warum ist die Bergpredigt bisher ohne Wirkung?

Wie wirkungslos die jesuanische Friedensbotschaft heute noch immer tatsächlich ist, wurde beim Treffen des Ökumenischen Rats der Kirchen in Karlsruhe im September 2022 für jedermann sichtbar.

Bundespräsident Frank-Walter Steinmeier warf der Russisch-Orthodoxen Kirche „Gotteslästerung" vor, weil sie Putins Krieg gegen die Ukraine unterstützt. Steinmeier: Sie rechtfertigen „einen Angriffskrieg gegen die Ukraine – gegen ihre eigenen, gegen unsere eigenen Brüder und Schwestern im Glauben".[15] Es kam jedoch bei diesem wichtigsten Christentreffen unserer Zeit nicht einmal zu einem Dialog zwischen der Russischen und Ukrainischen Orthodoxen Kirche. Der orthodoxe Erzbischof Job von Pisidien (Türkei) formulierte seinen Frust darüber in einer geradezu verzweifelten Analyse: „Ein christliches Land greift mitten in Europa ein anderes christliches Land an. Und Christen töten andere Christen. Ist das wirklich das christliche Zeugnis, das wir der säkularen Welt geben wollen?" Nein, es ist eher eine Bankrotterklärung. Und ein Verrat an der Bergpredigt Jesu. Diese Kirchen können einfach keinen Frieden. Man kann sie vergessen, solange sie in ihren „Heiligen Schriften" angebliche Jesus-Sätze wie diese stehen lassen: „Ich bin nicht gekommen, Frieden zu bringen, sondern das Schwert."

Kein Wunder, dass solche Megatreffen von Christen so gut wie keine Außenwirkung erzielen. Nur wenige Zeitungen haben über dieses Welttreffen berichtet. Es war einfach nicht berichtenswert. Eher stinklangweilig. Diese Großversammlung der Weltkirchen stand unter dem Motto: „Die Liebe Christi bewegt, versöhnt und eint die Welt." Eine reine Lachnummer, eine alberne Beschwörungsformel – gemessen am wirklichen Ergebnis. Das Treffen war eher ein Kriegskonzil. Die Russisch-Orthodoxe Kirche ist ein korrupter Ableger des Putin-Regimes geworden. Er ist der neue Cäsar. Und Patriarch Kyrill ist sein Messdiener – wie ihn Papst Franziskus ganz undiplomatisch bezeichnet hat. Der Kirchenfürst unterstützt Putin darin, seinen imperialen Traum von alter Größe auszuleben.

Schon Jesus hatte versucht, seinen Aposteln immer wieder klarzumachen, dass der Hauptfeind nicht der Cäsar in Rom ist, sondern der Cäsar in jedem und jeder von uns. Jesus wollte wahres Gleichgewicht und wirkliche Harmonie (Nous) in die Welt bringen. Jesu Nous kann auch als Anlehnung an das verstanden werden, was die altgriechischen Philosophen als „Maß" bezeichneten. Sie schlugen vor, auf das Maß des natürlichen Lebens zu achten. Das Beste ist das Maß, das Schlimmste die Maßlosigkeit.

Ähnlich unbewusst wie die Kirchenfürsten der Russisch-Orthodoxen Kirche beten Männer seit Jahrtausenden, dass ihr Gott ihnen ihre Überlegenheit gegenüber den Frauen erhalten möge. Ihr Kronzeuge ist ausgerechnet Paulus im Neuen Testament im ersten Timotheusbrief: „Eine Frau soll sich still und in aller Unterordnung belehren lassen. Dass eine Frau lehrt, erlaube ich nicht, auch nicht, dass sie über ihren Mann herrscht; sie soll sich still verhalten. Denn zuerst wurde Adam erschaffen, danach Eva. Und nicht Adam wurde verführt, sondern die Frau ließ sich verführen und übertrat das Gebot. Sie wird aber dadurch gerettet werden, dass sie Kinder zur Welt bringt, wenn diese in Glaube, Liebe und Heiligkeit ein besonnenes Leben führen." (1 Tim 2,11–15). Es gilt also nicht das, was Jesus gelehrt hat. Warum? Weil Paulus es nicht „erlaubt"! Verstehen Sie jetzt, liebe Leser und Leserinnen, warum ich sage, wir haben heute – zumindest in der katholischen Kirche – eher ein Paulustum als ein wirkliches Jesustum?

5. Paulus wurde dem Christentum zum Verhängnis

Derselbe Paulus in seinem ersten Brief an die Korinther: „Ihr sollt aber wissen, dass Christus das Haupt eines jeden Mannes ist, der Mann aber das Haupt der Frau und Gott das Haupt Christi … Der Mann wurde auch nicht für die Frau erschaffen, sondern die Frau für den Mann." (1 Kor, 11,3.9). Jede Leserin und jeder Leser mit nur ein wenig Bibel-Kenntnis kann sofort den fundamentalen Widerspruch zwischen dem Paulus hier und dem Jesus im Maria-Magdalena-Evangelium sehen. In der Frauenfrage wurde aus dem alten Saulus nie ein neuer Paulus – bei allen Verdiensten, die Paulus sich bei der Ausbreitung des Christentums sonst erworben hat. Im Geiste Jesu wurde er nie ein „neuer Mann". Er blieb der alte Patriarch. Dieser paulinische Patriarchalismus wurde dem Christentum zum Verhängnis. Bis heute ist die Ignoranz vieler führender Kirchenmänner gegenüber Frauen geradezu tragikomisch.

Tragisch und verhängnisvoll für die Entwicklung der christlichen Kirche wurde, dass es vom frauenfeindlichen Paulus-Bild weit mehr beeinflusst ist als vom frauenfreundlichen Jesus-Bild. Psychologisch gesehen hat Jesus mit seiner ganzheitlichen Sicht vom Menschen, der weibliche und männliche Seelenanteile hat, die patriarchalische Bewusstseinsebene seiner Zeit durchbrochen und eine neue ganzheitliche Existenzweise ermöglicht. Nur deshalb können wir in ihm den „ersten neuen Mann" der Menschheitsgeschichte erkennen und bis heute nicht vergessen. Nur deshalb erscheinen jeden Tag weltweit drei Jesus-Bücher. Das sind tausend Bücher pro Jahr – über einen Mann, der vor 2000 Jahren gelebt und gelehrt hat. Ein einmaliges geistiges und historisches Phänomen.

6. Jesus – der erste neue Mann

Jesus hat die patriarchalische Solidarität der Männer gebrochen und eine völlig neue partnerschaftliche Haltung gegenüber Frauen vorbildlich vorgelebt. Das wird im nächsten Kapitel noch deutlicher.

Folgt man der paulinischen „Religion", ist Gott für alles verantwortlich, was eigentlich unsere Aufgabe ist. Dann fangen die Gebete so an: Gott soll den Armen helfen, was unsere soziale Pflicht ist. Gott soll die Verlassenen trösten, was jesuanische Nächstenliebe ebenfalls von uns fordert. Gott soll sogar dafür sorgen, dass es nicht zu einem Atomkrieg kommt, was ebenfalls eindeutig Menschen- und Christenpflicht ist. Das alles ist die große Gefahr einer typischen Gnadenreligion, die freilich nichts mit dem wirklichen Jesus zu tun hat.

Wir wissen durch die jahrelangen Diskussionen um die Atombombe für Nordkorea und Iran um den engen Zusammenhang zwischen der sogenannten friedlichen Nutzung der Atomkraft und dem Bau von Atombomben. In Atomkraftwerken wird auch der Stoff für die Bombe produziert. Ohne Atomkraftwerke gibt es keine Atombombe. Die weltweiten Störfälle in vielen Atomanlagen müssten auch die größten Atomfreunde nachdenklich machen! Aber noch immer setzen auch viele Christen in der ganzen Welt auf die „friedliche Nutzung" der Atomenergie. Sie lassen sich blenden.

Solange auf der Welt aber über 400 Atomkraftwerke laufen, werden skrupellose Machtpolitiker weiterhin versuchen, Atombomben zu bauen. 400 Atomkraftwerke sind 400 mögliche Atomunfälle. Es gibt kein einziges Atomkraftwerk auf der Welt, das zu 100 Prozent sicher ist. Sicher ist nur das atomare Restrisiko. Also jenes Restrisiko, das uns jeden Tag „den Rest" geben kann.

Wenn wir das Atomzeitalter nicht hinter uns lassen, müssen wir damit rechnen, dass Atombomben eines Tages auch in die Hände von Terroristen gelangen. Das aber heißt: Möglichst rasch alle Atomkraftwerke schließen und die Energie künftig aus erneuerbaren Energiequellen gewinnen – aus Sonne, Wind, Bioenergie, Erdwärme, Wasserkraft und Meeresenergie. Bei entsprechendem politischem Willen ist die solare Energiewende in fünfzehn Jahren zu 100 Prozent möglich. Das ist heute Stand der Klimawissenschaft.

Immerhin werden 2022 in Deutschland bereits 47 Prozent des Stromverbrauchs erneuerbar produziert. Die Stadtwerke München, eine Zwei-Millionen-Stadt, gewinnen bereits 95 Prozent ihres Stroms erneuerbar. 2025 sollen es 100 Prozent sein. Der Rhein-Hunsrück-Kreis gewinnt schon heute dreimal so viel Strom, wie seine 100 000 Einwohner in diesem Jahr verbrauchen. Die wenigen positiven Beispiele zeigen, dass die komplette Energiewende möglich ist, wenn sie wirklich auch politisch und von den Bürgerinnen und Bürgern gewünscht ist. Allein die Sonne schickt uns 15 000-mal mehr Energie, als zurzeit alle Menschen global verbrauchen. Hinzu kommen die Windkräfte, die Bioenergie, die Wasserkraft, die Erdwärme sowie die Strömungs- und Meeresenergie. Die Welt ist voller Energie. Wir müssen nur lernen, in der noch verbleibenden Zeit den Abschied von den alten fossil-atomaren Energiequellen zu organisieren und den Umstieg auf die erneuerbaren zu schaffen. Die Natur oder der liebe Gott oder die Evolution sorgen für alles, was wir brauchen: Energie von ganz, ganz oben.

Papst Franziskus versucht, seine Kirche im Geiste des Ur-Jesus zu reformieren, wird dabei aber von vielen anderen Kirchenfürsten – auch und gerade in seiner engsten Umgebung im Vatikan – ausgebremst. Als erster Papst hat er den Namen des heiligen Franziskus von Assisi angenommen, der lebte wie ein armer Bettler, und als Papst auf viele Privilegien verzichtet, die ihm sein Amt geboten hätte. Er schläft nicht in seiner Residenz, sondern in einer kleinen 70-Quadratmeter-Wohnung, macht jeden Morgen sein Bett selbst, stellt sich in der vatikanischen Kantine zum Essen an, bezahlt seinen Kaffee selbst, fährt keinen protzigen Dienstwagen, wirbt für „eine arme Kirche der Armen" und zeigt sich dem „normalen Volk" zugehörig. Er nimmt die permanente Reformnotwendigkeit seiner Kirche ernst. Er sieht die Hauptaufgabe seiner Kirche darin, die Liebe Gottes zu allen Geschöpfen zur Sprache zu bringen und alle Menschen daran zu erinnern, dass sie gleichberechtigte Töchter und Söhne Gottes sind. Die Kirche Jesu muss ihre Stimme gegen Hass, Zerstörung, Krieg, Feindschaft, Rache und Diskriminierung erheben – natürlich auch gegen die Diskriminierung von Frauen.

Doch die katholische Kirche diskriminiert bis heute die weibliche Hälfte ihrer Mitglieder. Das machen so nur noch die Kommunistische Partei Chinas oder in Russland Putins Staatspartei oder die Mullahs in Iran und die Taliban in Afghanistan. Auch Chinas überwiegend männliche Führung sieht sich von Expertinnen, Journalistinnen und Aktivistinnen bedroht. Vor allem im Netz werden

Frauen und Feminismus als eine Gefahr für die politische Stabilität in China angesehen.

Innerhalb Chinas wurden Sinkiang und Tibet in einen Polizeistaat verwandelt, der keine Grenzen mehr kennt. Auf drei Chinesen kommt bereits eine Überwachungskamera. Vielleicht bedarf es in der Kommunistischen Partei Chinas oder in Russland wie auch in der katholischen Kirche erst einer breiten Frauenrebellion – wie im Herbst 2022 in Iran, wo zehntausende Frauen furchtlos auf den Straßen singen „Die Chance auf Freiheit ist nah" –, bis es zu wirklichen Veränderungen kommt. In Iran wurde die junge Mahsa Amini von der „Sittenpolizei" getötet, weil sie angeblich ihr Kopftuch falsch gebunden hatte. Damit haben die islamistischen Kleriker aber eine massenhafte feministische Rebellion provoziert, deren Slogan lautet: „Jin, Jiyan, Azadi – Frauen, Leben, Freiheit!". Es ist ein feministischer Protest wie er auch der katholischen Kirche bevorstehen könnte. Im Sinne ihrer feministischen Außenpolitik sagt Annalena Baerbock: „Frauenrechte sind ein Gradmesser für den humanen Zustand einer Gesellschaft. Wer die Hälfte seiner Gesellschaft unterdrückt, hat offenbar mit Demokratie nichts am Hut."[16] Özlem Topcu schreibt im *Spiegel* zur iranischen Frauenrebellion: „Sie zeigen, dass ihr Land mehr ist als das Regime. Mehr als bärtige alte Männer der Vergangenheit, die sich nur mit Hilfe äußerster Repression an der Macht halten können … Wir erleben, welche Kraft erwächst, wenn Menschen ihre Angst überwinden."[17] Was in Iran geschieht, ist Teil der feministischen Weltgeschichte. Die mutigen Bürgerrechtlerinnen in Iran, die inzwischen auch von vielen Männern – bis hin zur iranischen Fußballnationalmannschaft – unterstützt werden, arbeiten nach dem bekannten Motto: Auch der längste Weg beginnt mit dem ersten Schritt. Oder auch nach dieser Erkenntnis: Glaube an das Unmögliche und das Unmögliche wird möglich.

Ein Wunsch zur Veränderung allein genügt freilich nicht. Es geht immer um das brennende Verlangen, etwas zu verändern.

Dieses brennende Verlangen ist der Same jeder wirklichen Veränderung. Jesus spricht vom „kleinsten Senfkorn", das einen riesigen Baum reifen lässt. Die überwiegende Mehrheit der Iraner wollen eine Demokratie anstelle der Theokratie, wie sie die heute noch herrschenden Mullahs verstehen. Die Mehrheit der heute in Iran lebenden Menschen sind unter dreißig Jahre alt. Sie wollen in Freiheit leben wie wir im Westen. Die im jugendlichen Alter nach Deutschland geflohene Iranerin Jasmin Taylor, inzwischen hierzulande erfolgreiche und mit Preisen ausgezeichnete Unternehmerin, hat in ihrem Buch *Für die Frau, das Leben und die Freiheit* die millionenfache Leidensgeschichte von iranischen Frauen beschrieben, die willkürlich inhaftiert, gefoltert, vergewaltigt und hingerichtet wurden. Auf der ganzen Welt, in allen Nationen und in beiderlei Geschlechtern steckt das Virus der Freiheit. In Iran stellte sich Ende 2022 schon ein Teil der Familie des Tyrannen Ayatollah Ali Khamenei hinter die Demonstranten. Seine Schwester Badri Hosseini schrieb: „Ich drücke mein Mitgefühl mit allen Müttern aus, welche die Verbrechen der Islamischen Republik … betrauern." Der Neffe des Tyrannen sagte dem *Spiegel*: „Mein Onkel ist zu einem Fanatiker geworden." Seine Nichte ließ der Tyrann verhaften und einsperren. Die iranische Revolution frisst ihre eigenen Familienmitglieder. Das Mullah-Regime in Iran ist der größte Terrorfinanzierer der Welt.

An dieser Stelle unserer Überlegungen ist es hohe Zeit, das Maria-Magdalena-Evangelium zu erklären und komplett vorzustellen – soweit dies heute noch möglich ist. Was würde Jesus heute sagen? Und was hat er seiner vertrauten Freundin Maria Magdalena zu den wirklich großen Fragen der Menschheit gesagt? Wir haben gegenüber früheren Jahrhunderten das Privileg, diese spirituellen Weisheiten Jesu kennenlernen zu dürfen. Unter Weisheit verstehe ich eine ganzheitliche Erfahrung, die Menschliches und Göttliches in Balance zu bringen vermag, Nous also.

Spirituell sein heißt, in Harmonie sein mit sich selbst oder im Rhythmus sein.

Vielleicht könnte die Balance so aussehen: Der Kopf sollte beraten, aber das Herz führen.

V.
Das Maria-Magdalena-Evangelium

1. Das Evangelium vom Reich Gottes

Dieses „neue" Evangelium stellt die Jesus-Botschaften, die wir aus den klassischen Evangelien aus dem Neuen Testament kennen, nicht alle infrage, aber es trägt dazu bei, die Weisheiten Jesu mit neuem Leben zu füllen und Jesus heutig zu machen. Dieses Evangelium macht vor allem deutlich, dass das „Reich Gottes", von dem Jesus träumte, nicht identisch ist mit einer Männerkirche. Maria Magdalena ist das Sprachrohr einer besonders wichtigen Tradition innerhalb der ersten drei Jahrhunderte im Urchristentum. Solange Frauen Kirchensteuer zahlen, müssen sie auch das Recht haben, Priesterin, Bischöfin oder auch Päpstin zu werden.

Wie selbstverständlich waren Frauen in der Urkirche als Gastgeber für die Gottesdienste in den privaten Häusern zuständig, die immer mit einem von Frauen zubereiteten Gastmahl verbunden waren. Dabei waren Frauen auch als Priesterinnen aktiv.

Etwa die Hälfte des ursprünglichen Maria-Magdalena-Evangeliums ist uns noch erhalten und heute im Ägyptischen Museum in Berlin zu besichtigen. Die Sensation dabei: Es erreichen uns bislang unbekannte Worte Jesu. In den damaligen gnostischen Kreisen galt Maria Magdalena als besonders prädestiniert für Jesu Botschaft, weil sie die erste und wichtigste Augenzeugin seiner Auferweckung war und als Einzige geheime Offenbarungen von ihm erhalten hatte. Für den Verfasser oder die Verfasserin dieses Evangeliums war Maria Magdalena auch deshalb interessant, weil sie zur spirituellen Leiterin in der Christenheit befähigt schien.

Am Beginn dieses Evangeliums spricht der nachösterliche Jesus mit seinen Jüngern und mit Maria Magdalena. Es geht dabei zunächst um die Vergänglichkeit der Materie. Jesus, hier „der Erlöser" oder „der Retter" genannt, erklärt den Primat des Geistes gegenüber der Materie. Welch eine Botschaft für unsere materialistische Zeit, in der jeder Kurzzeiterfolg alle Langzeitfolgen überwiegt! Die heutige Ökonomie mit ihrem Wachstumsfetischismus ist kurzfristbesessen und langfristvergessen. Kein Baum wächst in den Himmel. Das sehen wir doch täglich in der Natur, dass es kein ewiges Wachstum gibt, wie es die neoliberale Religion des heutigen Kapitalismus unterstellt. Und kein Leser oder keine Leserin dieses Buches wird wesentlich mehr als zwei Meter groß. Nach dem Wachstum – vielleicht bis etwa achtzehn Jahren – ist Reife gefragt. Innere Reife ist etwas völlig anderes als äußeres Wachstum. Nicht Wachstum ist ein Zauberwort der Zukunft, sondern Wohlstand für alle, nicht Finanzkapital, sondern Naturkapital, nicht Effizienz, sondern Erneuerbarkeit, nicht Wegwerfwirtschaft, sondern Kreislaufwirtschaft.

Die Natur ist der beste Hörsaal, um die Welt zu verstehen. Wie sollte Materie wachsen ohne Geistkraft, wie ein Weizenkorn ohne seine Wachstumsimpulse?

Alle Materie, erklärt Jesus, werde zu ihrem geistigen Ursprung zurückkehren. Materie sei eigentlich verdichteter Geist. In unserer Zeit hat der Quantenphysiker Professor Hans-Peter Dürr als Chef des Max-Planck-Instituts in München zum selben Thema erklärt, es gebe gar keine Materie. Was wir Materie nennen, sei „geronnener Geist". Das sagt ein weltbekannter, prominenter Physiker.

Der Jesuit und Paläontologe Teilhard de Chardin schrieb es so: Der Geist sei das „Herz der Materie" (Publik-Forum Nr. 10, 26. Mai 2023). Jede Vision ist eine spirituelle Realität. Alles, was in unserer Welt existiert, lebt zuerst im Geist. Jesus: Wie sich ein Ehebrecher an die falsche Partnerin fesselt, so verfehlt ein Mensch seine Bestimmung, wenn er abhängig und gefesselt ist von der Materie.

Dann beantwortet Jesus Fragen nach der Sünde. Danach verlässt er den Kreis seiner Freunde und seiner Freundin. Die Jünger weinen, weil sie sich ohne Jesus allein und von ihrer neuen Aufgabe überfordert fühlen. Sie werden von Maria Magdalena umarmt und eindrucksvoll getröstet. Sie spricht ihnen Mut zu. Damit übernimmt sie die Rolle Jesu, sozusagen als seine Stellvertreterin, indem sie zu ihnen sagt: „Seine Gnade wird in Fülle mit euch sein und sie wird euch beschützen. Besser aber lasst uns seine Größe preisen, denn er hat uns bereitet und zu Menschen gemacht."

Die Frau aus Magdala erklärt den Aposteln, was Jesus mit „der neue Mensch" gemeint hat, den es braucht, um eine neue und bessere Welt zu schaffen. Das Schlüsselwort dabei heißt Nous: Balance oder Gleichgewicht – innere Ausgewogenheit und Ruhe – ausgewogener Geist – die heilige Mitte finden. Selbsterkenntnis. Geistige Höherentwicklung. Es wird auch oft mit „Christus-Bewusstsein", „Harmonie" oder „Weisheit" übersetzt.

In der gesamten Bibel steht „Weisheit" über dem formalen „Wissen". Beispiele aus dem Buch der Weisheit: „Die Weisheit ist ein menschenfreundlicher Geist" – „Eine große Anzahl von Weisen ist Heil für die Welt"– „Die Gottesgabe der Weisheit" – „Denn Gott ist der Führer der Weisheit und hält die Weisen auf dem rechten Weg" – „Krone der Weisheit ist die Gottesfurcht" – „Es lehrte mich die Weisheit, die Meisterin aller Dinge". Oder im Buch der Sprichwörter: „Wer in Weisheit seinen Weg geht, wird gerettet" – „Denn der Herr gibt Weisheit, aus seinem Mund kommen Erkenntnis und Einsicht".

Dies alles schwingt mit, wenn wir Jesus, aramäisch „Jeschua", in seiner aramäischen Muttersprache zuhören. Hier zeigt sich der Kern der gnostischen Weisheit, der von der real existierenden Männerkirche seit dem Konzil von Nicäa bekämpft wurde.

Im ebenfalls apokryphen Thomasevangelium sagt Jesus: „Selig bist du, wenn du weißt, was du tust." Im Traum sah ich während meiner Jung'schen Analyse die Schrift „Bewusstheit erfordert Tiefe". Ein deutlicher Hinweis darauf, dass ich mich um mein Unbewusstes kümmern sollte.

Diesen Nous können und sollen wir im Geiste Jesu und im Geiste von Maria Magdalena nutzen, um an einer besseren Welt zu arbeiten. Gott gab uns die Fähigkeit zum Denken, damit wir sie auch nutzen. Der Dalai Lama sagt: „Das Beste, was uns gegeben wurde, ist unser Hirn. Wir müssen es nutzen." Dieses Evangelium, diese Frohbotschaft, ist für Mitdenkende gedacht, für die noch Suchenden und manchmal auch für die Zweifelnden. Aber auch für Christen, die mit den dogmatischen Aussagen ihrer Kirchen und deren Bodenpersonal ihre Probleme haben. Dieser hier lebendig werdende Jesus gibt auch Anregungen für Agnostiker und für Atheisten. Auch ihnen sagt der wirkliche Jesus: „Ich bin der Weg und die Wahrheit und das Leben." (Joh 14,6) Wer sonst in der gesamten Menschheitsgeschichte könnte das von sich behaupten? Selbst wenn wir Gott nicht suchen, er sucht uns immer. Deshalb dürfen wir darauf vertrauen, dass alle Lügen eines Tages auffliegen werden, die Wahrheit sich durchsetzt und diese Wahrheit uns freimacht.

Ich fragte einmal meinen Freund, den Dalai Lama, was für ihn der entscheidende Unterschied zwischen Christentum und Buddhismus sei. Seine Antwort: „Ihr Christen müsst glauben, glauben, glauben. Wir Buddhisten wollen verstehen, verstehen, verstehen." Nach dieser Definition steht der Buddhismus dem aramäischen Jesus näher als das heutige offizielle Christentum. Ob sich deshalb so viele abendländische Christen für den Buddhismus interessieren? Das Buch, das ich – wie schon erwähnt – gemeinsam mit dem Dalai Lama zu diesen Fragen geschrieben habe, trägt den Titel *Ethik ist wichtiger als Religion*. Es wurde in 25 Sprachen übersetzt und ein Weltbestseller.

Dieser Titel meint: An ihren Taten sollt ihr sie erkennen, nicht an ihren frommen Sprüchen. Eine echt jesuanische Erkenntnis. An diesem jesuanischen Titel eines Dalai-Lama-Buches lässt sich auch das ganze aktuelle Dilemma des real existierenden Christentums festmachen: zu viel Dogmatik und Rechthaberei, zu wenig Ethik und konkretes Tun. Es fehlt an einer ausdrücklich an Jesus orientierten Ethik. Hanna Wolff: „Die offenbare und damit nicht weiter zu beweisende Tatsache ist die, dass die Ethik immer der schwächste Punkt unserer Theologie war und geblieben ist. Und das ist das schwer wiegende Verdikt über ihre Bedeutungslosigkeit."[1] Man könnte jetzt fragen: Aber das christliche „Liebesgebot" fordert doch selbstverständlich auch Taten, das ist doch Ethik? Nein, nein und nochmals nein!

Der Dalai Lama und Franz Alt mit acht ihrer Bücher in acht Sprachen

Jesus hat überhaupt keine Gebote gebracht, seine Ethik sind Angebote und viel, viel mehr als eine mosaisch gesetzliche Ethik des Alten Testaments. Seine Ethik hat immer mit Freiheit zu tun. Jesus brachte die Chance einer neuen, freiheitlichen Menschwerdung und einer emanzipatorischen Theologie mit Hoffnung, Vertrauen und Liebe. Er brachte kein neues Gebot, sondern eine neue Form der Liebe.

Und schon gar nicht hat uns „Christi Blut" erlöst, was viele infantil gebliebene Christen bis heute „glauben". Im 17. Jahrhundert hat Johann Olearius dieses schreckliche Kirchenlied geschrieben. „Herr Jesu Christ, dein teures Blut ist meiner Seele höchstes Gut, das stärkt, das labt, das macht allein mein Herz von allen Sünden rein … Dein Blut, mein Schmuck, mein Ehrenkleid, dein Unschuld und Gerechtigkeit macht, dass ich kann vor Gott bestehn und zu der Himmelsfreud eingehn. Dein teures Blut, dein Lebenssaft gibt mir stets neue Lebenskraft."

Es gibt nach Jesus keine „Fremderlösung", sondern Verantwortung für das eigene Tun. Hanna Wolff zu Recht über diesen christlich-blutigen Erlösungswahn: „Wir wurden erlöst, wir sind erlöst und immer wieder erlöst – und die Welt erstarrt vor Waffen der Selbstvernichtung."[2] Selbstvernichtung ist heute gleich mehrfach möglich geworden: durch einen Atomkrieg, durch die Klimakatastrophe und durch das Artensterben. Schon Erich Fromm hat gefragt: „Wie ist es möglich, dass der stärkste aller Instinkte, der Selbsterhaltungstrieb, nicht mehr zu funktionieren scheint?"[3] Aktuelle Gier ist uns wichtiger als die Zukunft unserer Kinder und Enkel. Gibt es jetzt noch einen Rettungsanker? Oder haben wir bereits unseren Brutinstinkt verloren, den alle Tiere noch haben?

„Die größte Geschichte aller Zeiten" – das ist der Titel eines Kinofilms aus den Sechzigerjahren über das Leben und Leiden Jesu. Etwa 2,3 Milliarden Menschen folgen heute formal dem revolutionären Gottes-, Menschen- und Weltbild, das Jesus vor 2000 Jahren in Palästina gelehrt hat. Das Christentum ist die derzeit größte Religion. Doch auch an Christen und ihren Theologen ging der materialistische und einseitig rationalistische Zeitgeist des Patriarchats nicht spurlos vorüber. Die christlichen Kirchen haben jahrhundertelang einen Ansichts- und Meinungsglauben gelehrt. Aber Ansichten und Meinungen hindern uns oft an persönlichen Erfahrungen. Erst eine Stärkung des eigenen Bewusstseins führt zu einem Werden der Persönlichkeit, der das Befolgen der inneren Stimme, des eigenen Gewissens, wichtiger ist als das Befolgen von Gesetzen und Konventionen.

Fünfte Analyse nach Carl Gustav Jung: Religion ist keine Frage von Bekenntnis, sondern von Erkenntnis.
Um persönliche Erfahrungen geht es bei jeder lebendigen Religion. Geglaubter Glaube ist tot, nur erfahrener und gelebter Glaube

macht lebendig. Religion ist der Weg nach innen. Nur wer ihn sucht, kann ihn finden. Religiöse Menschen sind suchende Menschen. Die christlichen Kirchen sind oft so langweilig, weil sie Gott nicht suchen, sondern glauben, ihn zu haben. Religion besteht in erster Linie aus seelischen Erfahrungen, aus seelischen Tatsachen. Ob wir eine Religion für echt oder falsch halten, welche Meinung wir darüber haben, ist zweitrangig. Religion ist keine Frage theologischer Spekulation. Wahre Religion ist auch keine Frage von Be-kenntnis, sondern von Er-kenntnis. Carl Gustav Jung dazu: „Gott ist eine allgemeine Erfahrung, die nur von einem blöden Rationalismus und einer entsprechenden Theologie verdunkelt wird."[4]

An anderer Stelle schreibt der erfahrene Tiefenpsychologe: „Die Naturwissenschaft hat nirgends einen Gott entdeckt, die Erkenntniskraft beweist die Unmöglichkeit der Gotteserkenntnis, die Seele aber tritt hervor mit der Behauptung der Erfahrung Gottes. Gott ist eine seelische Tatsache von unmittelbarer Erfahrbarkeit. Wenn dem nicht so wäre, so wäre von Gott überhaupt nie die Rede gewesen. Die Tatsache … kann sogar die unmittelbarste und damit die allerrealste Erfahrung sein, die weder belächelt noch wegbewiesen werden kann."[5]

Diese Sicht der Tiefenpsychologie könnte der erstarrten und hilflos gewordenen Theologie wieder neues Leben einhauchen. Das Christentum muss notgedrungen von ganz vorne beginnen, beim frauenfreundlichen aramäischen Jesus.

Das heißt für Christinnen und Christen ganz konkret: Es ist unmöglich, das Alte Testament weiterhin als Grundlage ihrer Religion anzuerkennen. Neuer Wein bleibt nur in neuen Schläuchen kostbar. Es ist Sache der Juden, ihr Altes Testament weiterzuentwickeln, und Sache von uns Christen, endlich unseren Jesus und das Neue Testament jesuanisch zu verstehen. Jede Harmonisierung beider Gottesbilder bedeutet Regression und verhindert jesuanische, aber auch jüdische Progression. Nur diese beidseitige Entwicklung kann auch echten Dialog ermöglichen. Nur so kann jüdische wie auch christliche Identität entstehen. Im Alten Testament gibt es eine klare Tendenz, alle weiblichen Züge des Jahwe-Vater-Gottes und alle weiblichen Göttinnen aus der Matriarchatszeit zu eliminieren. Gott war nicht immer nur männlich. Göttinnen gab es in der Antike ebenso wie im Orient. Erst in der Person Jesu vereinigt sich idealerweise das Weibliche (Anima) und das Männliche (Animus).

Jesu ursprüngliche Lehre vom Reich Gottes bedeutet das Ende des Patriarchats. Und genau deshalb gibt es bis heute so viele Widerstände dagegen. Denn das „Reich Gottes" kennt eher weiblich-matriarchale Verhältnisse. Das Reich Gottes ereignet sich nicht da, wo starke Männer das Schwache und die Schwachen besiegen, auch nicht da, wo männliches Ego zur Schau gestellt wird und wo große Reden geschwungen werden, ohne dass ihnen Taten folgen, sondern dort, wo Frieden gestiftet, geliebt, geheilt und getröstet und seelisches menschliches Wachstum ermöglicht wird.

Das Evangelium der Maria Magdalena erinnert uns daran, dass Gott die Liebe ist und diese Liebe das große Angebot und Jesus der Zeuge dieses Angebots. Dieses göttliche Gesetz meint niemals „du musst" oder „du sollst", sondern „du kannst" oder „du darfst".

Die gesamte Geschichte lehrt, dass im Patriarchat mit Bomben Friedhöfe geschaffen werden, aber kein wirklicher Frieden. Seit 2000 Jahren gilt in der sogenannten Realpolitik der altrömische Grundsatz: „Si vis pacem para bellum – Wer den Frieden will, muss den Krieg vorbereiten." Das Ergebnis dieser „Logik" kennen wir: Massenmord, Zerstörung, Flucht und Elend. Im Sinne des Bergpredigers gilt es aber, diese „Logik" vom Kopf auf die Füße zu stellen: Wer Frieden will, muss den *Frieden* vorbereiten.

Das Reich Gottes ereignet sich da, wo Menschen umkehren und aus Fehlern lernen können und Reifungsprozesse ermöglicht werden. Vielen Gleichnissen Jesu lässt sich entnehmen, dass in seinen Vorstellungen vom Reich Gottes („Ruha", geistige Mutter, oder „Malchut", Reich Gottes) „frauennahe Symbole"[6] gelten wie der alles durchdringende Sauerteig, die wachsende Saat, der fruchtbare Baum und der lebenspendende Weinstock. Diese Bilder des Wachsens sind Bilder des Sich-Veränderns. Friedrich Hölderlin schrieb: „Wo aber Gefahr ist, wächst das Rettende auch." Alles Lebendige befindet sich in einem ständigen Wachstum – innen und außen. Die erregendste und fantastischste Reise ist das innere Wachstum.

Hinter dem oft gebrauchten Vaterbild Jesu verbirgt sich meist eine fürsorgende Mutter. Jesus meint immer einen mütterlichen Vater. Auch Papst Franziskus nimmt in seiner Enzyklika *Laudato si'*, diese naturnahen Bilder des „ökologischen" und „feministischen" Jesus wieder auf und hat damit die politisch wichtigen Beschlüsse der Pariser Weltklimakonferenz 2015 entscheidend und positiv beeinflusst, was kaum bekannt ist.

Auch als Christen wissen wir über Gott letztlich nicht mehr als alle anderen, doch dank Jesus können wir ihm und seinen Bildern und Erzählungen von Gott voll vertrauen. Er ging für seine Gott-Erkenntnis bis ans Kreuz – damit auch wir sie verstehen. Jesus verstand sich vor 2000 Jahren im Widerstand gegen das theologische Establishment seiner jüdischen Umwelt.

Als Jesus von einem Schriftgelehrten gefragt wurde: „Welches Gebot ist das wichtigste?", ist seine Antwort sehr eindeutig: „Der Herr, unser Gott, der Herr ist *einer*. Liebe den Herrn, deinen Gott: mit deinem ganzen Herzen, mit deinem ganzen Selbst und mit deiner ganzen Macht. Und dies ist das zweitwichtigste Gebot: Liebe deinen Weggefährten, dir gleich." (Mt 22,37–39 in der Rückübersetzung von Günther Schwarz)

Jesu Gott ist also *einer*, kein Dreieiniger! Auch hier sagt Jesus nicht „du musst lieben" oder „du sollst lieben". Er meint: Du darfst Gott und deine „Weggefährten" lieben. Wir können niemals auf Befehl lieben. Jesus macht uns ein Angebot der Liebe und des Friedens. Dabei hat Jesus seinen Juden gezeigt, dass die göttliche Abstammung nicht das Privileg eines besonderen Volkes, sondern aller

Menschen ist, die ihren Verstand und ihr Herz der Botschaft des Lebens öffnen.

Über seine Gefährtin und Vertraute ruft uns Jesus dazu auf, vollkommene Menschen zu werden. Zumindest danach zu streben. Maria Magdalena als Erstzeugin der „Auferstehung" hat auch die Aufgabe, zu verkünden, dass die Liebe stärker ist als der Tod.

Jesu Schlüsselwort Nous ist es auch, das sieht, hört, fühlt, intuitiv erfasst, sich vorstellt, liebt, weiß und kennt. Mithilfe des Nous können Menschen Visionen und schöpferische Imaginationen empfangen. Im Maria-Magdalena-Evangelium wird das Reich Gottes auch „Stille" oder „Ruhe" genannt.

Jesu Gotteslehre „bringt uns in gleicher Weise auf die Spur des Weiblichen wie seine Ethik".[7]

Der große und vorbildliche indische Politiker und Religionsphilosoph Mahatma Gandhi empfahl als gläubiger Hindu seinen Anhängern: „Ich sage den Hindus, dass ihr Leben unvollkommen sein wird, wenn sie nicht auch ehrfürchtig die Lehre Jesu studieren."

Alle Christen kennen die Brutalität, mit der das Patriarchat den ersten neuen Mann wegen seiner Solidarität mit den Schwachen, also auch mit den Frauen, vernichten wollte. Diese patriarchale Brutalität ist vergleichbar mit der Brutalität der späteren Männerkirche, die Jahrhunderte nach Jesu Kreuzigung tausende von Frauen als Hexen gequält, gefoltert und verbrannt hat und mit der das nationalsozialistische und das kommunistische Patriarchat in unserer Zeit Millionen Menschen gequält und getötet haben.

Noch auf seinem Weg zur Kreuzigung solidarisiert sich Jesus öffentlich mit Frauen: „Es folgte eine große Menge des Volkes, darunter auch Frauen, die um ihn klagten und weinten. Jesus wandte sich zu ihnen um und sagte: Ihr Frauen von Jerusalem, weint nicht über mich; weint vielmehr über euch und eure Kinder." (Lk 23,27–28)

Jesu letzte öffentliche Rede galt den Frauen. Christa Mulack schreibt dazu: „Der Kreuzgang Jesu durch die Straßen von Jerusalem ist nur ein Abbild des weiblichen Kreuzgangs durch die Geschichte des Patriarchats." Und: „Jesus erkennt, dass sein Leidensweg identisch ist mit dem Leidensweg des Weiblichen. Denn bedeutet dieser Passionsweg nicht letztendlich, dass er gezwungen wird, seine eigene Weiblichkeit zu Grabe zu tragen, gezwungen von einer Gesellschaft, die der Liebe keinen Raum lässt, da die patriarchale Lust an der Macht alles ausfüllt und vernichtet, was sich ihr in den Weg stellt?"[8] Das ist Jesu Vermächtnis an die Frauen in seiner letzten öffentlichen Rede. Er richtet sie ausschließlich an Frauen. Seine ganze Lehre ist von einer männerkritischen und frauenfreundlichen Haltung bestimmt. Doch seine männlichen Nachfolger grenzen Frauen bis auf den heutigen Tag aus, sie unterdrücken sie und verachten sie praktisch damit.

- Für Kirchenmänner brachte die Frau die Sünde in die Welt.
- Kirchenmänner sprechen vom Vater im Himmel. Aber nie von der himmlischen Göttin oder von der Weiblichkeit und Mütterlichkeit Gottes.
- Gott ist der „Herr der Heerscharen", und damit ist der Krieg der „Vater aller Dinge" wie bei Heraklit. Doch für Jesus war der Frieden die Mutter aller Dinge.
- Für Kirchenmänner gibt es nur die zwölf Apostel. Dass Jesus aber ständig auch Schülerinnen um sich scharte, wird weitgehend verschwiegen.
- Maria Magdalena wurde 2000 Jahre lang als Prostituierte diffamiert.
- Dass sich Jesus von Frauen besser verstanden fühlte als von seinen engsten männlichen Begleitern, musste in den letzten Jahren erst die feministische Theologie erarbeiten.
- Die paulinische Lehre, wonach die Frau in der Kirche zu schweigen habe, war immer wichtiger als die besondere Wertschätzung von Jesus für Frauen.
- Dass Frauen unterm Kreuz bei Jesus aushielten, aber die Apostel aus Angst stiften gegangen waren und Petrus Jesus

sogar verleugnete, wird in kaum einer Karfreitagspredigt thematisiert.

• Das entscheidende Wort für die Existenz der christlichen Kirche sprach am Ostermorgen Maria Magdalena: „Er lebt." Doch die Männer um Jesus hielten diese Botschaft für „Weibergeschwätz". Keine Kirche ohne Frauen. So ist das bis heute. Und dennoch werden Frauen in der Kirche bis heute diskriminiert und von Weiheämtern ausgeschlossen.

Weiheämter sind Frauen in der katholischen Kirche bis heute versagt. Doch im Vatikan ist – mit Unterstützung von Papst Franziskus – die Nonne und Ökonomin Alessandra Smerilli zur Chefin eines päpstlichen Ministeriums aufgestiegen. Sie sagt: „Ich bin davon überzeugt, dass die Kirche weniger Kirche und dass der Mensch weniger menschlich ist, wenn Frauen nicht an den Entscheidungsprozessen teilnehmen." Sie sagt auch, dass sich Papst Franziskus mehr Frauen in den Spitzenämtern der römischen Kirche wünscht. Er erwartet von ihnen Unterstützung bei der Erneuerung der verkrusteten Kurie. Smerilli sagt außerdem: „Dem Papst ist es wichtig, dass Frauen wertgeschätzt werden, damit sie helfen, aus der Kirche einen pluralistischen Ort zu machen".[9] Warum dann nicht Frauen auch als Priesterinnen, Bischöfinnen oder als Päpstin?

Der wunderbare junge Mann aus Nazareth, Liebling der Frauen und Kinder, durchschaute das Naturgesetz der patriarchalischen Aggression, das er am eigenen Leib erfuhr: Männer, die das Weibliche und das Kind in sich verdrängen und unterdrücken, *müssen* gegen Frauen und Kinder brutal werden. Carl Gustav Jung hat dieses Naturgesetz eindrucksvoll beschrieben.[10] Jesus verkörperte vor 2000 Jahren als Mann das Schwache und das Weibliche, den neuen Mann, und musste genau deshalb von den „alten" Männern beseitigt und gekreuzigt werden. Der große politische Realist ahnte wohl auf seinem Kreuzweg, was das Patriarchat noch alles anstellen würde: Ihr Frauen, weint nicht über mich, sondern über euch und eure Kinder!

Jesus wollte sagen: Frauen, verweigert euch dem Patriarchat und seid nicht länger die Komplizen der Patriarchen. Seid nicht länger ihre Gebärmaschinen für ihr Kanonenfutter in ihren Kriegen! Widersteht den nicht-anima-integrierten Männern. Entwickelt euren Animus! Erzieht eure Kinder zur Gewaltlosigkeit und zum Widerstand gegen jede Form von Gewalt – gegen Gewalt vom Schlafzimmer bis zum Schlachtfeld und zum Schlachthaus. Das Ziel ist die Hochzeit des Männlichen und des Weiblichen in jedem Mann und in jeder Frau.

Was Jesus den „Frauen von Jerusalem" sagen wollte, hat Wolfgang Borchert nach dem Zweiten Weltkrieg in dramatischen Worten so beschrieben: „Du, Mutter in der Normandie und Mutter in der Ukraine, du Mutter in Frisko und London, du, am Horangho und am Mississippi, du, Mutter in Neapel und Hamburg und Kairo und Oslo – Mütter in allen Erdteilen, Mütter in der Welt, wenn sie morgen befehlen, ihr sollt Kinder gebären, Krankenschwestern für Kriegslazarette und neue Soldaten für neue Schlachten, Mütter in der Welt, dann gibt es nur eins: Sagt NEIN! MÜTTER, sagt NEIN!"[11]

Borchert und Jesus fordern die Frauen auf, sich endlich und für alle Zeit den Macht- und Kriegsspielen des Patriarchats zu entziehen.

Jetzt aber der gesamte, noch erhaltene, aber an vielen Stellen schwer zu verstehende Wortlaut des Maria-Magdalena-Evangeliums als Vertiefung und Ergänzung der klassischen Evangelien im Neuen Testament nach Jean-Yves Leloup, der die Übersetzung aus dem koptischen Original von Professor Jacques E. Menard nutzt und ausführlich kommentiert:[12]

2. Der Erlöser im Gespräch mit seinen Jüngern und Maria Magdalena.

Die Seiten 1 bis 6 fehlen im wiederentdeckten Text.

Über die Materie *(Seite 7,1–28)*

Was ist die Materie? Wird sie ewig währen?
Der Erlöser antwortete:
„Alles Geborene, alles Geschaffene, alle Elemente der Natur
sind miteinander verwoben und verbunden.
Alles Zusammengesetzte wird sich auflösen;
alles geht zu seinen Wurzeln zurück;
die Materie wird zu den Ursprüngen der Materie zurückkehren.
Wer Ohren hat zu hören, der höre."
Petrus sprach zu ihm: „Da du uns die Elemente und Ereignisse der
Welt deutest, so sage uns: Was ist die Sünde der Welt?"
Der Erlöser sprach: „Es gibt keine Sünde.
Ihr seid es, die der Sünde Bestand verleiht,
wenn ihr den Gewohnheiten eurer ehebrecherischen Natur folgt;
das ist die Sünde.
Deshalb ist die Güte in eurer Mitte erschienen;
sie hat sich mit den Elementen eurer Natur verbunden,
um sie wieder mit ihren Wurzeln zu vereinen."
Weiter fuhr er fort und sprach:
„Deshalb leidet ihr und deshalb werdet ihr sterben,
das ist die Folge eurer Taten;
ihr tut, was euch entfernt …
wer es fassen kann, der fasse es!"

Sagen Sie, liebe Leserin und lieber Leser, das mal einem katholischen „Beichtvater", was Jesus seiner Freundin gesagt hat: „Es gibt
keine Sünde." Das aber ist Jesu wahre frohe Botschaft. Seine Nach-

folger zeichnen sich nicht durch „Glauben" aus, sondern durch anderes Verhalten.

Abschied Jesu (Seite 8,1–24)

„Das Haften an der Materie erzeugt eine Leidenschaft gegen die Natur. So entsteht im ganzen Leib Verwirrung;
Deshalb sage ich euch: Seid in Harmonie! Wenn ihr verwirrt seid, lasst euch von den Bildern eurer wahren Natur leiten.
Wer Ohren hat zu hören, der höre!"
Als der Selige dies gesagt hatte,
segnete er sie alle und sprach:
„Friede sei mit euch – möge mein Friede
in euch erweckt und vollendet werden!
Seid wachsam, damit niemand euch in die Irre führe,
mit Worten wie: ‚Seht hier, seht da.'
Denn in eurem Innern wohnt der Menschensohn; folgt ihm nach:
Wer ihn sucht, der wird ihn finden. Erhebt euch!
Verkündet das Evangelium vom Reich Gottes!"

Die Jünger nach dem Scheiden Jesu (Seite 9, 1–20)

„Stellt keine Regel auf, außer der, deren Zeuge ich war.
Fügt den Gesetzen dessen, der die Thora gegeben hat,
keine Gesetze hinzu, um nicht zu ihren Sklaven zu werden."
Nach diesen Worten verließ er sie.
Die Jünger aber waren betrübt;
Sie vergossen viele Tränen und sagten:
„Wie sollen wir uns zu den Heiden begeben und ihnen das Evangelium vom Reich des Menschensohns verkünden?"
Sie haben ihn nicht verschont;
Wie sollen sie uns dann verschonen?
Da erhob sich Maria,

umarmte sie alle und sprach zu ihren Geschwistern:
„Seid nicht in Sorge und Zweifel,
denn seine Gnade wird euch begleiten und beschützen.
Lasst uns vielmehr seine Größe preisen,
denn er hat uns bereit gemacht. Er ruft uns auf,
vollkommene Menschen zu werden."
Mit diesen Worten wendete Maria ihren Sinn zur Güte,
und sie ließen sich von den Worten des Erlösers erleuchten.

Maria im Streit mit Petrus (Seite 10,1–25)

Da sprach Petrus zu Maria:
„Schwester, wir wissen, dass der Erlöser dich geliebt hat
Anders als die übrigen Frauen.
Sage uns die Worte, die er dir anvertraut hat, an die du dich er-
innerst
Und von denen wir keine Kenntnis haben."
Maria antwortete und sprach zu ihnen:
„Was euch zu hören verwehrt blieb, das will ich euch verkündigen.
Ich sah den Erlöser in einer Vision, und ich sagte zu ihm: ‚Herr, ich
schaue dich heute in dieser Erscheinung.' Er antwortete:
‚Selig bist du, die dich mein Anblick nicht verwirrt.
Denn wo der Nous ist, da ist der Schatz.'
Da sprach ich zu ihm: ‚Herr, sage mir nun, wer deine Erscheinung
schaut, in diesem Moment, sieht er sie nun durch die Psyche (Seele)
oder durch das Pneuma (Geist)?"
Der Erlöser antwortete und sprach:
„Weder durch Seele noch durch Pneuma;
sondern der Nous, der zwischen diesen beiden steht,
er ist es, der sieht, und er ist es auch, der …

(Seite 11 bis 14 fehlen)

Die Seele bei der Begierde (Seite 15,1–25)

„Ich habe dich nicht herabsteigen sehen, nun sehe ich dich aufsteigen", sprach die Begierde.

„Warum lügst du, wo du doch zu mir gehörst?"

Die Seele antwortete: „Ich habe dich wohl gesehen,

aber du, du hast mich nicht gesehen. Du hast mich nicht erkannt; ich war mit dir wie mit einem Gewand, und du hast mich nicht gespürt. Als sie das gesagt hatte, zog sie jubelnd weiter.

Darauf gelangte sie zum dritten Klima, das Unwissenheit heißt; die wollte die Seele aushorchen und fragte sie: „Wohin gehst du? Bist du nicht einer schlechten Neigung gefolgt?

Ja, du warst ohne Verstand, und du warst unterjocht."

Da sprach die Seele: „Warum richtest du mich? Ich habe nicht gerichtet. Man hat mich beherrscht,

obwohl ich nicht beherrscht habe;

man hat mich nicht erkannt, aber ich selbst habe erkannt,

dass alles Zusammengesetzte zerfallen wird,

sowohl die irdischen als auch die himmlischen Dinge."

(Seite 16,1–19)

Vom dritten Klima befreit, setzte die Seele ihren Aufstieg fort.

Sie erblickte das vierte Klima. Das hatte sieben Gestalten:

Die erste Gestalt ist die Finsternis;

die zweite die Begierde;

die dritte die Unwissenheit;

die vierte die tödliche Eifersucht;

die fünfte die Herrschaft des Fleisches;

die sechste der törichte Wahn;

die siebte die arglistige Klugheit.

Dies sind die sieben Gestalten des Zorns,

welche die Seele mit Fragen bedrängen:

Der Erlöser im Gespräch mit seinen Jüngern und Maria Magdalena.

„Woher kommst du, Menschentöterin?
Wohin gehst du, Raumüberwinderin?"
Die Seele antwortete und sprach:
„Was mich bedrängte, ist beseitigt worden;
Was mich umstellte, ist verschwunden,
meine Begierde ist nun besänftigt,
und ich wurde von meiner Unwissenheit befreit."

(Das schreckliche Bild ihres Geliebten, den sie am Kreuz hängen sah, verfolgte Maria Magdalena wahrscheinlich für immer.) (F. A.)

Reaktionen der Jünger auf die Offenbarungsrede Marias (Seite 17,7– 18,21)

„Die eine Welt verließ ich dank einer anderen Welt;
die eine Gestalt ist verblichen durch eine höhere Gestalt.
Künftig werde ich die Ruhe erlangen,
dort, wo die Zeit in der Ewigkeit der Zeit ruht.
Ich werde in die Stille eingehen."
Nach diesen Worten schwieg Maria.
Denn das war alles, was der Erlöser mit ihr gesprochen hatte.
Da ergriff Andreas das Wort und wandte sich an seine Brüder:
„Sagt, was denkt ihr über das, was sie uns gerade erzählt hat?
Ich jedenfalls glaube nicht, dass der Erlöser so gesprochen hat;
diese Gedanken sind anders als die, die wir gekannt haben."
Petrus fügte hinzu: „Ist es möglich, dass der Erlöser so mit einer Frau geredet hat, über Geheimnisse, die wir nicht kennen?
Sollen wir unsere Gewohnheiten ändern und alle auf diese Frau hören?
Hat er sie wirklich erwählt und uns vorgezogen?"

(Seite 18,1–21)

Da weinte Maria. Sie sprach zu Petrus:
„Mein Bruder Petrus, was geht in deinem Kopf vor?
Glaubst du, ich hätte mir ganz allein in meinem Sinn diese Vision
ausgedacht oder ich würde über unseren Erlöser Lügen verbreiten?"
Da ergriff Levi das Wort:
„Petrus, du bist schon immer aufbrausend gewesen,
und jetzt sehe ich, wie du dich gegen diese Frau ereiferst,
so wie es unsere Widersacher tun.
Wenn der Erlöser sie aber würdig gemacht hat,
wer bist dann du, sie zurückzuweisen?
Gewiss kennt der Erlöser sie ganz genau.
Deshalb hat er sie mehr geliebt als uns.
Vielmehr sollten wir Reue zeigen
und das menschliche Wesen in seiner Vollkommenheit verwirkli-
chen.
Möge es Wurzel in uns fassen und wachsen
wie er es uns aufgetragen hat.
Lasst uns aufbrechen, das Evangelium zu verkünden,
ohne andere Regeln und Gesetze aufstellen zu wollen
als die, deren Zeuge er war."

(Seite 19)

Als Levi diese Worte gesprochen hatte,
machten sie sich auf den Weg, um das Evangelium zu verkünden.
Evangelium nach Maria.

3. Maria Magdalena – die wahre Nachfolgerin Jesu

Dieses Evangelium macht uns – wie im 20. Jahrhundert Carl Gustav Jung – deutlich, dass das Christentum primär eine Religion der Erkenntnis und nicht eine Religion des Bekenntnisses ist. Jesus hat uns viel über die Natur, auch über die Natur des Menschen zu sagen. Insofern ist Jesus ein „Erlöser", weil er uns an unsere göttliche Natur und an unser göttliches Ziel erinnert. Er befreit, erlöst uns von unserer Gottentfremdung und unserer Gottvergessenheit. Er erinnert uns hier an die Interdependenz allen Seins. Wie aktuell in einer Zeit, in der in Wirtschaft und Politik immer mehr über Ganzheitlichkeit, Nachhaltigkeit und Kreislaufwirtschaft debattiert und gestritten wird. Wir erkennen mehr und mehr, dass die Welt ein Gewebe von Beziehungen ist: Alles hängt mit allem zusammen.

Nicht die Materie ist Objekt von Verehrung, sondern der Geist.

„Alles geht zu seinen Wurzeln zurück" – das meint nicht Anfang, sondern Ursprung. Jedes Weizenkorn und jedes Baby hat das innere Wissen, wie es wachsen kann. „Wer Ohren hat zu hören, der höre", sagt der Jesus dieses Evangeliums. Das meint, was im Buddhismus „Achtsamkeit" heißt. Auf Seite 16 des Maria-Magdalena-Evangeliums jubelt die Seele über ihre Befreiung: „Was mich bedrängte, ist beseitigt worden; was mich umstellte, ist verschwunden, meine Begierde ist nun besänftigt, und ich wurde von meiner Unwissenheit befreit."

„Aus diesen Versen spricht die auf den Nous ausgerichtete Seele und der auf das Pneuma ausgerichtete Nous. Die Seele befindet sich nicht länger im Klima der Begierde und der Unwissenheit, sie hat die harmonische Ordnung des menschlichen Gebildes wiedergefunden. Der Geist (Nous) der Seele kann sich von neuem dem Geist Gottes (Pneuma) anschließen"[13] Maria Magdalenas Seele ist spirituell und frei geworden. Dass einige Apostel sie deshalb verurteilen, zeigt, dass sie Jesu Lehre nicht wirklich verstanden haben. Leloup: „Mirjam ist die weibliche Verkörperung des Verlangens, aller Formen des Verlangens, die des Fleisches zweifellos, aber auch die der Seele und des Geistes (Nous) und des heiligen Geistes (Pneuma), denn sie gleicht der Braut, die sich ihm anschließt, um ‚Komm!‘ zu rufen."[14] Möge dieses Evangelium Wurzel in uns fassen.

Für Andreas und Petrus sind Marias tiefe Erkenntnisse „Weibergeschwätz", ähnlich unverständlich wie Marias Aussage an Ostern. „Ist es möglich, dass der Erlöser so mit einer Frau geredet hat, über Geheimnisse, die wir nichtkennen? … Sollen wir unsere Gewohnheiten ändern … Hat er sie wirklich erwählt und uns vorgezogen?" Für Juden jener Zeit schien das völlig unvorstellbar, so wie noch heute für sehr viele katholische Patriarchen.

Es ist nicht das Licht, das uns fehlt, es sind unsere Augen, die getrübt sind. Die Wiederentdeckung des Spirituellen erfolgt wohl nur über die Versöhnung mit dem Weiblichen – über die Anima des Mannes. Für mich ist meine erste Therapiestunde unvergesslich. Zum Schluss sagte meine Therapeutin: „Herr Alt, Sie sollten an ihrer Anima arbeiten – über ihre Träume." Der neue Mensch, den Jesus bezeugt, ist keine Utopie – er will in uns geboren werden.

Nachfolger und Nachfolgerinnen Jesu sollten also dieses Evangelium leben, es verkünden und den Duft Gottes auf Erden verbreiten. Ohne „andere Regeln" und ohne ein „anderes Gesetz". Gewiss eine Herausforderung, 2000 Jahre danach. Aber hinter dieser Herausforderung spüre ich ein feminines Lächeln der Maria Magdalena – ein Lächeln, das aus der Seele kommt. Dieses Evangelium erinnert uns „an die Größe des menschlichen Projekts", wie Jean-Yves Leloup, der Kommentator dieses Evangeliums, schreibt, an das, was Gott mit uns Menschen vorgesehen hat.

Die Seele – die große Unbekannte! Die Geheimnisvolle! Diese Seele spielt hier in diesem bisher unbekannten Evangelium die Hauptrolle. „Das Psychische ist eine Großmacht", sagt Jung, „die alle Mächte der Erde um ein Vielfaches übersteigt."[15] Die Seele war überhaupt „die einzige Großmacht", die er anerkannte.

Wenn das Mittelalter zu einseitig auf Gottgegebenheit, Gott-ergebenheit und Jenseits setzte, dann ist unsere aufgeklärte Neuzeit zu sehr auf „Gott ist tot" und am Diesseits orientiert. Die frühere Einsicht des Geistes ist heute einer Metaphysik der Materie gewichen. Deshalb tun sich auch die Kirchen und mit ihnen die meist verbeamteten Theologen schwer, die „Esoterik" des Maria-Magdalena-Evangeliums zu verstehen oder gar zu verkünden. Denn alle Jenseitigkeit hat sich in schiere Diesseitigkeit verkehrt. Friedrich Nietzsche hat dafür die Formel gefunden: „Gott ist tot. Wir haben ihn getötet." Diese metaphysische Heimatlosigkeit braucht künstliche Intelligenz. Und sie führt in die Versuchung, dass der Mensch sich selbst, seine Technik und seine Maschinen zu Göttern macht. Für Dorothee Sölle ist Gott kein „herrlich regierender Weltenlenker", sondern er ereignet sich im Handeln der Menschen. Gott als patriarchaler Weltenlenker ist imperialistisch, männlicher Machtfantasie entsprungen. Den Gott Jesu finden wir eher in der Liebe und im Leiden der Menschen. So gewinnen auch wir Sinn und Ziel in unserem Leben über die Parteinahme für die Gerechtigkeit und für die bedrohte Mutter Erde. Die Lehre Jesu fordert nicht nur zum Denken auf, sondern zum Handeln.

Wir müssen die Seele ernster nehmen. Das ist ein gesamtgesellschaftliches Problem: Von der Religion über die Psychotherapie bis zur Medizin. Die „Gott ist tot"-Theologie entspricht einer Psychotherapie ohne Seele und einer Medizin ohne Psyche. In diese Theologie passt sehr gut die KI, die Künstliche Intelligenz, die weder Bewusstsein noch Seele noch Träume noch Gefühle hat.

Ich fühle, also bin ich. Das ist das Geheimnis des Nous im Maria-Magdalena-Evangelium. Weil wir glauben, kein metaphysisches Gegenüber mehr zu haben, brauchen wir künstliche Intelligenz. Letztlich steckt dahinter der Wunsch nach einer gottgleichen Schöpferkraft. Die Heilsversprechen der Techno-Utopisten haben quasireligiösen Charakter, vermutet der Philosophieprofessor Thomas Fuchs.

In der Medizin kann man häufig hören, das ganze Krankheits-problem sei doch „nur psychisch". Psychisch Kranke stehen noch immer unter Generalverdacht, zu simulieren oder nur Luxusprobleme zu haben oder sich ihre Beschwerden nur einzubilden. Dabei klagen vierzig Prozent aller Patienten, die Ärzte aufsuchen, über funktionelle Beschwerden wie Herzrhythmusstörungen, Schwindel, Schwäche oder Magen-Darm-Probleme. Es ist ein großer Irrtum, bei diesen Krankheiten nur „Einbildungen" zu vermuten. Eine ganzheitliche Medizin weiß, dass bei jeder Krankheit Körper *und* Seele zu berücksichtigen sind. Bei all den genannten Krankheiten spielt die Seele eine wichtige Rolle. Das 21. Jahrhundert ist das Jahrhundert der seelischen Krankheiten. Doch das Maria-Magdalena-Evangelium erinnert uns mit der Balance an die Resilienz, an die Kraft und Widerstandskraft, die in uns steckt.

Jean-Yves Leloup: „Das Maria-Evangelium erinnert uns daran, dass eine Menge gelehrter Affen nicht so viel wert ist wie ein einzelner Mensch mit Urteilsvermögen. Aber ist die Welt, so wie sie heute ist, nicht ein Zirkus oder ein Dschungel, in dem die gelehrtesten Affen regieren?"[16]

So wie die Wirtschaft die Ökologie vernachlässigt oder lange vernachlässigt hat, so haben Theologie, Psychologie und Medizin die Seele vernachlässigt. Überall müssen die Seele und das Seelische, die Psyche und das Psychische, ernster genommen werden. Deshalb lasse ich in diesem Buch den großen Seelenarzt Carl Gustav Jung die Kirche auf die Couch legen.

Haben auch Bäume eine Seele? Haben Tiere eine Seele? Ich denke, alles, was wächst, hat Seele. Sonst könnte es nicht wachsen. Aber Tiere und Pflanzen wachsen. Und zumindest Tiere fühlen, und die meisten haben ein Schmerzempfinden. In Indien und Tibet sind die buddhistische und ein Teil der hinduistischen Tradition stark auf das Tierleid eingestellt. Europäische Philosophen wie Kant und Descartes haben in Tieren bloße Automaten gesehen, die wir benutzen können.

Was Menschen von Maschinen unterscheidet, ist das, was sie mit Tieren und Pflanzen verbindet. Im 16. Jahrhundert haben europäische Theologen noch behauptet, die Bewohner der Neuen Welt, die Indios, hätten keine Seele. Wer anderen Menschen die Seele abspricht, sie für seelenlos erklärt, will sich diese „Menschen zweiter Klasse" verfügbar und untertan machen. Das ist auch das Ziel des „Herrenmenschentums" der Nazis und Neonazis.

Bald wird es durch die anwachsende Speicherkapazität von Computerchips möglich sein, Humanoiden herzustellen, die rein intellektuell uns Menschen vielleicht sogar überlegen sind. Das behaupten zumindest einige Vertreter der Künstlichen Intelligenz. Sicher: Computer können schon heute schneller rechnen und schlauer Schach spielen als Menschen, aber sie können weder träumen, noch haben sie eine Seele oder Gefühle. Computer und Roboter sind programmierbar, ohne Fähigkeit zum Sinn, es fehlt ihnen die Freiheit des Willens. Sie sind Werkzeuge, von Menschen programmiert und Menschen verfügbar. Beseelt sind sie nicht. Sie werden immer Materie bleiben.

Für religiöse Menschen stehen immer Gott und/oder die Göttin hinter der Schöpfung. Gott und/oder die Göttin sind die göttliche Ursache des Ganzen, die Ursache hinter dem Prozess der Weltentstehung und der Evolution. In einigen Psalmen loben alle Bewohner der Erde und der Meere Gott als ihren Ursprung. Und Jesus empfiehlt, die Vögel des Himmels und die Blumen auf dem Feld in ihrer Sorglosigkeit zum Vorbild zu nehmen. Der heilige Franziskus soll sogar den Vögeln gepredigt haben. Alles, was Seele hat, „lobe den Herrn", heißt es in einem modernen Kirchenlied. Um eine Antwort auf die Frage zu bekommen, ob Bäume eine Seele haben, sollte man besser nicht Holzfäller, Tannenbaumverkäufer oder Kaminfreunde fragen.

Der Primat der Materie hat auch die Theologie erwischt. Obwohl die Worte „Theologie" (Lehre von Gott) und „Gott ist tot!" ein glatter Widerspruch sind. Dieser Theologie kommt nun im „Evangelium nach Maria" das große Wort Nous dazwischen. Jean-Yves Leloup hat Nous mit „höherer Verstand" oder „höherer Geist" übersetzt: Kräfte, die in den esoterischen Traditionen der Weltreligionen „Reich der Engel" genannt werden. Dostojewski meinte: „Wenn Gott tot ist, dann ist alles erlaubt." Jesus und Maria Magdalena meinen: Jeder kann in sich die Wahrheit erkennen und dann mithilfe seines Nous wissen, was erlaubt und was zu tun ist. So können wir auch wissen oder zumindest lernen, dass wir nicht die Krone der Schöpfung sind, sondern deren Hüter. Die Bewahrung der Schöpfung ist heute unsere vornehmste Aufgabe.

Nach der Lektüre des oben abgedruckten Texts des Evangeliums können Sie sicher verstehen, dass die einfachen Fischer vom See Genezareth wie Petrus und Jakobus von der Esoterik dieses Evangeliums überfordert waren und es als Geschwätz abtaten. So wie sie zuvor die Botschaft der Auferstehung, die ihnen Maria Magdalena am Ostermorgen überbrachte, als Geschwätz abtaten. Die Gleichnisse aus der Natur, die Jesus bei seinen öffentlichen Auftritten rund um den See Genezareth und in Obergaliläa benutzte, waren für das einfache Landvolk verständlicher. Dabei geht es aber auch immer um die Geheimnisse der Seele.

Das griechische Wort Psyche heißt auch Schmetterling – also beweglich, bunt, schillernd, eine bewegende Kraft, vielleicht unsere Lebenskraft. Im Griechischen ist Pneuma zugleich Wind und Geist. Das lateinische Animus (Geist) und Anima (Seele) ist dasselbe wie das griechische Anemos, Wind. Im Lateinischen, Griechischen, Arabischen und Aramäischen hat die Seele immer etwas von bewegter Luft und mit Geist oder Geistin zu tun. Diese Geistin ist der leidenschaftliche oder wilde Teil Gottes. Auch im Maria-Magdalene-Evangelium ist die Seele *die* Lebensquelle. Sie führt uns zur Be-Geist-erung, zur Inspiration und Intuition. Sie dominiert unsere Gefühle. Geist, Seele, Vernunft und Nous sind die Schlüsselworte, um das Maria-Magdalena-Evangelium zu verstehen.

Seit der modernen Traumforschung wissen wir, dass die Seele vor allem nachts über unsere Träume aktiv ist. Träume sind eben keine Schäume, wie das deutsche Sprichwort vermutet, sondern die Botschaften unserer Seele – manche sagen auch: unsere Träume sind die vergessene Sprache Gottes in uns. Die „Wirklichkeit der Seele" ist eine der wesentlichsten Errungenschaften der modernen Psychologie. Das wusste schon das Maria-Magdalena-Evangelium und enthält deshalb so viel Heilkraft für eine bessere Zukunft. Diese Frohbotschaft einer Frau zieht den Schleier vom bis dahin verhüllten Bild der Seele und kann eine magische oder besser eine mystische Wucht entfalten.

Das meistgelesene Buch des Mittelalters war neben der Bibel *Die Nachfolge Christi* des Mystikers Thomas von Kempen. Millionen haben das Buch gelesen und verinnerlicht, ein Longseller christlichen Lebens seit über 500 Jahren. Dabei spielt die „Himmelsleiter", sprich unser Weg in die geistige Welt, eine zentrale Rolle. Der Bestsellerautor Johannes Huber schreibt zur Himmelsleiter: „Unser Leben reicht in die Ewigkeit und sein wahrer Sinn besteht darin, das in seiner Tragweite zu erkennen."[17] Die „Himmelsleiter" als Bild für die Treppe zum Paradies. So eine Art Himmelsleiter kann das Maria-Magdalena-Evangelium für unsere Zeit werden. In der Sprache der modernen Quantenphysik: Leben und Tod sind nur zwei verschiedene Quantenzustände. So ähnlich drückte es auch Albert Einstein gegenüber seinen Schülern aus: Wir sind ein Teil des großen Ganzen, in dem beide Zustände existieren.

Diese modernen wissenschaftlichen Erkenntnisse können uns die Angst vor dem Tod nehmen – diese Angst vor dem Tod, welche die Ursache vor vielen weiteren Ängsten im Leben ist – und zu großer Gelassenheit und innerem Frieden führen. Oder, wie es in einem populären Kirchenlied heißt: „Von guten Mächten wunderbar geborgen, erwarten wir getrost, was kommen mag." Kurz zusammengefasst, sagt uns das neue Evangelium: Die himmlischen Güter sind wichtig, die irdischen Güter sind nichtig. Diese Erkenntnis stellt das, was der Welt heute wichtig ist, einfach auf den Kopf.

Goethe sagte es in einem seiner meist zitierten und interpretierten Gedichte so:

Und so lang du das nicht hast,
Dieses Stirb und Werde!
Bist du nur ein trüber Gast
Auf der dunklen Erde.

Dieses Gedicht steht im Kontext mit der „Himmelsleiter" des Thomas von Kempen. Sie zeigt uns den Weg und den Aufstieg zum Höchsten. Die Ewigkeit ist unsere wahre Heimat. Wer dies erkannt hat und danach lebt, für den verwandelt sich sein ganzes Leben, Denken und Fühlen. Und er oder sie lernt Freundschaft mit dem Leben und mit der Liebe. Und dann erst kann eine wirkliche „Zeitenwende" stattfinden.

„Seid ausgeglichen", wie ihr es in der Natur beobachten könnt – empfiehlt Jesus in diesem Evangelium. Eure Naturvergessenheit ist die Wurzel der Sünde. Deshalb erscheint uns der ökologische Jesus heute so modern und zeitgemäß. Seine ganze Botschaft ist voller ökologischer Bilder: Bilder von Senfkorn und von der Saat, von Bauern und dem natürlichen Wachstum, von den Vögeln des Himmels und den Lilien des Feldes, vom Baum und von den Bienen.

Jesus empfiehlt:

- Die Natur in uns und um uns wiederherzustellen, denn wir haben uns von ihr entfremdet.
- Er warnt vor neuen Regeln und Gesetzen. Er selbst litt ja unter den 613 jüdischen Gesetzen der Thora. Das „Reich Gottes", die „Malchut" – Jesu kennt nur ein Gesetz: Die Liebe.
- Liebe war für Jesus freilich nie ein „Gebot", sondern ein Angebot, das er selbst vorgelebt hat, eine Anempfehlung.

- Jesus warnt seine Jünger und Jüngerinnen vor dem Gesetzes-denken und vor Dogmen: „Ihr sollt nicht durch das Gesetz ergriffen werden."
- Wer nach der „Goldenen Regel" der Bergpredigt lebt – „Al-les was ihr wollt, das andere euch tun, tut ihnen selbst" –, braucht weder Gesetze noch Gebote noch Verbote.

Auch innerhalb der Kirche höre ich oft die Frage: Sind wir noch zu retten? Dabei geht es doch im Geiste Jesu nicht primär um die Institution, sondern um die Botschaft vom Reich Gottes. Und das heißt heute ganz konkret und praktisch, dass es um die Überle-bensfrage der Menschheit und allen Lebens geht, um die Klimakri-se, um Frieden, um eine atomwaffenfreie und um eine gerechtere Welt, um Geschlechtergerechtigkeit. Die Rettung der Welt ist im Geiste Jesu weit wichtiger als die Rettung der Institution Kirche. Das meinte ich im ersten Kapitel dieses Buchs mit der These, dass die Hauptkrise unserer Zeit die Sinnkrise und die ethische, die spi-rituelle Krise ist. Kirche ist im Sinn Jesu keine Klerikerhierarchie mit Papst, Bischöfen, Priestern und Kirchengebäuden, sondern die Erkenntnis der Liebe Gottes zu den Menschen und zu allen ande-ren Lebewesen sowie Vertrauen von Jesus-Nachfolgern in das Reich Gottes und die konkrete Arbeit hierfür.

Kirche hat einen Schöpfungsauftrag, der zum Beispiel dadurch sichtbar werden könnte, dass auf allen Kirchendächern schon längst Solaranlagen installiert sein müssten, damit der Heilige Geist end-lich auch Landeflächen bei den Kirchen erhielte. Energie von ganz, ganz oben – Energie vom Chef selbst. Dann wäre „Bewahrung der Schöpfung" mehr als ein frommer Spruch. Seit ich in meinem Buch *Der ökologische Jesus. Vertrauen in die Schöpfung* im Jahr 1999 diesen Vorschlag publiziert habe, sind immerhin in Deutschland auf mehr als 2000 Kirchendächern Photovoltaikanlagen installiert. Wenigstens ein Anfang. Papst Benedikt ließ schon 2010 neben dem Petersdom die größte Photovoltaikanlage Roms errichten.

Spätestens, wenn die Erde brennt, sollte die Kirche Jesu nicht nur die staatliche Feuerwehr rufen, sondern auch selbst handeln. Greta Thunberg bekommt inzwischen auf der ganzen Welt Zustimmung und vor der UNO Applaus, wenn sie sagt: „Unser Haus brennt." Bei Greta Thunberg, die als fünfzehnjährige Autistin mit einem selbstgemalten Pappschild „Schulstreik fürs Klima" eine Weltbewegung zum Laufen brachte, denke ich an einen Vers im zweiten Korintherbrief des Paulus: „Gottes Kraft ist in den Schwachen mächtig."

Wir leben in den Industriestaaten inzwischen so, dass es auf eine globale Erwärmung von mindestens drei Grad plus noch in diesem Jahrhundert hinausläuft. Das sind an Land fünf bis sechs Grad wärmer. Sollten die Permafrostböden komplett auftauen, könnten es über zehn Grad mehr werden. Diese Hitze könnte bewirken, dass Afrika unbewohnbar und Europa Afrika wird. Warum hat die Kirche so wenig Mitleid mit den künftigen Generationen? Das ist die zentrale ethisch-religiöse Frage unserer Zeit. Täglich rotten wir für immer 180 Tier- und Pflanzenarten aus und pfuschen so dem lieben Gott ins Handwerk. Wir spielen Evolution rückwärts. Denn ohne Tiere und ohne Pflanzen kann es Menschen nicht geben.

Wo bleibt die christliche Verantwortung für die Schöpfung? Wenn ich das frage oder schreibe, wird mir von konservativen christlichen Theologieprofessoren noch immer die Frage gestellt, was diese Themen mit Theologie zu tun hätten. O heilige Einfalt! Und zugleich wundern sich diese Herren über den Bedeutungsverlust ihrer Kirchen. Die Leidensgeschichte der zukünftigen menschlichen und nichtmenschlichen Lebewesen war für Jesus ein zentrales Thema. In seinen Geschichten im Neuen Testament kommen zum Beispiel sechzehn Tierarten vor. Manchmal frage ich mich: Welche Bibel lesen konservative Theologieprofessoren eigentlich? Warum kleben sie an ihren Dogmen anstatt an der Lehre Jesu?

Die wichtige Frage heißt also nicht: Ist die Kirche noch zu retten? Sondern: Wo ist die Kirche, wenn es um die Überlebensfragen der Menschheit geht? Eine jesuanische Kirche müsste beim Kampf gegen die Klimakatastrophe neben der Fridays-for-Future-Bewegung an vorderster Front stehen und mit einer Churches-for-Future-Bewegung für mehr Klimagerechtigkeit zwischen den reichen und den armen Völkern kämpfen, wie es sich Papst Franziskus seit vielen Jahren vergeblich wünscht. Doch dafür sind die Kirchen mit ihrem heutigen Bodenpersonal zu mutlos und zu phantasiearm. Das kirchliche Bodenpersonal verhält sich oft geschäftsschädigend. Und Franziskus selbst? Eine ZDF-Dokumentation über ihn hatte diesen Titel: „Große Hoffnung – tiefer Fall?"

Die Kirche hat mehr Mitleid mit sich selbst als mit dem tatsächlichen Leben. Das ist ihre eigentliche Identitätskrise. Klerikale Strukturen sind ihr wichtiger als der ökologische Jesus. Jesuanische Nachfolge ist Mitarbeit am Reich Gottes, und das ist keine Sentimentalität.

Pontius Pilatus wollte nicht zu seiner Entscheidung gegen Jesus stehen, lieber wusch er sich seine Hände in Unschuld. Doch Jesus verstrickte sich ganz bewusst in die Angelegenheiten dieser Welt, sonst wäre er nicht gekreuzigt worden. Christen sollen aber nicht Pontius Pilatus nachfolgen, sondern Jesus. Und das wäre heute eine Revolution für das Leben.

Eine neue Initiativkirche für die Bewahrung der Schöpfung wäre revolutionär. Diese Revolution wäre freilich nicht zerstörerisch, sondern sie würde retten helfen. Es wäre eine politische Kirche, wie sie der Befreiungstheologe Johann Baptist Metz gefordert hat. Sie würde nicht der Verzweiflung an den Realitäten das Wort reden, sondern der Hoffnung auf eine bessere Welt – wie es Jesus seiner Gefährtin und damit uns gelehrt hat. Für diese Hoffnungskirche von morgen gibt Maria Magdalena ein gutes Beispiel.

Nachdem sich Jesus im Maria-Magdalena-Evangelium von seinen Freunden verabschiedet hat, schlägt die Stunde der Maria Magdalena als seiner eigentlichen Nachfolgerin, der Apostelin der Apostel. Die Stunde der eigentlichen ersten Päpstin. Sie tröstet die

weinenden Männer und macht ihnen Mut. Erhebt euch und verkündet das Reich Gottes, sagt sie zu den Aposteln. Sie meint damit:
Lasst euch vom Geist inspirieren, vom Geist, der von Gott kommt.
Verkündet die Botschaft von der notwendigen Transformation –
schreitet voran auf dem Weg der Menschwerdung und des Voll-
kommen-Seins – erntet die Früchte eurer schönen Träume.

„Jesus, den Gekreuzigten" zu predigen, wie es Paulus später tat
(1 Kor 1,23), dazu hat Jesus niemand beauftragt, wohl aber sollten seine Jüngerinnen und Jünger Jesus, den Botschafter der Liebe,
verkünden. So erklärt es Maria Magdalena den Männern um Jesus. Verkünden sollten seine Nachfolger und Nachfolgerinnen das
„Reich Gottes", die Malchut, das Reich der Liebe. Und damit eine
tiefere Wertschätzung weiblicher Dimension und weiblicher Werte.
Und eine tiefere Nähe zur Natur.

So landen wir also auf den Seiten 10 bis 16 des Maria-Magdalena-Evangeliums, also beim Schlüsselwort Nous, dem Aufstieg der
Seele, über die sieben Stufen, bei der Begierde, dem törichten Wahn
und der arglistigen Klugheit. Wenn wir uns unserer Gegensätze bewusst werden, haben wir schon einen großen Schritt zur Reife und
zum besseren Selbstverständnis, zur besseren Selbsterkenntnis, getan.

Was zum Beispiel die Begierde anrichten kann, hören wir jeden
Tag in den Nachrichten oder sehen es auch in unserem privaten
Umfeld, in der Wirtschaft, im Sport und in der Politik. Das Maria-
Magdalena-Evangelium empfiehlt: Der Geist (Nous) der Seele soll
sich dem Geist Gottes anschließen, dann kann der „alte Adam"
zum „neuen Menschen" werden. Damit wird nun auch klar, warum in der gesamten Botschaft Jesu – wie am Anfang dieses Buchs
gezeigt – das Wort „neu" so zentral wichtig ist. Er hat tatsächlich
eine neue Botschaft in einem Neuen Testament gebracht. Das wird
durch dieses „neue" Evangelium noch klarer, als es zuvor schon
war: Eine bessere Welt setzt bessere, höher entwickelte Menschen,
bewusste Menschen voraus – anima-integrierte Männer und animus-integrierte Frauen.

Jean-Yves Leloup dazu: „Eine bessere Welt setzt eine bessere Anthropologie voraus. Das Maria-Evangelium kann uns wie die anderen Evangelien dabei helfen, unser Menschenbild zu vervollkommnen, denn in der Person des Erlösers erkennen wir die privilegierte Gestalt des vollendeten Menschen nach dem Bilde und der Ähnlichkeit Gottes – den Mensch-Gott oder den Gott-Menschen."[18]

Das Ergebnis dieses Bemühens lesen wir auf Seite 16 des Evangeliums: „Meine Begierde ist nun besänftigt und ich wurde von meiner Unwissenheit befreit." Die Seele befindet sich nicht länger im Gefängnis („Klima") der Begierde und der Unwissenheit, sie hat die harmonische Ordnung des Nous gefunden. Sie kann die Disharmonien aus Krankheit und Unglück überwinden. Dabei sagt das Maria-Magdalena-Evangelium ähnlich wie die buddhistische Tradition: Die Ursache allen Leidens ist die Unwissenheit. Sie versklavt und macht uns gleichgültig. Dieses Evangelium will uns die Augen öffnen für eine bessere Humanität.

Wenn im Maria-Magdalena-Evangelium vom „Klima gegenseitiger Eifersucht", ja von „tödlicher Eifersucht" die Rede ist, ist ein „Klima" realer menschlicher Beziehungen gemeint, das oft von Unreife und Abhängigkeit geprägt ist statt von Reife und Autonomie. Bei einer Hochzeit in der orthodoxen Kirche setzt sich das Ehepaar gegenseitig eine Krone auf und legt sich keine Schlinge um den Hals. Symbol gegenseitiger Hochachtung und nicht gegenseitiger Abhängigkeit. Der Bund fürs Leben kann nur von zwei freien Menschen geschlossen werden. Eifersucht ist das Gegenteil von Vertrauen. Eifersucht ist mörderisch, weil sie die Würde des anderen nicht respektiert. Es bedarf des Nous, um im Schatten das Licht, im Zorn die Kraft und in der Eifersucht die Liebe zu erkennen, lehrt das Maria-Magdalena-Evangelium. Es gilt, auch aus schlechten „Klimata" Nutzen zu ziehen.

Der Gesetzesreligion der Schriftgelehrten und Theologen setzt Jesus hier seine Tatreligion, seine jesuanische Ethik entgegen, seine Lehre, die „alles Wissen" übersteigt und die Ruhe, Stille und Harmonie (Nous) schenkt. Die Schriftgelehrten „reden, aber tun nicht".

Die „sieben Gestalten des Zorns" sind die Basis der „Menschentöterin", die es zu überwinden gilt. Die Räume des Bösen sind überwindbar – von der Disharmonie zur Harmonie, von den Problemen zu den Lösungen, von der Krankheit zur Gesundung –, das ist Jesu frohe Botschaft, die uns seine Gefährtin weitergibt: „Du bist wundervoll", sagt dazu Papst Franziskus.

Die Seele, die den sieben genannten „Klimata" unterliegt, gilt als orientierungslos und als verwirrte „Raumüberwinderin", also als „Vagabundin" ohne Verbindung zum Nous und zum Geist Gottes. Deshalb wird sie hier ganz realistisch als „Menschentöterin" bezeichnet. Sie hat das verloren, was den Menschen zum Menschen, zum Ebenbild Gottes macht.

Maria Magdalena zeigt mit ihrer Botschaft den Weg, wie wir zwischen „arglistiger Weisheit", „törichter Weltweisheit" und „wahrhaftiger Weisheit" unterscheiden können. Sie selbst gilt in frühchristlicher Tradition als Inbegriff der wahrhaftigen Weisheit, weil sie sich mit Jesus, seiner Gottesvorstellung und seinen humanitären Zielen verbindet. Die illusorischen Weisheiten sind die Fallen, die wir über das fünfte, sechste und siebte negative „Klima" überwinden müssen. Es geht immer um die Heilkraft der Seele – das heißt für unsere seelenlose Zeit zunächst einmal um die „Wirklichkeit der Seele" (Carl Gustav Jung).

Die menschliche Seele wird konkret bedrängt von „Finsternis", „Begierde", der „Herrschaft des Fleisches", „törichtem Wahn", „arglistiger Klugheit" und „Zorn" – mit fatalen Folgen für unsere psychische Gesundheit. Doch die Seele kann von ihrer „Unwissenheit befreit" werden.

Die Vernunft der Aufklärung bedarf genau dieser Heilkraft der Seele als den anderen Pfadfinder zu sich selbst. Der Seelenforscher Jung sagt das so:

Sechste Analyse nach Carl Gustav Jung: Der Verstand allein rettet uns nicht vor dem dritten Weltkrieg.

„Die Kräfte des Gemüts aber sind sehr oft die Faktoren, die hauptsächlich und in letzter Linie entscheiden, im Guten wie im Bösen. Wenn jene Kräfte aber unserer Vernunft (hier ist im Kontext Verstand gemeint) nicht zu Hilfe eilen, so erweist sich diese meist als ohnmächtig. Hat uns die vielgerühmte Vernunft oder die gute Absicht vielleicht vor dem Weltkrieg oder vor irgendeinem anderen katastrophalen Unsinn bewahrt?"[19]

Der Verstand allein wird uns auch nicht vor dem dritten Weltkrieg, der ein Atomkrieg sein könnte, bewahren. Mit der heutigen materialistischen Einseitigkeit ist schon deshalb nicht zu spaßen, weil sie die neue Religion ist. Erst heute fangen wir an, das geistige Leben der Seele in kleinen Bruchstücken zu verstehen. Dabei ist es wie bei einem riesigen Eisberg. Das meiste ist noch unsichtbar. So tut sich das offizielle Christentum bis zum heutigen Tag schwer, das Jesus-Wort aus dem Johannesevangelium, „Ihr seid Götter" (Joh 10,34), zu kapieren. Oder haben Sie, liebe Leserin und lieber Leser, zu dieser zentralen Jesus-Aussage schon einmal eine Predigt gehört? Ich nicht. Schon die jüdischen Frommen vor 2000 Jahren wollten Jesus für diese Aussage steinigen – wie das Johannesevangelium eindrucksvoll berichtet.

Der Psychoanalytiker Viktor E. Frankl: „Wir gehen nicht auf eine universale, vielmehr auf eine personale – eine zutiefst personalisierte Religiosität zu, eine Religiosität, aus der heraus jeder zu seiner persönlichen, seiner eigenen, seiner ureigensten Sprache finden wird, wenn er sich an Gott wendet."[20] Dieser große Sinnforscher aus Wien schrieb auch: „Der Sinn des Lebens kann nicht erfunden werden, er muss entdeckt werden."[21] Dazu Albert Einstein: „To be religious is to have found an answer to the question: What ist he meaning of live? An Gott glauben heißt sehen, dass das Leben einen Sinn hat."[22] Wie also werden wir „Kinder Gottes" oder gar „Götter", zu denen wir nach Jesus berufen sind?

Das helle Yang der klassischen chinesischen Philosophie bedarf des dunklen Yin. Wenn das eine Prinzip den Höhepunkt seiner Macht überschritten hat, erwacht das andere als Gegenprinzip. Damit aber dieser ewige Machtkampf endet, bedarf es der Balance oder des Nous der beiden Prinzipien – so die Geheimlehre Jesu, die Maria den Aposteln weitergab, damit sie nicht geheim bleibt. Nach dem dunkelsten Teil der Nacht beginnt immer ein neuer, lichter Morgen.

Die ganze Botschaft des Maria-Magdalena-Evangeliums macht deutlich: Das Traumpaar Maria Magdalena und Jesus beweisen in ihrem Leben und Wesen, dass es neben ansteckenden Krankheiten, von denen heute in Pandemiezeiten so viel die Rede ist, auch geistige Gesundheit gibt, die von uns allen durch den „Virus Liebe" täglich verbreitet werden kann. Kein Unglück ist so groß, dass dabei nicht auch ein Stück Glück sein könnte. Das ist der neue Inhalt der alten, aber über 16 Jahrhunderte verschüttet gewesenen jesuanischen Botschaft.

VI.
Das Evangelium für das dritte Jahrtausend

1. Lichtblicke im Dunkel unserer Geschichte

Ich nenne dieses Evangelium das „Evangelium für das dritte Jahrtausend". Neuer Wein soll in neue Schläuche! Jesus und Maria Magdalena tragen die Geheimnisse Gottes in sich. Durch dieses spirituelle Traumpaar dürfen auch wir hoffen, das Gott-Mensch-Projekt besser und tiefgründiger zu verstehen. Sie repräsentieren zwei Herzen – viele Träume – eine Liebe. Liebe ist der Zweck und die Nahrung auch Ihrer Seele, liebe Leserin und lieber Leser. Erkenntnisse der Liebe statt Lippenbekenntnisse zur Liebe. Evelyn Finger in der *Zeit*: „Dass in der Apostelgeschichte nun eine Apostelin auftaucht, ist keine Provokation, sondern eine längst fällige Ergänzung. Durch Maria Magdalena wird klar, was Liebe ist: keine private Sehnsucht, sondern etwas Irdisches und Ewiges, das Furcht erregt, weil es die Welt vollkommen verändern kann, wenn man dran glaubt."[1] Doch Scham und Sünde machten in 2000 Jahren Christentum Frauen zu Verliererinnen anstatt zu „Göttinnen". Doch verloren haben damit und dadurch in gleicher Weise auch wir Männer. Denn die Liebe lässt unbekannte Dimensionen unseres Schicksals reifen, wachsen und erblühen.

Menschen wie Maria Magdalena und Jesus sind wie Lichtblicke im Dunkel unserer Geschichte. Sie verkörpern den Kairos, den genau richtigen Augenblick, in dem wir die nächste Stufe unseres Bewusstseins und unserer Erleuchtung erlangen können und emporsteigen auf der Stufenleiter unserer Erkenntnis in Richtung Erleuchtung: Materie, Verstand, Seele, Geist, Nous, Vernunft.

Das ist die Stufenleiter, die Himmelsleiter, die Maria Magdalena im Auftrag Jesu den Aposteln und uns erklärt. So erlangen wir Ganzheit und Vollkommenheit, und das Göttliche in uns kann reifen und gedeihen. An einer Stelle seiner Bergpredigt sagt Jesus dazu auch in den klassischen Evangelien: „Seid also vollkommen, wie euer himmlischer Vater vollkommen ist." (Mt 5,48) Welch ein Ruf an jede und jeden von uns, welch eine Berufung – aus dem Munde Jesu.

Wie würden die Welt und das Christentum heute aussehen, wenn das Maria-Magdalena-Evangelium im vierten Jahrhundert in die Bibel aufgenommen worden wäre? Zumindest in den ersten drei Jahrhunderten schien ein friedlicheres und toleranteres Christentum möglich. Und für Jesus war es ganz selbstverständlich, dass auch Frauen seine Lehre verkünden, Gemeinden leiten und Gottesdienste feiern durften. Warum tun sich Kirchenmänner bis heute so schwer mit dieser schlichten Erkenntnis, ihr Herren Kardinäle und Bischöfe, ihr Kerle!?

Der Theologe Gerd Lüdemann gibt in seinem Buch *Das Judas-Evangelium und das Evangelium nach Maria* diese Antwort: „Mit seinen Einwänden erweist sich Petrus als Ignorant, der die Botschaft Jesu nicht begriffen hat, dass wahres Menschsein erst nach Aufhebung der geschlechtlichen Differenzierung möglich ist."[2] Statt Petrus kann man heute in Deutschland die Namen Woelki oder Gänswein und viele andere setzen. Nicht nur neue Frauen, auch neue Männer braucht die Kirche – und das Land. Das Vertrauen zwischen dem Kölner Kardinal Rainer Maria Woelki und seinen Mitarbeitern und erst recht seinen Gläubigen im großen Erzbistum Köln ist aber unheilbar zerstört. In Köln ermittelt die Staatsanwaltschaft gegen Kardinal Woelki wegen Verdacht einer Falschaussage unter Eid.

Es ist wohl kein Zufall, dass in unserer Zeit der ausgetrockneten und verdorrten Seelen das Maria-Magdalena-Evangelium wieder ans Licht der Welt und damit in unser Bewusstsein dringt, in dem Petrus zu Maria sagt: „Schwester, wir wissen, dass der Erlöser dich weit mehr liebte als den Rest der Frauen. Sage uns die Worte des Erlösers, an die du dich erinnerst und die du kennst, wir aber nicht, und die wir nicht gehört haben." Maria antwortete und sagte: „Das, was euch verborgen ist, will ich euch erzählen." Wir wissen seit Sigmund Freud aus der Psychologie, dass alles Verdrängte zurückkehrt. So auch die Botschaft von Maria Magdalena.

Jeder Jesus-Freund und jede Jesus-Freundin muss aufhorchen. Eine Frau als spirituelle Meisterschülerin von Jesus? Das steht so gar nicht in den bisher bekannten Evangelien. Nun aber wissen wir: Maria Magdalena trägt die Geheimnisse Jesu und damit die Geheimnisse Gottes, die Jesus lehrte, in sich. Da gilt es doch, genau hinzuhören.

Dabei fällt auf, dass Petrus die herausragende Stellung Marias nur auf die Position unter den Frauen beschränkt. Erst danach sagt Levi, dass Jesus Maria von allen Jüngern am meisten liebte, und nicht nur von den Frauen.

In ihrer Vision, die – nochmal sei es betont – etwa nur zur Hälfte enthalten ist, beschreibt Maria Magdalena den Aufstieg der Seele, das heißt die Entwicklung der Seele, die von Stufe zu Stufe mit einem Hindernis verbunden ist. Das erste Hindernis ist nicht bekannt, da es auf einer der fehlenden Seiten des Codex steht. Das zweite Hindernis ist die Begierde, das dritte die Unwissenheit, das vierte der Zorn. Dieser ist in sieben Formen unterteilt: Finsternis, Begierde, Nichtwissen, die Todessehnsucht, die Fleischeslust, das Halbwissen des Materialismus und schließlich die Weisheit des Zornigen.

Seelenaufstieg ist ein zentrales Element der gnostischen Theologie. Das Geheimnis der Göttin, um das es Christa Mulack und anderen feministischen Theologinnen und Theologen geht, ist die Wandlung und die Entwicklung. Jede und jeder kann etwas tun zu ihrem Glück, zu seinem Glück und zu unserem Glück. Zorn und Gier sind überwindbar. Gelassenheit und Seelenruhe kann jede und jeder üben. Alle können etwas tun zu unserem Glück.

2. Was ist „heiliger Sex"?

In unseren Zeiten der Sexbesessenheit gilt es zu erkennen, dass eine lustvolle Einstellung zum Leben nichts mit Sexualakrobatik zu tun hat, sondern damit, dass echte Erotik und echte Religion ganzheitlich zusammengehören. Das ist das Geheimnis jeder ganzheitlichen

Mystik, wie sie zum Beispiel Hildegard von Bingen lebte und erlebte. Margarita Arminger schreibt dazu: „Heiliger Sex ist wie ein unterirdisch fließender Fluss, der sich durch die ganze Religionsgeschichte zieht ... Nicht erst seit gestern werden Maria Magdalena und Jesus mit heiligem Sex in Verbindung gebracht ..." Aber auch: „Neben den leidenden Jesus stellte man die sündige Magdalena. Mit dem Mythos von der schlechten Frau und dem guten Mann stärkte man die eigene Macht. Dabei aber verschwieg man das wichtigste und schönste Geheimnis: Dass wahre Liebe nur aus einem lustvollen und erleuchteten Körper entstehen kann und dass wir dazu die Hilfe und die Energie der Göttin benötigen."[3] Wurde uns die Göttin im Namen eines strengen Vater-Gottes verschwiegen?

Die christlichen Theologen sind sich heute weitgehend einig darüber, dass im Mittelpunkt der Lehre Jesu die Malchut, das Reich Gottes, steht und nicht ein patriarchaler Vatergott. Malchut ist eine weibliche Energie, die als Anwesenheit des Göttlichen in der Welt überall erfahren werden kann, wo Heilwerden, Freude, Frieden und Glück gelebt werden. Im ältesten Evangelium (Markus) kommt diese Malchut vierzehnmal vor, aber der Vater-Gott nur viermal. Vierzig Jahre später, im Johannesevangelium, ist es mehr als umgekehrt: Der patriarchale Vater-Gott kommt hundertmal vor, und nur noch einmal ist von Malchut die Rede. Bei Markus beginnt Jesus sein öffentliches Auftreten so: „Die Zeit ist erfüllt und die Malchut ist gekommen. Kehrt um und glaubt an die Frohe Botschaft." (Mk 1,15) Dazu Christa Mulack: „Die Nähe der Malchut ist also Anlass zur Fräude der Menschen (ein Wort, das sich ursprünglich vom selben Wortstamm wie Frau ableitet). In zahlreichen Gleichnissen beschreibt Jesus nun diese Malchut in immer neuen Bildern, um sie den Menschen ins Bewusstsein zu bringen. Denn trotz ihrer Bedeutsamkeit und Allgegenwart wird sie von ihnen weder wahrgenommen noch wertgeschätzt – auch im offiziellen Wertekanon kommt sie nicht vor und ist so zur Unscheinbarkeit verurteilt. Das ist das

Schicksal weiblichen Handelns bis heute; denn die Botschaft Jesu wurde so gut wie gar nicht mehr aufgegriffen."[4]

3. Senfkorn: Kleinster Samen – riesige Wirkung

Nehmen wir zum Beleg dieser Behauptung nur ein markantes Beispiel: Jesu Vergleich der Malchut mit einem unscheinbaren Senfkorn. Der kleinste Samen wächst zu einem riesigen Baum, in dem die Vögel nisten. Ein Bild, das auf eine uralte Muttersymbolik verweist. Schutz, Sicherheit und Heil: Das bietet uns das Reich Gottes, die Malchut. Das scheinbar Kleine kann ganz groß werden. Die Letzten werden die Ersten sein. Bei Gott sind die scheinbar Schwachen die Bevorzugten. Heilsrelevantes Handeln konkretisiert Jesus in seiner Bergpredigt dann so: Hungrige nähren, Flüchtlingen Schutz bieten, Gefangene besuchen, Frieden stiften, die Schwachen unterstützen. Die Malchut ist da, wo geliebt, geheilt, geholfen, getröstet und friedensfördernd gehandelt wird. Dort also, wo sich Menschen typisch weiblich verhalten. Das können natürlich auch Männer. Aber: Als ich Michail Gorbatschow einmal fragte, woher er die Kraft nehme, sich gegen die Hardliner in seiner kommunistischen Partei durchzusetzen, sagte er: „Von zwei Frauen, von meiner Mutter und von meiner Frau Raissa." Als ich den Dalai Lama fragte, was Liebe ist, sagte er: „Alles, was ich von meiner Mutter gelernt habe."

Warum aber, so werden auch Sie sich fragen, sieht der Zorn die Seele als „Menschentöterin" und „Raumüberwinderin"? Die Antwort von Katharina Ceming und Jürgen Weitz, in deren Übersetzung von einer „Menschenmörderin" und einer „Ortsvernichterin" die Rede ist, auf diese seltsam scheinende „Vision" der Maria: „Die Seele ist deshalb eine Menschenmörderin, weil sie den alten, den fleischlichen Menschen getötet hat, und eine Ortsvernichterin, weil sie den Ort des alten, materiellen Lebens überwunden hat." Ethisch handeln und meditativ leben ist ein Weg zum Glück. Manchmal hilft auch lautes Lachen, wie es der Dalai Lama ständig praktiziert, zum wahren Glück. Das erlebe ich immer wieder bei unseren vierzig Begegnungen. „Ohne Lachen kann ich nicht leben", sagte er mir einmal in einer für ihn ganz schwierigen Situation. Die große Kraft der Heiterkeit macht unabhängig, gelassen und stark. Er akzeptiert jeden Menschen als Freund – auch die kommunistischen Führer in Peking. Er betet auch für sie. „Ich kenne keine Feinde, es gibt nur Menschen, die ich noch nicht kennengelernt habe", schrieb er in einem unserer gemeinsamen Bücher.[5]

Nach dieser Vision der Maria Magdalena ist die Begegnung unserer Seele mit unserer Unwissenheit, der dritten Form unseres Zorns, der Beginn eines Reifeprozesses: Weisheit beginnt mit dem Wissen um unser Nichtwissen wie bei Sokrates: „Ich weiß, dass ich nicht weiß."

Die Seele fühlt sich in diesem so lange verborgenen Text von der Unwissenheit missverstanden, verteidigt sich und fragt zurück: „Warum richtest du mich, wo ich doch gar nicht gerichtet habe?" Es ist also nicht die Seele selbst, die andere verurteilt, sondern ihr unwissender Teil. Deshalb kann ihr verziehen werden, wenn sie sich weiterentwickelt. Es geht um das, was die moderne Tiefenpsychologie das Unbewusste nennt als den weitaus größeren Teil der Seele. Im Thomasevangelium sagt Jesus dazu: „Selig bist du, wenn du weißt, was du tust."

4. Der Nous entscheidet alles

Für die Weiterentwicklung der Seele ist der Nous der alles entscheidende Schlüssel – so wie es Maria von Jesus gehört, empfangen und gelernt hat. Erlösung findet unsere Seele schließlich, wenn sie am Ende ihrer spirituellen Reise alles kennengelernt hat, was zum Menschsein gehört. In meiner himmlischen Heimat komme ich endlich zur Ruhe und in Harmonie. Hier werde ich ganzheitlich. Christa Mulack zu diesem esoterisch-gnostischen Teil des Evangeliums der Maria: „Am Ende der Zeit werde ich meine himmlische Heimat erlangen und im Äon des Schweigens zur Ruhe kommen."[6] Oder so ähnlich. Genauer wissen wir das nicht. Es bleibt spannend. Beim Tod erfahren wir es wohl genauer.

Der prozesshafte Weg zum Aufstieg ins Paradies ist für alle Menschen gleich – unabhängig von Religion, Nation, Geschlecht oder Hautfarbe. „Sünde gibt es nicht", sagt Jesus. Der liebende Abba will, dass *alle* Menschen gerettet werden. Das ist Erlösung. Das ist sein einziges Ziel. Damit alle Menschen diese Kernbotschaft Jesu auch verstehen, dafür ging Jesus seinen unglaublich konsequenten Weg – bis ans Kreuz. Damit wir verstehen.

5. Gottes großer Plan: Alle Menschen retten!

Weiter- und Höherentwicklung: Das ist das vorrangige Ziel unseres Hierseins. Das ist die Botschaft des kosmischen Christus. Die Seele ist frei von Zeit und Raum. Sie ist reine Liebe und reiner Geist. Der göttliche Geist ist eins mit dir und mit allen. Deshalb können wir das Getrenntsein überwinden. So entsteht Dankbarkeit gegenüber dem Schöpfer und der Schöpferin, gegenüber allen Geschöpfen.

Hier endet Marias Botschaft, die sie von Jesus empfangen hat. Es reicht auch, wenn wir das wissen und darauf vertrauen.

Für Petrus aber sind das alles esoterische Sprüche, die er empört zurückweist. Die Apostel Andreas und Petrus widersprechen heftig. Maria Magdalena weint. Sie ist über die spirituelle Ignoranz der meisten Männer um Jesus traurig und tief betroffen. So ähnlich haben katholische Frauen geweint, als deutsche Bischöfe im Herbst 2022 auf der Synode in Frankfurt am Main ein zeitgemäßes Frauen- und Sexualpapier mit ihrer Sperrminorität verhindert haben. Diese Kleriker haben damals und heute nichts von Jesu Botschaft begriffen. Und vor allem wollten sie eine Frau niemals als „Apostelin der Apostel" anerkennen. Nur Levi tat, was auch heute Männer tun sollten, wenn Frauen unsachlich von Männern angegriffen werden. Das Frauenproblem ist primär ein Problem von Männern.

Der mutige Jesus-Schüler sagte: „Petrus, von je her bist du ein Mann des Zorns. Jetzt aber sehe ich dich ereifern gegen die Frau wie die Widersacher. Doch wenn der Erlöser sie würdig gemacht hat, wer bist du denn, dass du sie verwirfst?" Unbeantwortete Fragen an die Kirchenfürsten bis heute! Maria Magdalena ist die Mutter des Nous, die Mutter der Erkenntnis, die Mutter der Balance, die Mutter der Intelligenz und der Vernunft sowie die Mutter der Harmonie.

Das chinesische Symbol für die Integration des Männlichen und Weiblichen – in der konfuzianischen Philosophie und im ältesten Buch der Welt, im „Buch der Wandlungen", das Zeichen für Harmonie!

6. Der Makel der „Erbsünde" wird auf jedes Baby übertragen

Dem Gott Jesu und Maria Magdalenas geht es nie um unseren Gehorsam, was beim kirchlichen Jesus so zentral wichtig ist, es geht ihm immer um unser Herz. Sein ganzes Bestreben ist, uns im Herzen nahe zu sein. Es geht um eine echte, lebendige Liebesbeziehung. Dabei würde Gehorsam nur stören, wie alle wirklich Liebenden wohl wissen. Eva im Alten Testament und Maria Magdalena im Neuen Testament sind die am meisten diffamierten Frauen des Christentums: Beide galten und gelten als lüstern und verführerisch, ja als dämonisch. Als Folge dieser Missachtung durch Männer landeten im Mittelalter tausende von ihnen auf „christlichen" Scheiterhaufen, und Milliarden wurden und werden bis heute diskriminiert. Eva ist noch immer mit dem Makel der Erbsünde behaftet. Dieser Makel wird kirchlich auf jedes neugeborene Kind übertragen. Milliarden Schuldkomplexe, für welche die Kirchen verantwortlich sind.

Und Maria Magdalena bleibt für viele die Ausgeburt von Geistesgestörtheit und Prostitution oder eine ausgeflippte Esoterikerin. Ganz anders in diesem gnostischen Text. Hier wird die Frau als Führerin des Mannes beschrieben. In der Überlieferung steht Eva am Anfang der Menschheit und Maria Magdalena am Anfang des Christentums. Dazu Christa Mulack: „Allmählich erkennen wir nun in beiden Gestalten Symbolisierungen jener Erkenntnis, die patriarchale Männer dann nicht ertragen, wenn ihnen Macht wichtiger ist als Wahrheit, Leben und Liebe."[7] Da besteht nur ein gradueller Unterschied zwischen den Mullahs in Iran und den katholischen Kirchenfürsten im Westen.

Die letzten Worte, die Jesus in diesem Text seinen Freunden beim Abschied sagt, heißen nach diesem Evangelium „Seid ausgeglichen", seid in Harmonie! Und: „Frieden sei mit euch." Harmonie und Frieden. Es lohnt, einige Minuten darüber zu meditieren.

Ohne Harmonie kein Frieden, keine Energie, keine Erotik, keine Liebe. Diese Harmonie kann nur über gute Kooperation zwischen Frauen und Männern gelingen. Christa Mulack in einem ihrer letzten Bücher: „Religion ist zu wichtig, um sie den Männern zu überlassen."[8]

Dieser Geist einer feministischen Theologie ist im 21. Jahrhundert aus der Flasche. Diesen Liebesgeist einer neuen weiblichen Kraft kriegen die Kirchenfürsten nicht mehr in die Flasche zurück. Diese Geistin, dieser Nous, wird die spirituelle Armut der westlichen Welt überwinden helfen. Die Weiblichkeit Gottes lässt sich – der Göttin sei Dank! – nicht bändigen. Auch nicht durch ein Basta aus dem Vatikan. Der Geist weht, wo er wirklich will.

Michelangelo malte in der Sixtinischen Kapelle zwar einen männlichen Gott, der mit seinem Finger dem Menschen, jedem Menschen, entgegenkommt, und so eine Brücke zwischen Himmel und Erde baut, doch der Mann Michelangelo bedurfte für diese geniale Idee des „Kusses" der weiblichen Muse. Die schöpferische Kraft für Frauen und für Männer bedarf des Nous, der Harmonie und Ausgeglichenheit: Anima-integrierte Männer und Animus-integrierte Frauen.

Das heißt nach der Vision von Maria und nach der Lehre Jesu: Der „einfache Mensch" kann zum „himmlischen Menschen" werden, wenn es ihm gelingt, die gegengeschlechtlichen Seelenanteile zu integrieren. Solche „neuen" Menschen wollte Jesus als seine Nachfolgerinnen und Nachfolger. Ganz bestimmt gehört in den Bereich dieses Nous auch das Liebesangebot Jesu: „Liebe deinen Nächsten wie dich selbst." Viele besonders „fromme" Christen haben dieses Angebot aber so verstanden: „Liebe deinen Nächsten anstatt dich selbst". Doch Jesus meinte: Sei in Harmonie, in Balance mit Selbstliebe und Nächstenliebe. Du kannst Nächstenliebe nur leben, wenn du dich auch selbst liebst.

Viele Christen und manche Theologen haben geradezu eine panische Angst vor dem Wort Selbstverwirklichung. Dabei ist Selbstverwirklichung so etwas wie ein elftes Gebot für Jesus-Nachfolger. Wenn du wirklich Jesus nachfolgen willst, sollst du ganz Mensch werden.

Die indischen Traditionen lehren uns, dass die Ursache allen Leids die Unwissenheit ist. Sie versklavt uns und ist das schlechte „Klima" für unser gutes Gewissen. Nicht wissen wollen ist die Ursache aller Ungerechtigkeiten in der Welt. Jean-Yves Leloup bezeichnet sie als die „mächtigste und zerstörerischste Kraft" der „Internationale der Feiglinge in der ganzen Welt".[9]

Eine fromme Träumerin und Vorbeterin in ihrer Kirchengemeinde sah im Traum – wie sie mir schrieb –, dass ihre Kirche plötzlich kein Dach mehr hatte. Die Sonne schien ungehindert ins Innere, und es regnete hinein. Einmal stürzte sogar die ganze Kirche zusammen. Das könnte auch eine neue Offenheit für die Kirche bedeuten. Alles, was vom Himmel kommt, von oben, kann jetzt in die Kirche. Vielleicht wurde die alte Kirche im Laufe der Jahrhunderte so abgeschottet und dicht, dass weder die lebenswichtige Sonne noch der lebenswichtige Regen durchdringen konnten und keine frische Luft mehr. Die Kirche war zu dunkel geworden.

Oft finden Reformen, Veränderungen und Wandel nur dann statt, wenn das Alte zerstört und durchgelüftet werden kann. „Ecclesia semper reformanda" eben. Die Träumerin ließ ihren Therapeuten wissen, dass sich ihr durch diesen Traum „eine Menge neuer Erkenntnisse eröffnet haben". Es war für ihr persönliches Leben und auch für ihren Glauben ein „Aufbruch und ein Durchbruch von oben". Die Träumerin hat über ihren Traum Möglichkeiten zur Selbsthilfe entdeckt. Sie hat Träume als in sich eingebaute „Traum-Apotheke" entdeckt – ohne gefährliche Nebenwirkungen. Aber über Nous. Träume sind unsere hilfreichen Begleiter in jeder Nacht. Sie tragen den Keim eines neuen Tages in sich. Oder wie es die Engel in der Heiligen Nacht den einfachen Hirten verkündeten: „Fürchtet euch nicht." Aktualisiert in unsere Zeit, könnte diese

Botschaft heißen: Habt keine Angst vor Veränderungen – wirklich zu fürchten ist der Stillstand. Wenn wir uns weiterhin Stillstand leisten, wird uns spätestens die Klimakatastrophe verändern. Also: Habt mehr Lust auf Zukunft!

Eine Freundin von uns bezeichnete sich als Atheistin. Doch einige Jahre vor ihrem Tod machte sie eine Radtour auf dem Jakobsweg, sie selbst nannte es eine Pilgerfahrt. Nach ihrer Rückkehr meinte sie: „Diese Erfahrung hat mich verändert." Beim Pilgern auf dem Olavsweg in Norwegen haben auch meine Frau und ich erfahren, dass Pilgern jede und jeden verändert. Der Prozess des bewussten Wanderns in Gottes schöner Natur löst einen Prozess der inneren Wandlung aus. Beim Pilgern stellen sich die Fragen des Wesentlichen. Wesentlich ist, was uns rückbindet und einbindet in das Geflecht des Lebens. Wesentlich ist, was uns zum Menschen macht – körperlich, geistig, seelisch. Pilgern verändert und verwandelt. Der Nous wirkt tatsächlich.

Dieser Nous, diese Harmonie, diese Balance wurde in der Kirchenlehre allzu lange vernachlässigt, sogar geleugnet. „Das Reich Gottes ist innwendig in euch", hat Jesus gelehrt. Wer Gott näherkommen will, muss sich auf den Weg nach innen machen. Carl Gustav Jung spricht von der „selbstregulierenden Fähigkeit der Psyche". Ihr hat Jesus ohne Einschränkung vertraut: „Was nützt es einem Menschen, wenn er die ganze Welt gewinnt, dabei aber sein Leben einbüßt?" (Mt 16,26) Wenn er an seiner Seele Schaden nimmt – wie es in älteren Übersetzungen hieß?

Siebte Analyse nach Carl Gustav Jung: Jesus fordert nicht Anbetung, sondern Nachfolge.

Und dann fordert der Mann aus Nazareth nicht Anhängerschaft oder gar Anbetung, sondern Nachfolge. Ein fundamentaler Unterschied. Jesus hat seit 2000 Jahren viele Anbeter, aber wenige Nachfolger.

Ein Anhänger bei einem LKW hat und braucht keinen eigenen Motor. Doch Bewusstwerdung in der Nachfolge Jesu erfordert einen eigenen seelischen Antriebsmotor. Das ist die zentrale Botschaft des Maria-Magdalena-Evangeliums.

Mit überzeugenden Geschichten hatte der Wanderprediger seine unsterbliche Botschaft zuvor in ganz Galiläa verkündet – wie der Vater, der seinem ungehorsamen, heimkehrenden Sohn entgegenläuft und das unverhoffte Wiedersehen mit einem grandiosen Fest feiert – ohne jeden Vorwurf. Bei dieser weltbekannten, weit über das Christentum hinaus bekannten Geschichte (Lk 15,11–32), wirbt der Vater, der Gott Jesu, um das Vertrauen des „verlorenen Sohns". Dieser „verlorene Sohn", der sein Vermögen „mit Dirnen durchgebracht" hatte, wird von seinem gütigen Vater empfangen wie ein König, „mit Musik und Tanz" (Lk 15,25): „Er war verloren und ist wiedergefunden worden." (Lk 15,32) Allein mit dieser Geschichte hat Jesus Weltliteratur geschrieben, obwohl er sie ja selbst gar nicht geschrieben hat, sondern, wie alles, was wir von ihm wissen, hat schreiben lassen.

Nach jedem öffentlichen Auftreten hat Jesus seine Jünger um sich versammelt und ihnen in Versform nochmals erklärt, was er vorher öffentlich verkündet hatte. Warum in Versform? Ich hatte es schon erwähnt: Weil es so leichter zu behalten und weiterzugeben war. Jesus wollte, dass alle Welt erfährt, was er zu sagen hatte. Mit absoluter Selbstsicherheit über seine göttliche Berufung sagte er in der aramäischen Rückübersetzung von Günther Schwarz bei seinem Abschied zu seinen Aposteln:

„Ich habe empfangen – von Abba – alle Vollmacht: damit ich ins Licht zurückführe, die in der Finsternis sind; damit ich in die Wahrheit zurückführe, die im Irrtum sind; damit ich ins Leben zurückführe, die im Tode sind." (Mt 28,18)

Jesus geht es also um Licht oder Finsternis – um Wahrheit oder Irrtum – um Leben oder Tod. Das sind seine großen Themen.

Noch nie hat sich ein Mensch mit einer solchen Botschaft von seinen Freunden verabschieden können. Zuvor hatte Jesus seine Schülerinnen und Schüler gefragt: „Oder ist einer unter euch, der seinem Sohn einen Stein gibt, wenn er um Brot bittet, oder eine Schlange, wenn er um einen Fisch bittet?" (Mt 7,9–10) Jesus stellt uns einen Gott vor, dessen Himmel keine Ladenschlusszeiten kennt, sondern immer für uns offen ist und immer Sprechstunden für uns hat. Hanna Wolff: „Die Religionen aller Jahrtausende haben bisher zu viel an Kult, Ritual, Geboten und nicht zuletzt an ständig weitergegebenen Ängsten zwischen uns und Gott gelegt. Er rückte uns also ferner und ferner, wie kann man da wirklich vertrauen?"[10]

Jesus hingegen ist der Meister und Lehrer des Urvertrauens. Damit will er uns zu einem direkten Gesprächspartner Gottes machen – auf Augenhöhe! Welch beglückendes Gottesbild! Welch beglückendes Menschenbild! Gottes Vertrauen und Gottes Nähe – das ist genau das, was jeder Mensch braucht, sagt uns Jesus. Freilich gibt es auch oft Träume mit dunklen Gottesbildern, die uns eventuell auf kirchliche oder religiöse Neurosen aufmerksam machen wollen.

Der Dalai Lama sagt dasselbe so: „Der Sinn des Lebens ist, dass wir glücklich werden." Gott will es! Mein Vorschlag, liebe Leserin oder lieber Leser: Verlieren Sie nie Ihr Gottvertrauen und Ihr Jesus-Vertrauen – egal was Ihnen ewig gestrige Theologen auch sagen.

7. Unsere Welt ist außer Balance

Unsere Welt ist im 20. und 21. Jahrhundert völlig aus der Balance geraten – das Schlüsselwort, das Jesus nur seiner Gefährtin, aber nicht seinen männlichen Aposteln anvertraute. Wie vor 2000 Jahren haben auch heute noch Männer Angst vor der geistigen Potenz von Frauen. Diese patriarchale Einseitigkeit hat uns an den Rand der atomaren Vernichtung und der Klimakatastrophe gebracht. Unser gesamtes kulturelles Leben ist aus dem Gleichgewicht geraten.

Nichts ist heute so überlebenswichtig wie genau jene Balance oder Harmonie, von der Jesus zu seiner Maria Magdalena sprach. Diese instabile Situation ist gekennzeichnet von Kriegen, Gewaltverbrechen, einer wachsenden Missachtung von Mutter Erde sowie von frauenverachtenden Gesellschaftssystemen. Das Maria-Magdalena-Evangelium zeigt, wie schwer es Frauen schon vor 2000 Jahren hatten, ihre Botschaft „an den Mann" zu bringen, obwohl diese „Frau mehr wusste als alle anderen" und Jesus sie „mehr liebte als den Rest der Frauen" – wie selbst Petrus zugeben musste.

In den gnostischen Texten des Christentums galten schon Eva ebenso wie Maria Magdalena als „Symbol weiblichen Erkenntnisbegehrens und weiblicher Erkenntniskraft. Hier sahen Menschen klar genug, um in Eva, der patriarchalen Verführerin des Mannes, wieder die uralte Führerin der Menschheit zu erkennen! Eine ähnlich wundersame Wandlung geschah mit Maria Magdalena. Von der Kirche zur verführenden Sünderin abgestempelt, erhoben gnostische Kreise sie nicht nur zur Apostelin der Apostel, zur Unterweiserin frühchristlicher Lehrer. Sie erkannten sie als Liebende und Geliebte Jesu an – und verehrten sie – genau wie Eva – als Repräsentantin der kosmischen Weisheit."[11]

Wenn es am Beginn des Christentums möglich war, auf die Stimme einer Frau zu hören, warum sollte dies heute nicht möglich sein? Dass Papst Franziskus sie als „Apostolorum Apostola" bezeichnet, ist ein erster Schritt zu dieser neuen, vom Patriarchat emanzipierten, jesuanischen Kirche. Für den Herbst 2023 hat Franziskus eine globale Kirchensynode einberufen. Er wagt etwas völlig Neues. Ein Wagnis mit offenem Ausgang. Mehr oder weniger Reformen? Der Pontifex wird sich im wahrsten Sinn des Wortes als „Brückenbauer" zwischen Reformern und Bewahrern innerhalb der größten Religionsgemeinschaft der Welt mit 1,3 Milliarden Katholiken bewähren müssen.

Auf den Reformweg hat sich in Deutschland auch die Graswurzelbewegung „Maria 2.0" gemacht. 500 Jahre nach der Reformation fordert diese Bewegung in ihren Thesen, die in weit mehr als 1000 Kirchen in Deutschland angeschlagen waren, eine „geschlechtergerechte Kirche mit Zugang von Frauen zu allen Ämtern". Und außerdem eine „wertschätzende Haltung gegenüber selbstbestimmter, achtsamer Sexualität sowie die Aufhebung des Pflichtzölibats". Ja, um Gottes willen, warum sollen zwei Menschen, die sich so lieben, wie Gott sie geschaffen hat, nicht heiraten dürfen? Von Jesus gibt es kein einziges Wort gegen schwule oder lesbische Liebe.

Erst wenn Frauen begreifen, dass sie als emanzipierte Menschen keine Schuld auf sich laden, wenn sie sich patriarchalen Gehorsamsforderungen entziehen, entsteht die Chance, dass Frauen und Männer gemeinsam an einer ausbalancierten, friedlicheren, gerechteren und ökologischeren Welt arbeiten. Albert Einstein dazu: „Die reinste Form von Wahnsinn ist es, alles beim Alten zu lassen und gleichzeitig zu hoffen, dass sich etwas ändert."

Wir *alle* tragen die Geschichte des 6000 Jahre alten Patriarchats in uns – Männer *und* Frauen. Es war allerdings niemals so simpel, dass alle Männer mächtig und alle Frauen Opfer waren. Auch Männer leiden unter einer rigiden Geschlechterrolle. Die Revolution der Liebe, die Jesus meinte, bedeutet mehr als die schiere Überwindung des Patriarchats. Das Patriarchat ist nie abstrakt, sondern immer konkret, bis heute vor allem in der katholischen Kirche. Gesellschaft, Kultur, Politik, Wirtschaft und Sport werden ebenfalls heute noch überwiegend von Männern definiert. Deshalb spielen auch in unseren intimen Beziehungen patriarchale Strukturen und konkrete Machtansprüche eine gewisse Rolle.

Emanzipierte Frauen gab es immer – auch zur Zeit Jesu. Doch es gab zu wenige Männer, die in die Schule von emanzipierten Frauen gingen, um von ihnen zu lernen. Zu diesen emanzipierten Männern gehörte Jesus in ganz besonderer Weise. Viele christliche Theologen predigen noch heute über Jesus, als sei er ein weltfremder Träumer und Idealist gewesen. Es war der marxistische Philosoph Milan Machovec, der ganz realistisch meinte, Jesus habe die Welt in Brand gesetzt. Wie aber hat er das gemacht?

Dazu schrieb ich in meinem Buch *Jesus – der erste neue Mann*:

- „Jesus redet nicht nur Neues von Gott, er nimmt dabei auch keine Rücksicht auf geheiligte Traditionen. Lieber Skandal als keine Wahrheit!
- Er redet nicht nur von Gottes Barmherzigkeit, er heilt auch selber Kranke.
- Er redet nicht nur über die Gleichheit aller Menschen, er behandelt auch Frauen gleichwertig und nimmt Kinder ernst."

Das anhaltende Interesse an diesem „ersten neuen Mann" beweist, dass er ein Realist und ein großer Menschenkenner war. Für mich ist Jesus *der* Vertreter des *gesunden* Menschenverstandes. Er war kein Egoist, aber eine ich-starke und selbstbewusste Persönlichkeit. Er sprach „mit Kraft" und „aus Vollmacht" (Lk 4,36) und war erfüllt „von der Kraft des Geistes" (Lk 4, 14).

Bauern und Fischer, Junge und Alte, vor allem aber Frauen und Kinder sowie die Unter- und Mittelschichten: Tagelöhner, Handwerker, Kleinbauern, Sklaven, Bettler – sie alle kamen zu ihm, und zwar in Massen. Mehr als dreißigmal erwähnt Markus, dass „viel Volk" oder „die Menge" zu ihm drängt. Wer die Geografie Galiläas gesehen hat, den wundert es nicht, dass Jesus bei Matthäus eine „Bergpredigt", bei Lukas eine „Feldpredigt" und bei Markus eine „Seepredigt" gehalten hat. Bei mehreren Aufenthalten am See Genezareth habe ich diese Heimat Jesu und zugleich die Heimat Maria Magdalenas wie ein „fünftes Evangelium" erlebt.

Es musste attraktiv sein, wenn er zu diesen ganz normalen Menschen in Obergaliläa Sachen sagte wie: „Nicht die Gesunden brauchen einen Arzt, sondern die Kranken. Ich bin gekommen, um die Sünder zur Umkehr zu rufen, nicht die Gerechten." (Lk 5,31–32) Da fühlten sich alle angesprochen.

Jesu Werteevolution ist die eigentliche Weltrevolution und die eigentliche Zeitenwende. Revolution hieß bisher meist Gewalt, Umsturz und Rückschritt. Evolution meint Entwicklung, Fortschritt, Entfaltung, Bewegung. Im Gegensatz zu den Vätern der Französischen, Russischen oder Chinesischen Revolution ist Jesus ein Evolutionär des Bewusstseins, ein Evolutionär der Liebe und der Gewaltfreiheit, ein Evolutionär von unten. Seine Evolution steht *jetzt* auf der Tagesordnung der Geschichte. Im Zeitalter der Umweltkatastrophen, des massenhaften Artensterbens, der immer größer werdenden Flüchtlingsströme und des atomaren Wahnsinns haben wir keine andere Wahl.

Das Verständnis für dieses Jesus-Programm ist ein qualitativer Sprung auf dem Weg zu einem höheren menschlichen Bewusstsein. Jesus setzt nicht Häuser, Autos oder Kraftwerke in Brand, sondern Menschenherzen. Mit „Herz" ist bei Jesus ähnlich wie in der modernen Tiefenpsychologie das Unbewusste gemeint, jene tiefe Schicht in uns, in der die eigentlichen Widerstände gegen *alles* Neue sitzen: gegen neues Denken, neues Fühlen, neues Empfinden, gegen Umkehr und neues Handeln. Jesu Bergpredigt ist zunächst das Machtwort eines Machtlosen. Machtloser als der Mann am Kreuz kann niemand sein.

Aber sie zeigt, dass *dieses* Machtwort langfristig mächtiger wirken kann als die scheinbar machtvollen Worte der Mächtigen. Jesu Reden, die er vor 2000 Jahren gehalten hat, bewegen noch heute oder gerade heute die Herzen von Millionen Menschen. Der Mann aus Nazareth bekräftigt, was schon das Alte Testament wusste: dass Gott uns „nach seinem Bild" schuf. Das heißt nichts anderes, als dass wir zu Großem berufen sind. Als Kinder Gottes sind wir mit einer göttlichen DNA, mit einem göttlichen Kern, ausgestattet. Jesus: „Ihr seid das Licht der Welt! Eine Stadt, die auf dem Berg liegt, kann nicht verborgen bleiben. Man zündet auch nicht eine Leuchte an und stellt sie unter den Scheffel, sondern auf den Leuchter; dann leuchtet sie allen im Haus. So soll euer Licht vor den Menschen leuchten, damit sie eure guten Taten sehen und euren Vater im Himmel preisen." (Mt 5,14–16) Das ist der ganz praktische, menschen- und lebensfreundliche Jesus, der beseelt ist von seiner und unserer Gotteskindschaft.

Spätestens das Evangelium der Maria Magdalena zeigt, dass Jesus Frauen nicht diskriminiert, sondern Männer zurechtweist, wenn sie dies tun. Vor 2000 Jahren war das Patriarchat noch brutal und unbarmherzig. Wie albern, unjesuanisch und inhuman aber auch noch heute Männer bei diesem Thema sein können, bewies Papst Johannes Paul II. nach der Wahl von Barbara Clementine Harris zur ersten anglikanischen Bischöfin. Der damalige Papst gab sich „schwer getroffen", weil „mein Bruder Robert Runcie", Primas der anglikanischen Kirche, nicht alles getan habe, „um diese Wahl zu verhindern". Ein Papst selbst treibt die Frauen aus der Kirche, weil er ihnen Menschwürde und Christenrechte abspricht. Das ist bis heute so. Es sind mehrheitlich Frauen, die Jahr für Jahr und immer häufiger aus den Kirchen austreten.

Das Zweite Vatikanische Konzil hat „jede Form des Diskriminierung wegen des Geschlechts als dem Plan Gottes widersprechend" verworfen. Doch viele Kirchenmänner interessieren sich bis heute nicht für den Plan Gottes. Für die katholische Kirche gilt diese Forderung des Zweiten Vatikanums natürlich nicht. Die hohe Kunst kirchlicher Rhetorik bestand schon immer darin, Dinge von anderen zu fordern, die sie für sich selbst ablehnt. Ganz anders aber Jesus in der Goldenen Regel: „Alles, was ihr also von anderen erwartet, das tut auch ihnen!" (Mt 7,12)

8. Maria Magdalena – die Frau im Herzen Jesu

1983 wollten 23 US-Bischöfe mit Johannes Paul II. über Frauenordination reden. Doch dieser donnerte: „Ein Bischof muss seine pastoralen Führungseigenschaften dadurch beweisen, dass er jedwedem Individuum in allen Gruppen seine Unterstützung entzieht, die im Namen von Fortschritt, Gerechtigkeit oder Mitleid oder aus sonst irgendeinem Grund die Ordination von Frauen fürs Priesteramt fordern."

Maria Magdalena ist die Frau im Herzen Jesu – sie sollte auch „Die Frau im Herzen des Christentums" (Cynthia Bourgeauld) werden.

Angst vor Frauen lässt zölibatäre Männer sexualpathologisch reagieren. Und ausgerechnet sie sollen die Frohe Botschaft Jesu von einer geschwisterlichen Menschheit und einer geschwisterlichen Kirche verkünden? Dabei würde weiblicher Pragmatismus Kirchen von heute wieder interessanter machen als der ewig männliche, erbarmungswürdige Dogmatismus. Schon Hans Küng vermutete einen inneren Zusammenhang zwischen Heiratsverbot für ordinierte Männer und Ordinationsverbot für Frauen. Die Unterdrückung der Frau in der katholischen Kirche ist nur äußerer Ausdruck der Unterdrückung des Weiblichen bei den Männern. Wir wissen aus der Wirtschaft schon lange: Gemischte Führungsteams sind einfach erfolgreicher.

Was in Kirchen vor sich geht, ist meist auch ein Spiegel der gesellschaftlichen Entwicklung. Der Abbau der patriarchalen Hierarchie in den Kirchen wird dazu beitragen, das Wohlergehen aller und die menschliche Entwicklung in der ganzen Welt zu fördern. Geschlechtergerechtigkeit, Fairness und Diversität haben einen hohen gesellschaftlichen Stellenwert.

Im ältesten Evangelium, bei Markus, schimmert der frauenfreundliche Jesus noch durch, wird aber von Abschrift zu Abschrift schwächer. Bei Markus sagt Jesus, Ehebruch begeht ein Mann, der seine Frau, und eine Frau, die ihren Mann verlässt. Der spätere Matthäus lässt Jesus nur noch sagen, Ehebruch begeht eine Frau, die ihren Mann verlässt. Vom Mann ist gar nicht mehr die Rede. Männer begehen offensichtlich keinen Ehebruch. Und das ist nur ein Beispiel von vielen.

Zu Jesu Jüngerkreis gehören wie selbstverständlich auch Jüngerinnen. Eine Provokation für damalige Zeiten, dass auch Frauen mit dem Wanderprediger durch die Lande zogen. Kein jüdischer Rabbi, der ernst genommen werden wollte, konnte sich das leisten. Lukas schreibt: „Die Frauen, die zusammen mit Jesus aus Galiläa hergekommen waren ..." (Lk 23,55). Sechs Jüngerinnen Jesu sind mit Namen bekannt: Johanna, Susanna, Maria (Frau des Kleopas), Maria (Mutter des Jakobus), Salome und Maria Magdalena. Bei Lukas lesen wir außerdem: „Sie alle unterstützten Jesus und die Jünger mit dem, was sie besaßen." (Lk 8,3) Es waren offenbar wohlhabende, wahrscheinlich reiche, emanzipierte Frauen, die von Jesus fasziniert waren und sich ihm anschlossen. Frauen gehörten zu seinen ständigen Begleiterinnen.

Auffallend ist, dass Jesus Männer oft ermahnt, ja sogar beschimpft hat: „Wehe euch, ihr Schriftgelehrten und Pharisäer, ihr Heuchler, ihr verschließt den Menschen das Himmelreich ... Ihr seid blinde Führer, ihr blinden Narren! ... Ihr Narren! Ihr Schlangenbrut! Wie wollt ihr dem Strafgericht der Hölle entrinnen?" (Mt 23) Von Frauen hingegen hat Jesus gelernt, er ging in ihre Schule. Er hatte es auch nötig.

Denn auch Jesus musste erst lernen, Frauen ernst zu nehmen. Dafür nur ein Beispiel, das ich bereits im Buch „Jesus – der erste neue Mann" geschildert habe:

„Eine kanaanäische Frau aus jener Gegend kam zu ihm und rief: Hab Erbarmen mit mir, Herr, du Sohn Davids! Meine Tochter wird von einem Dämon gequält. Jesus aber gab ihr keine Antwort. Da traten seine Jünger zu ihm und baten: Schick sie fort, denn sie schreit hinter uns her. Er antwortete: Ich bin nur zu den verlorenen Schafen des Hauses Israel gesandt. Doch sie kam, fiel vor ihm nieder und sagte: Herr, hilf mir! Er erwiderte: Es ist nicht recht, das Brot den Kindern wegzunehmen und es den kleinen Hunden vorzuwerfen. Da entgegnete sie: Ja, Herr! Aber selbst die kleinen Hunde essen von den Brotkrumen, die vom Tisch ihrer Herren fallen. Darauf antwortete ihr Jesus: Frau, dein Glaube ist groß. Es soll dir geschehen, wie du willst. Und von dieser Stunde an war ihre Tochter geheilt." (Mt 15,22–28)

Diese Geschichte zeigt geradezu beispielhaft den Lernprozess, für den Jesus offen war. Der Mann war nicht fehlerfrei, aber lernfähig. Genau so, wie es Carl Gustav Jung in seiner ersten Analyse in diesem Buch aufgezeigt hat. Am Beginn der Begegnung dachte er gar nicht daran, der hilfesuchenden Frau auch nur zu antworten. Sie war ja schließlich Ausländerin. Und er war nur für seine Landleute und für seine Glaubensgenossen da – für das „auserwählte" Volk der Juden. Jesus scheint hier noch ganz gefangen in Sexismus, Nationalismus und Sich-auserwählt-Fühlen. Deshalb versucht er es mit der Ausrede, er sei ja nur für die Juden da.

Diese Ausrede hat Jesus einem heidnischen Mann gegenüber nie gebraucht. Als der heidnische Hauptmann von Kafarnaum ihn um die Heilung seines Knechts bat, sagt Jesus spontan und wie selbstverständlich: „Ich will kommen und ihn heilen." Als die heidnische Frau dagegen hartnäckig bleibt, wird Jesus boshaft und bockig und vergleicht sie mit einer Hündin. Seine Jünger wollen sie sogar vertreiben. Als Frau ist sie ja gar kein richtiger Mensch! Welch patriarchalische Arroganz! Brot ist für „die Kinder" da, aber doch nicht für „die Hunde". Zum Vergleich Jesu mit den Hunden schreibt Christa Mulack: „Eine Antwort, die an Unsensibilität und Unverschämtheit wohl kaum zu überbieten ist und für unser Jesusbild befremdlich wirkt. So kennen wir ihn nicht."[12]

Was Jesus im Gespräch mit der heidnischen Frau gelernt hat, hat die Philosophin Hannah Arendt so formuliert: „Nie in meinem Leben habe ich ein Volk oder ein Kollektiv geliebt – nicht das deutsche, nicht das französische, nicht das amerikanische, nicht die Arbeiterklasse oder irgendetwas anderes dieser Art. Ich liebe ‚nur' meine Freunde, und die einzige Liebe, die ich kenne und an die ich glaube, ist die Liebe zu den Menschen."

Die heidnische Syro-Phönizierin nimmt jedoch die Bosheit Jesu ihr gegenüber an. Schlagfertig nimmt sie das Wort „Hunde" auf, bildet daraus ihrerseits ein Bibelwort und besteht den Test gegenüber Jesus souverän. „Die Hunde", sagt sie schnippisch, „bekommen doch wenigstens die Brotreste, die vom Tisch ihrer Herren fallen." Erst jetzt fällt bei Jesus der Groschen. Die Verachtung gegenüber dieser heidnischen und ausländischen Mutter muss ihm schlagartig klargeworden sein. Er wurde sich der Verachtung bewusst, nachdem ihm diese Frau einen Spiegel vorgehalten und eine geistige Ohrfeige gegeben hatte. Danach hat er wohl sein eigenes Verhalten als „hündisch" begriffen. Er sieht seinen „Schatten", seinen männlichen Stolz, seine noch nicht integrierte Anima, würde Carl Gustav Jung analysieren.

Christa Mulack zieht dieses Fazit der Geschichte: „Nur weil er selbst durch die Phase der Menschenverachtung gegangen ist, und bereit war, sich eines Besseren belehren zu lassen – konnte er zum Lehrer anderer werden – denn hinter ihm stand die Autorität der Selbsterfahrung. Die matriarchale Religion ist also eine echte Befreiungsreligion."[13]

Zur Verdeutlichung eine eigene Erfahrung mit dem gleichen Ergebnis einer Heilung in meiner Familie: 1982 bekamen wir unsere zweite Tochter. Sie konnte beinahe zwei Jahre nicht durchschlafen. Die ganze Familie wurde krank, weil wir uns alle nicht mehr richtig erholen konnten. Kein Arzt konnte helfen. Dann endlich ging ich mit unserer kleinen Tochter zu einem anthroposophischen Arzt. Dieser fragte nicht nach unserer Tochter, sondern mich nach meinen vielen beruflichen Terminen neben meinen Fernsehterminen, die er der Presse entnommen hatte. Ich wehrte mich zunächst gegen die Fragen an mich, deutete auf unsere Tochter Caren Maria und sagte: „Sie kann nicht schlafen", bis mir urplötzlich klar wurde, dass das eigentliche Problem tatsächlich meine viel zu vielen Termine waren und ich meinen beruflichen Stress auf die ganze Familie übertragen hatte. In dieser Sekunde, wirklich in derselben Sekunde, in der mir durch die Fragen des Arztes diese Zusammenhänge klar wurden, schlief unsere Tochter auf meinem Schoß ein und konnte plötzlich lange schlafen. Sie hatte ab diesem Tag keine Schlafprobleme mehr. Und die Familie wurde gesund, weil ich endlich etwas begriffen hatte.

Es war tatsächlich eine unglaubliche Sekundenheilung und eine Übertragung vom Vater auf seine Tochter, von mir auf unsere Tochter. Manche Wunder sind ganz real. Es war der dänische Naturwissenschaftler und Physiknobelpreisträger Niels Bohr, der so schön und richtig gesagt hat: „Wer nicht an Wunder glaubt, ist kein Realist." Als Wunder gilt, wenn das scheinbar Unmögliche möglich wird – wie zum Beispiel die friedliche deutsche Wiedervereinigung im Jahr 1989. Ein Wunder, das leider viele schon wieder vergessen haben. Die vielen Wundergeschichten des Neuen Testaments erzählen von der Sensibilität für das Außergewöhnliche und vom Mut, über die eigene intellektuelle Begrenztheit zu springen. Wer an Wunder glaubt, verlässt die alten Trampelpfade – wie zum Beispiel Mahatma Gandhi oder Nelson Mandela oder auch Jesus und Maria Magdalena. Bei der Heilung unserer Tochter wurde mir freilich auch klar, was wir Eltern unbewusst unseren Kindern antun können.

Jesu Bereitschaft, von Frauen zu lernen, ist deshalb so überraschend, weil die meisten Männer zu seiner Zeit noch gar keine psychische Beziehung zum Weiblichen hatten. Jesus aber stellte die Werteskala des Patriarchats auf den Kopf. Die Mutter, deren Tochter Jesus von „einem bösen Geist" geheilt hat, war sehr aufdringlich. „Zickig" würden wir heute sagen. Vielleicht hatte sie ihren eigenen „bösen Geist", Ihre eigene Neurose, auf ihre Tochter übertragen. Doch nachdem Jesus ihre seelische Not erkannt hatte und diese ernst nahm, wandte er sich ihr ganz zu. Vielleicht sahen sich die beiden tief in die Augen, bevor Jesus den entscheidenden und heilenden Satz sagen konnte: „Frau, dein Glaube ist groß. Was du willst, soll geschehen." Und von dieser Stunde an war ihre Tochter geheilt. Wiederum eine Analyse von Carl Gustav Jung: „Vater- und Muttersein stellt wahrscheinlich die größte Verantwortung dar, die ein Mensch heutzutage übernehmen kann." Und: „Nichts wirkt seelisch stärker auf die Kinder als das ungelebte Leben der Eltern."[14]

Jenseits des modischen Streits über autoritäre oder antiautoritäre Erziehung stellt der Schweizer Seelenforscher damit die zukunftsentscheidende Frage nach der Erziehung der Erzieher. Wir hatten Besuch. Die Eltern sagten ihrer zweijährigen Tochter in fünf Minuten zwölfmal: „Das macht man nicht!" Wie soll aus diesem Kind je ein Mensch mit aufrechtem Gang werden? Wenn Kinder einmal vollwertige Erwachsene werden sollen, dann brauchen sie Vollwertmütter und – woran es ihnen heute noch viel häufiger mangelt – Vollwertväter.

9. Wir brauchen ein Gleichgewicht zwischen Verstand und Herz

Glauben oder besser Vertrauen – das Schlüsselwort Jesu, das Wort, das alles verwandelt und heilt. „Willst du gesund werden?", hat er alle gefragt, bevor er sie heilen konnte. Der eigene Wille zur Heilung ist für Jesus die unabdingbare Voraussetzung für jede Heilung. Ein anima-integrierter Mann ist ein Mann, der Angst durch Vertrauen überwindet. Vertrauen gehört zur wichtigen Wortfamilie treu, sich trauen, zutrauen, sich anvertrauen. Es meint den ganzen psychologischen Raum des Sich-sicher-Fühlens. Als Jesus die Angst der Frau angenommen und ihr Vertrauen erwidert hatte, konnte der „böse Geist" der Tochter verschwinden. Ängstliche Eltern haben meist ängstliche Kinder. Angstfreie Eltern haben meist angstfreie Kinder. Durch die Heilkraft des Vertrauens können sich die gordischen Knoten der Angst lösen. Hier traf eine vertrauenserfüllte Mutter zu Hause eine Tochter, die sich plötzlich auch wohl und befreit fühlte.

Achte Analyse nach Jesus: Gott ist Geist.
Die Analyse dieser Geschichte: Theologen mögen enttäuscht sein, dass in dieser Heilungserzählung von Gott nicht die Rede ist. Auch nicht von Christus. Lediglich von Jesus, der einer gestressten, aber

hartnäckigen und liebenden Mutter selbst lernbereit zugehört und ihre seelische Not verstanden hatte. Vertrauen, zuhören und lernen wollen von Frauen sind *die* weiblichen Eigenschaften des ersten neuen Mannes der Weltgeschichte, Jesus.

Jesus, ein Freund der Schwachen und Verachteten, ist heute ein Freund der Asylbewerber und Corona-Betroffenen, der kranken Alten, der Armen, der vielen alleinerziehenden Mütter und Väter, der verzweifelten Frauen in einem Schwangerschaftskonflikt, der Kriegs- und Klimaflüchtlinge, der Heimatvertriebenen und der Kriegsopfer. Aber er ist auch ein Freund derer, die an einer besseren Welt mitarbeiten: die Hundertausende, die in Alternativbewegungen kämpfen, die mutigen Blockierer vor Raketensilos, die Tierbefreier, die Umwelt- und Klimaschützer, die Pazifisten, die Mitglieder von Greenpeace und Amnesty International. Und diese dynamische Zivilgesellschaft wird in unserer Zeit immer stärker und mutiger: Die für ihre Söhne kämpfenden Soldatenmütter in Russland, die engagierten Friedenskämpferinnen in Weißrussland, die gegen die Mullah-Herrschaft in Iran protestierenden Millionen auf den Straßen sind nur die Speerspitze der sich auf der ganzen Welt emanzipierenden Menschen.

Im Herbst 2022 hat Olga Tsukanowa zusammen mit anderen Frauen in Russland ganz legal den „Rat der Mütter und Ehefrauen" gegründet. Sie begehren gegen Präsident Putin auf, weil ihre Söhne und Ehemänner in der Ukraine kämpfen müssen, ohne ausreichend ausgerüstet und ausgebildet zu sein. Immer mehr russische Frauen kämpfen mit dem Mut der Verzweifelten gegen das herrschende System der Unterdrückung. Olga Tsukanowa in einem Video: „Keine normale Mutter möchte, dass auf ihre Kinder geschossen wird." Der Aufstand der russischen Frauen nimmt zu, je länger der Krieg dauert. Zum Muttertag 2022 inszenierte der Kreml ein Treffen von Wladimir Putin mit Soldatenmüttern. Dabei schwadronierte der Kreml-Chef vom „Heldentod auf dem Schlachtfeld".

Als schwach galt und gilt das Weibliche in uns. Jesus aber wollte die Umwertung aller patriarchalen Werte. Christa Mulack: „Auch ich sehe in Jesus die Inkarnation inzwischen vergessener weiblicher Werte, die er – und das ist das Besondere an ihm – als Mann zu leben versuchte."[15] Dafür steht auch seine Begegnung mit der Samariterin am Jakobsbrunnen:

„Da kam eine Frau aus Samarien, um Wasser zu schöpfen. Jesus sagte zu ihr: Gib mir zu trinken. Seine Jünger waren nämlich in die Stadt gegangen, um etwas zum Essen zu kaufen. Die Samariterin sagte zu ihm: Wie kannst du als Jude mich, eine Samaritanerin, um etwas zu trinken bitten? Die Juden verkehren nämlich nicht mit den Samaritanern. Jesus antwortete ihr: Wenn du wüsstest, worin die Gabe Gottes besteht, und wer es ist, der dir sagt: Gib mit zu trinken!, dann hättest du ihn gebeten und er hätte dir lebendiges Wasser gegeben. Sie sagte zu ihm: Herr, du hast kein Schöpfgefäß, und der Brunnen ist tief; woher hast du also das lebendige Wasser? Bist du etwa größer als unser Vater Jakob, der uns den Brunnen gegeben und selbst daraus getrunken hat, wie seine Söhne und seine Herden? Jesus antwortete ihr: Wer von diesem Wasser trinkt, wird wieder Durst bekommen. Wer aber von dem Wasser trinkt, das ich ihm geben werde, wird niemals mehr Durst haben; vielmehr wird das Wasser, das ich ihm gebe, in ihm zur sprudelnden Quelle werden, deren Wasser ins ewige Leben fließt. Da sagte die Frau zu ihm: Herr, gib mir dieses Wasser, damit ich keinen Durst mehr habe und nicht mehr hierherkommen muss, um Wasser zu schöpfen. Er sagte zu ihr: Geh, ruf deinen Mann und komm wieder her. Die Frau antwortete: Ich habe keinen Mann. Jesus sagte zu ihr: Du hast richtig gesagt: Ich habe keinen Mann. Denn fünf Männer hast du gehabt, und der, den du jetzt hast, ist nicht dein Mann. Damit hast du die Wahrheit gesagt. Die Frau sagte zu ihm: Herr, ich sehe, dass du ein Prophet bist. Unsere Väter haben auf diesem Berg Gott angebetet; ihr aber sagt, in Jerusalem sei die Stätte, wo man anbeten muss. Jesus sprach zu ihr: Glaube mir, Frau, die Stunde kommt, zu der ihr weder auf diesem Berg noch in Jerusalem den Vater anbeten werdet. Ihr betet an, was ihr nicht kennt, wir beten an, was wir kennen; denn das Heil kommt von den Juden. Aber die Stunde kommt, und sie ist schon da, zu der die wahren Beter den Vater anbeten werden im Geist und in der Wahrheit; denn so will der Vater angebetet werden. Gott ist Geist und alle, die ihn anbeten, müssen im Geist und in der Wahrheit anbeten." (Joh 4,7–24) Das Göttliche ist in der Welt gegenwärtig als Geist – das ist die christliche Pfingstbotschaft.

Diese Geschichte zeigt Jesus in der Schule einer nichtjüdischen Frau. Noch ist auch er geprägt von jüdischem Nationalismus und patriarchaler Frauenverachtung. Zunächst begegnet er der Frau in alter nationalistisch-männlicher Arroganz. „Wenn du wüsstest, wer dich um Wasser bittet … das Heil kommt von den Juden." Dann weist die Nichtjüdin den Juden Jesus auf ihre gemeinsame Vergangenheit hin. Jetzt erst wird Jesus klar, wie eng sein eigenes Gottesbild ist. In diesem Augenblick begreift er die Absurdität eines „jüdischen", jedes nationalistischen Gottes. Religiöser Nationalismus hat bis heute die schlimmsten, fürchterlichsten und menschenfeindlichsten Auswirkungen. Noch im Zweiten Weltkrieg stand auf den Koppeln der deutschen wie der französischen Soldaten „Gott mit uns". Und so haben sich Christen verschiedener Nationen millionenfach gegenseitig umgebracht. Doch mit dieser Umkehr am Brunnen dank der Frau aus Samaria wird Jesus zum ersten neuen Mann. Jetzt ist sein neues gesundmachendes Gottesbild geboren, und er kann sagen: „Gott ist Geist, und alle, die ihn anbeten, müssen ihn im Geist und in der Wahrheit anbeten." Vielleicht die wichtigste Sekunde der Weltgeschichte. Wer den Liebesgott Jesu wirklich verstehen will, muss im Geist und in der Wahrheit *neugeboren* werden. Gott ist zeitlos, grenzenlos, er ist Geist, ein Gott für *alle*.

Wir sind nicht dazu verurteilt, in einer Welt voller Hass, Gier, Elend, Rache, Krieg, Frauendiskriminierung und Neid zu leben.

Jede und jeder von uns kann ein Nachfolger Jesu oder eine Freundin Buddhas werden. Der Dalai Lama empfiehlt eine „Wissenschaft des Mitgefühls". Dann können wir dabei mithelfen, dass alle Völker die Behandlung erfahren, die wir für uns selber wünschen: Russen ebenso wie Ukrainer, Palästinenser ebenso wie Israelis, Chinesen ebenso wie Tibeter oder US-Amerikaner. (Und Bayern ebenso wie Preußen!)

Jetzt ist der Weg frei für mehr Frieden, mehr Gerechtigkeit, mehr Mitgefühl, mehr Gleichberechtigung zwischen Mann und Frau und mehr Empathie auf der Welt. Das ist ein Prozess, an dem wir uns beteiligen können. Wo ein Wille, da auch ein Weg. Noch gibt es aber zu wenig Wille für eine friedlichere, gerechtere, mitfühlendere und empathischere Welt. Das wird auch so bleiben, solange innerhalb von Kirchen nicht einmal Gleichberechtigung und Gleichwertigkeit zwischen den Geschlechtern erreicht ist.

Oft ist die eklatante Ungerechtigkeit zwischen Männern und Frauen in den Kirchen ein Abbild dieser Ungerechtigkeit in den Gesellschaften. So beträgt der Frauenanteil unter den Vorständen der großen Konzerne in Deutschland im Jahr 2022 nur vierzehn Prozent. Es gibt unter den Vorstandschefs mehr Männer mit dem Namen Christian als Frauen insgesamt. Mehr als die Hälfte aller Börsenunternehmen sind noch ohne eine einzige Vorständin. Der Frauenanteil unter den Mitgliedern der Parteien mit dem C im Namen beträgt 27 Prozent. Frauen verdienen für die gleiche Arbeit wie Männer hierzulande immer noch achtzehn Prozent weniger Geld.

Gegen jede Frauenverachtung und ebenso gegen jeden dogmatischen Feminismus, der in alter Verblendung Männer- und Frauenrollen lediglich austauschen will, sagt der erste neue Mann uns Männern und den Frauen: Ihr seid gleichwertig. Ihr sollt nicht herrschen, ihr sollt einander lieben und dienen. Aber bis heute beruht unser ganzes Wirtschaftssystem auf der unbezahlten Arbeit von Frauen.

Es gibt im Leben des Jesus von Nazareth drei Augenblicke, die ihn und die Welt veränderten:

Erstens: Seine Taufe am Jordan, als er in seinem Innern über die Stimme Gottes, seines Abba, „hört": „Du bist mein geliebter Sohn." In diesem Augenblick erkennt er seine ganz besondere Berufung. Er hat jetzt von Gott eine einzigartige Offenbarung und Vollmacht empfangen und die Erkenntnis, Gott gegenüber zu völliger Hingabe verpflichtet zu sein. „Abba" bedeutet auch: Gott ist die Güte in Person. Und Güte ist für Jesus die Integration des Schönen, Guten und des Wahren. Er weiß ganz sicher: Wir kommen von Gott und gehen zu Gott. Die geistige Welt ist unsere ewige Heimat. Und diese spirituelle Botschaft hat er einer Frau, seiner Maria Magdalena, anvertraut. Ab jetzt redet Gott mit uns und zu uns über Jesus, seinen Botschafter. Und über dessen Gefährtin.

Zweitens: Sein Zusammentreffen mit der Frau aus Samaria am Jakobsbrunnen. In der Diskussion mit dieser „Heidin" wird Jesu neues Gottesbild erst vollständig. Er erkennt, dass sein Abba nicht ein Gott eines auserwählten Volkes ist, sondern der Gott für *alle* Menschen zu *allen* Zeiten.

Drittens: Sein Entschluss, bewusst nach Jerusalem zu gehen, obwohl er genau wusste, dass dieser Weg der Weg ans Kreuz bedeutet. Er wusste, wie schwer es den Menschen fällt, sein neues Gottesbild und das entsprechende Menschenbild zu verstehen und danach zu leben. Deshalb musste er ein absolut einmaliges Zeichen setzen, damit die Menschen ihm vertrauen. Er hat bewusst *sein* Leben riskiert, damit *wir* verstehen. Mit „Sühneopfer" hat das gar nichts zu tun. Es war ein Zeichen einmaliger Liebe und Verantwortung gegenüber *allen* Menschen. Gefolgt auf diesem Weg sind ihm wiederum Frauen, während seine Männer ihn verleugnet haben oder weit weg waren. Leider wird Jesus von Millionen Christen noch immer als „Sündenbock" missverstanden.

„Das, was euch verborgen ist, will ich euch erzählen", sagt Maria Magdalena in „ihrem" Evangelium. Unerschrocken und selbstbewusst, selbstbestimmt und selbsterfüllt, tritt sie hier als die wahre Nachfolgerin Jesu auf, quasi als erste Päpstin. Pikanterweise nach einer Aufforderung von Petrus, dem kirchenoffiziellen ersten Papst. Der Konflikt ist absehbar. Dennoch: Nach der Wiederentdeckung dieses alten und neuen Evangeliums ist die reale erste Päpstin nur eine Frage der Zeit. Ich gehe davon aus, dass noch in diesem Jahrhundert die erste Frau zur Päpstin gewählt wird.

Eine Frau als Chefin einer werdenden Kirche? Mitten im Patriarchat? Das war doch unerhört! Weibliche Konkurrentinnen konnten sich die Herren weder damals noch erst recht später nicht vorstellen. Der *Spiegel* sieht in seinem Weihnachtstitel des Jahres 2018 in Maria Magdalena „eine Symbolfigur für die Unterdrückung der Frauen durch den religiösen Machtapparat ... Mit ihr haben die Männer der Kirche nicht nur die Frau aus Magdala an den Rand gedrückt, sondern alle Frauen." Im vierten nachchristlichen Jahrhundert schrieb Bischof Epiphanios von Salamis: „Das weibliche Geschlecht ist leicht verführbar, schwach und ohne viel Verstand." Bis heute wird dieser Bischof von der katholischen Kirche als Kirchenvater verehrt. Später macht Papst Gregor der Große den Rufmord der Jesus-Gefährtin perfekt. In seiner päpstlichen „Unfehlbarkeit" stellte er fest: Sie war eine Prostituierte. Auch dieser Papst war ein Mensch. Irren ist menschlich, also ist irren auch päpstlich.

Das sogenannte finstere Mittelalter ist voll von solchen päpstlichen Irrtümern, zum großen Teil katastrophalen Irrtümern, die zur Inquisition, Folter und Hexenverbrennungen geführt haben. Abtrünnige wurden verfolgt, verurteilt und verbrannt. Die katholische Kirche bekämpfte „Irrtümer" brutal, auch die evangelische Kirche hat „Ketzer" verfolgt. Kirchliche Frauenfeindlichkeit hatte schon im Mittelalter Tradition.

Im Thomasevangelium verrät Petrus sein Frauenbild am deutlichsten, indem er zu Jesus diese zwei ungeheuerlichen Sätze sagt: „Maria soll von uns weggehen! Denn die Frauen sind des Lebens nicht wert." (Thomasevangelium 114)

So kam es, wie es kommen musste. Einflussreiche Männer deuteten diese Frau zur reumütigen Sünderin um, die in ihrem früheren Leben nichts anderes als eine Prostituierte gewesen sein kann. Viele fromme Kirchgänger glauben das noch heute. Aber weder die Evangelien des Neuen Testaments noch das apokryphe Evangelium liefern für diese steile These einen Hinweis. Wieder einmal ist blind glauben wichtiger als wissen. Noch im 21. Jahrhundert ist für die vatikanische Kongregation für die Glaubenslehre die Weihe einer Frau zur Priesterin eine der „schwerwiegendsten Straftaten" gegen das Kirchenrecht. Was würde Jesus dazu sagen? Aber das spielt ja in der real existierenden Kirche von heute keine Rolle. Wer ist schon Jesus gegenüber hochwürdigen Kardinälen wie den Herren Woelki oder Müller? Viele Superegos – Woelki, Müller, Zollitsch, Gänswein –, wie sie die katholische Kirche in beachtlicher Zahl immer wieder hervorbringt, zumindest an ihrer Spitze, haben nicht im Ansatz begriffen, wie ihre Kirche reformierbar wird.

Doch in Österreich feiert die Katholikin Christine Mayr-Lumetzberger heilige Messen, tauft Kinder und traut Brautpaare – natürlich gegen den Willen der katholischen Kirche. Die 66-Jährige ließ sich sogar zur Bischöfin weihen und wurde daraufhin von ihrer Kirche exkommuniziert. Schon als Jugendliche wollte sie Priesterin werden. Sie habe eben dieses „Gottes-Gen" und „eine riesige Freude am Glauben", erzählt sie der *Süddeutschen Zeitung*. Sie arbeitet seit zwanzig Jahren als katholische Priesterin. Die allgemeine Frauenordination ist für sie nur „eine Frage der Zeit". Zusammen mit fünf anderen Frauen hat sie der argentinische Bischof Rómulo Braschi 2002 auf einem Donauschiff bei Passau zur Priesterin geweiht. Auch Braschi wurde vom Vatikan exkommuniziert. Der Vatikan hat diese Weihe als „absurdes Theater und Sektenspektakel" abgetan. Doch Christine Mayr-Lumetzberger tauft, traut und weiht noch immer. Sie will nicht darauf warten, „bis ein paar Männer in Rom endlich im 21. Jahrhundert ankommen. Die Menschen in meiner Gemeinde brauchen die Seelsorge jetzt". Auf die Frage der Journalistin: „Was lässt Sie immer weitermachen? Ihr Glaube?", sagt die fromme katholische Priesterin und Bischöfin: „Ja, schon. Ich glaube fest daran, dass der Geist Gottes irgendwann auch in den härtesten Männerköpfen wirken muss. Ich habe schließlich auch nie geglaubt, dass die Berliner Mauer fällt. Und dann fiel sie doch."

Frauen machen vielleicht keine bessere Kirche. Aber mit Sicherheit eine andere. Frauen blicken anders auf die Welt, sie würden eine Kirche mit einem weiblichen Blick und mit einer geschlechtergerechten Perspektive schaffen. So aber verlassen immer mehr der besten Köpfe, egal ob Frauen oder Männer, die christlichen Kirchen, solange diese voll von toxischer Männlichkeit sind. Wer zum Machtmissbrauch in seiner Kirche allzu lange lediglich ein unerträgliches Schweigen vernimmt, wird irgendwann aus seiner Kirche austreten. Hier und außerhalb Europas. Gelungene Balance ist ein anderes Wort für Liebe. Und Liebe meint Verzicht auf Machtmissbrauch. So wie die Kirche heute ist, eine Kirche toxischer Männlichkeit, kann keine Integration, keine Harmonie und keine Balance entstehen.

Der Heilige Geist ist deshalb heilig, weil er ein heilender Geist ist. Und bekanntlich weht er, wo und wie er oder sie will. Kardinal Marx sagt schon einmal: „Bei manchen Priestern wäre es besser, sie wären verheiratet. Ich denke, so wie es jetzt ist, kann es nicht weitergehen. Es ist falsch, die Möglichkeit, den Zölibat zu leben, einfach auf den Einzelnen abzuladen."[16] Na also! Die katholische Kirche gleicht einem zerfallenden Haus. Sturmgeplagt und von reißendem Hochwasser bedroht. Da muss man sich entscheiden: Abrissbirne oder Kernsanierung. Bietet das Maria Magdalena-Evangelium in seinem esoterischen und nicht leicht zu verstehenden Teil vielleicht eine Hilfestellung?

Eine aus dem Gleichgewicht geratene, chaotische Welt sowie geistig unterbelichtete Kirchen und rationalistisch einseitig orientierte Menschen könnten durch diese Nous-Botschaft Marias und Jesu lernen, zur inneren und äußeren Harmonie und Ausgewogenheit zu finden. Der Zustand unserer heutigen Welt ist das beinahe hoffnungslose Ergebnis eines einseitigen, starren und männlichen Machtstrebens nach 6000 Jahren Patriarchat. Unreife Führer und einseitig rationalistisch orientierte Menschen brauchen immer äußere Feinde, auf die man die eigenen ungelösten Probleme abschieben und die eigenen Schattenseiten verdrängen kann. Das fragile Gleichgewicht zwischen universaler Ordnung und dem irdischen Chaos ist hauchdünn und brüchig geworden.

Jede Demokratin und jeder Demokrat wird sich nach der Lektüre dieses Buchs fragen, ob der Verlust von Religion und Spiritualität und der Verzicht auf den Schatz des Religiösen in den reichen Industrieländern klug ist für die Zukunft einer lebendigen Demokratie. Entscheidend ist natürlich die Antwort auf die Vorfrage, was Religion und Spiritualität wirklich sind. Religion und Spiritualität im Sinne Jesu oder Maria Magdalena sind für die zentralen Zukunftsthemen Frieden, Gerechtigkeit, Umweltschutz und Humanität nicht nur hilfreich, sondern geradezu eine Voraussetzung. Unsere Welt der Unordnung ruft nach einer neuen Weltordnung. Könnte das Zauberwort Nous dabei eine Hilfe sein?

Der Dichter Joseph von Eichendorff hatte die geniale Fähigkeit, durch die natürliche Schönheit seiner Sprache unsere Seele zu berühren: Er trifft damit unsere Innenwelt, die heute oft so ausgetrocknet ist. Es ist und war zu aller Zeit unsere innere Welt, die von der Sprache berührt wird. Oft löst ein Zauberwort wie Nous ein höheres Niveau unserer bisherigen Entwicklung aus. Also das Zauberwort von Josef von Eichendorff:

> Schläft ein Lied in allen Dingen,
> die da träumen fort und fort.
> Und die Welt fängt an zu singen,
> triffst du nur das Zauberwort.

Das Maria-Magdalena-Evangelium zeigt uns, wie durch sein Zauberwort Nous etwas Neues, Unverbrauchtes und Zukunftsfähiges entstehen kann. In dieser Woche hatte ich einen Traum, den ich Ihnen, liebe Leser, liebe Leserinnen, nicht vorenthalten möchte. Nach einem Vortrag im Rheinland in einer Christuskirche mit dem Thema „Unser Haus brennt – was wir jetzt tun müssen" und nach einer sehr lebhaften Diskussion über unsere Zukunft träumte ich, dass ich am Gründonnerstagabend in Jerusalem beim Abschiedsessen Jesu mit seiner Freundin und Freunden dabei sein durfte. Jesus reichte Wein und Brot, vegetarische Produkte, und erklärte, warum er seinen Weg ans Kreuz bis zum bitteren Ende gehen muss: Damit wir seine Botschaft auch wirklich ernst nehmen und verstehen. Auch sprach er nochmals von seinem Traum einer besseren Welt. Dabei nannte er zwei Schlüsselworte: Harmonie (Nous) und Liebe und betonte, dass beides mit Bemühungen verbunden sei.

Liebe ist also Liebesarbeit, und Harmonie ist Harmoniearbeit. Liebe ist mehr als Emotionen, Romantik und Empfindlichkeiten. Allein neues Handeln schaffe den notwendigen Wandel, sprach Jesus zu seinen Freunden. Für unsere Zukunft seien allein wir selbst verantwortlich. Dann umarmte er seine Freunde und sagte zu jedem und zu jeder: „Ich liebe dich." Für mich hörten sich im Traum diese Worte an wie aus einer anderen Welt. Worte, die allein aus der geistigen Welt kommen konnten.

Der Gott Jesu schenkt uns die Freiheit, immer das Gute, aber auch das Böse zu tun. Diese Freiheit ist unser größtes Geschenk, aber auch Gottes größtes Risiko mit uns. Jesus-Vertrauen muss immer nach Freiheit riechen.

Maria Magdalena sprach auch die für die ganze Christenheit entscheidenden Worte am Ostermorgen: „Er lebt. Er ist auferstanden." Worte, weit weg von einseitig männlicher, aber ohnmächtiger Vernunft. Immer wieder aufstehen – gerade nach Niederlagen –, das ist unser Lebensauftrag. Lernfähig bleiben bis zum letzten Atemzug.

Für diese Erkenntnis bedurfte es einer weiblichen Psyche, der Weisheit. Diese Frau fühlte sich von Jesus bei ihrem Namen gerufen, und sie *wusste*, dass sie ihren Freund und Meister vor sich hatte. Das Männliche und das Weibliche hatten sich vereint. Das ist das Geheimnis und Wunder dieser „außergewöhnlichsten Liebe aller Zeiten", wie ich es in einem anderen Buch genannt habe. Die Männer um Jesus konnten sich zum Faktum der „Auferstehung" nur sehr schwer durchringen. Alle vier biblischen Evangelien beweisen, wie schwer es die männliche Ratio gegenüber der weiblichen Emotio hat, so etwas zu verstehen. Maria Magdalena hatte zuvor ihrem Jesus die Füße gesalbt und geküsst. Nicht nur ihre Tränen, auch ihre Küsse bedeckten die Füße Jesu. So wie Maria seine Füße wusch, so tat es Jesus mit seinen Jüngern beim Abschied. *Er* hat sich so verhalten wie *sie* zuvor. Sie war keine Intellektuelle, aber sie verströmte weibliches Gefühl und echte Liebe, welche der Verstandesklugheit vorauseilen.

Einige Leser werden sich wohl gewundert haben, dass ich oben schrieb, Jesus traf sich „mit seiner Freundin und Freunden" zum Abschiedsessen. Das vielleicht berühmteste Bild der Welt ist „Das letzte Abendmahl" von Leonardo da Vinci, das Sie hier sehen. Wir meinen, dass hier an einer langen Tafel dreizehn Männer Platz genommen haben. Auf dem Tisch drei große Speiseplatten, Teller, Schüsseln, eine Glaskaraffe, mit Wein gefüllte Gläser und kleine Brote. So weit, so gut und so auch bekannt. Aber schauen Sie doch mal auf die Person, die rechts von Jesus sitzt, und urteilen Sie selbst: Ist das eine Frau oder ein Mann? Für mich ist das eine schöne junge Frau, nämlich Maria Magdalena. Also ging schon Leonardo da Vinci davon aus, dass Jesus am Vorabend seines Leidens nicht allein mit Männern war, sondern mindestens eine Frau dabei war. Wer anders als seine Freundin Maria Magdalena sollte das sein? Bei einem Bild, das wir so gut zu kennen glauben wie dieses, schauen wir aus Gewohnheit gar nicht mehr so genau hin. Schon die Tradition blendet uns.

Das letzte Abendmahl von Leonardo da Vinci

Ausschnitt

Beim Aufwachen aus diesem Traum durchdrang mich ein sehr warmes Gefühl der Dankbarkeit, und mir ging dann ein Erlebnis durch den Kopf, das mir der Dalai Lama erzählt hatte. Nach dem 11. September 2001, als Islamisten den Anschlag in New York auf die Türme verübt hatten, der 3000 Menschen das Leben kostete, habe er dem damaligen US-Präsidenten George W. Bush ein Telegramm mit diesem Inhalt geschickt: „Herr Präsident, auch Bin Laden ist unser Bruder. Gewalt erzeugt immer Gegengewalt." Der US-Präsident hatte noch am 11. September den „Krieg gegen den Terror" erklärt. Dieser zwanzig Jahre dauernde Krieg in Afghanistan hat – mit Beteiligung auch Deutschlands – tausenden unschuldigen Menschen das Leben gekostet, hat über tausend Milliarden Dollar gekostet und zu diesem Ergebnis geführt: Heute regiert in Afghanistan ein Terrorregime der Taliban, das total frauenfeindlich, undemokratisch und menschenrechtsverletzend ist. Dieses Regime hat durch den überstürzten Abzug der ausländischen Truppen im August 2021 heute weit mehr westliche Waffen als je zuvor. Das ist der einzig gravierende Unterschied zur Zeit vor 2001. Wie würde die Welt heute wohl aussehen, wenn George W. Bush den Dalai Lama damals verstanden hätte? Wir wissen es nicht. Aber eines wurde wieder einmal klar: Mit Gewalt sind die Probleme unserer Zeit nicht zu lösen. Wenn wir es weiterhin mit Gewalt versuchen, kann dieser Versuch „ganz überraschend" mit einem Atomkrieg enden, auch wenn es „nur" ein Atomkrieg aus Versehen ist.

Mein oben beschriebener Traum bestätigt mir, dass wir ein neues Gleichgewicht zwischen Verstand und Herz anstreben müssen, damit wir etwas bewirken können. Dann könnten wir uns in einem bewussteren Sein bewegen und dann könnte in diesem neuen Energiefeld vielleicht so etwas wie Gott-Energie entstehen. Was ich hiermit meine, nennt der israelische Schriftsteller und Bestsellerautor Yuval Noah Harari *Homo Deus. Eine Geschichte von morgen.* Er ist ein gefeierter Redner mit tausenden Besuchern auf der ganzen Welt. Ist der Mensch tatsächlich gottgleich geworden, weil er mit Hilfe von Wissenschaft und Technik selbst gestalten, aber auch beenden kann?

10. Das Maria-Magdalena-Christentum

Maria Magdalena und Jesus repräsentieren das Göttliche im Menschen und zeigen als Paar den Weg in ein neues Zeitalter, das aber noch immer aussteht. Deshalb nenne ich dieses Evangelium das „Evangelium für das dritte Jahrtausend". Die Frau aus Magdala war Gefährtin und geistige Führerin Jesu, die ihm das Weltbild einer weiblichen Wertewelt vermittelte. Dieses neue ganzheitliche Weltbild hat Jesus einer männlich orientierten Welt vermittelt, die erst heute dabei ist, es zu verstehen. Diese ursprüngliche, unverfälschte jesuanische Lehre ist heute so aktuell wie vor 2000 Jahren. Eine künftige bessere Welt, in der Sprache Jesu „das Reich Gottes", braucht eine intelligente Synthese, eine bessere Balance und ein sinnvolles Gleichgewicht von:

- Geist und Verstand
- Glauben und Wissen
- Denken und Fühlen
- der polaren Einheit von weiblich und männlich
- von Männern und Frauen
- Liebe und Sexualität als Kernelemente zwischen Mann und Frau
- Mütterlich- weiblichem und Väterlich-männlichem
- Kurzfristdenken und Langfristhandeln
- Balance zwischen Ökologie und Ökonomie
- Gott und Göttin
- Himmel und Erde
- Innen und Außen
- Natur und Kultur
- Balance zwischen starkem Staat und freiem Markt
- Einnahmen und Ausgaben sowohl privat wie auch beim Staat
- Balance zwischen Arbeit und Freizeit
- Balance zwischen Arm und Reich

- Balance zwischen Geben und Nehmen
- Balance zwischen Tun und Ruhn, zwischen Tun und Sein

Es geht dabei immer um dynamische Balancen. Jede Frau und jeder Mann tragen weibliche und männliche Energien in sich. Balance meint Integration, nicht Vorherrschaft des einen oder anderen. Liebe ist immer eine Quelle neuer Kreationen. Sie sät den Samen der Zukunft in Verbindung mit dem Göttlichen.

In der Politik muss die alte Frage nach der Balance zwischen Sicherheit und Freiheit immer wieder gestellt werden. Oder: Neuromediziner sagen uns schon seit Jahrzehnten, dass wir ein gelingendes Leben nur erreichen, wenn wir unsere linke und rechte Gehirnhemisphäre in Balance bringen – zum Beispiel durch einen ununterbrochenen und sehr entspannenden Ölguss auf die Stirn bei einer Ayurveda-Kur oder durch regelmäßige Meditation oder durch bewusstes Beten. Beten und Meditieren sind nach meiner Erfahrung so etwas wie der Sauerstoff für die Seele.

Aufgabe der Politik ist auch die Balance zwischen Arm und Reich. Im Januar 2023 stellt ein Oxfam-Bericht fest, dass 81 Prozent der Vermögenszuwächse der letzten zwei Jahre an das eine Prozent der Reichsten geflossen sind. Schon die antiken Griechen interpretierten Gerechtigkeit als das stets fragile, aber notwendige Gleichgewicht einer Gesellschaft. Hier muss die Politik mit sichtbarer Hand eingreifen. Die sogenannte „unsichtbare Hand" des Neoliberalismus, die durch den Markt allein für Gerechtigkeit sorgt, hat sich längst als Hirngespinst erwiesen. So, wie es jetzt läuft, wird das System erst krank, und dann geht es unter. Zur Tatsache, dass sich in Deutschland 99 Prozent der Menschen mit 19 Prozent des Vermögenszuwachses zufriedengeben müssen, sagt der Philosoph Christoph Quarch: „Nur ein neuer und gesunder Geist wird uns retten: Der Gemeinsinn."[17]

Das Tor zu einer besseren Welt heißt Hoffnung und Zuversicht auf ein Mehr dieser Balance, dieser Harmonie und dieses inneren

Gleichgewichts. Ein Beispiel: Durch das viel zu viele CO_2 (Kohlendioxid, das bei jedem Verbrennungsvorgang entsteht) in der Atmosphäre ist diese völlig außer Balance: Zur Zeit Jesu lebten 250 Millionen Mensch auf der Erde. Am Beginn des Industriezeitalters waren wir eine Milliarde Menschen und wir hatten eine CO_2-Konzentration von 280 ppm (pars per million) in der Atmosphäre. Seit dem 15. November 2022 sind wir acht Milliarden Menschen und haben schon über 420 ppm CO_2 über uns. Mehr als je zuvor in den letzten fünfzig Millionen Jahren. Das größte Problem dieser Klimaveränderung sind freilich nicht die vielen Menschen, sondern das verschwenderische Leben der Reichsten in den reichen Industriestaaten. Die Atmosphäre ist hauptsächlich dadurch völlig außer Balance.

Und wir wissen, was das in den nächsten Jahrhunderten heißt, wenn wir die solare Energiewende nicht schaffen: Unbewohnbarkeit weiter Regionen, brutale Auslöschung von Tier- und Pflanzenarten, die Hälfte der Menschen kann wahrscheinlich nicht mehr dort leben, wo sie geboren wurde. Das Zauberwort für alle Schlüsselprobleme unserer Zeit heißt wirklich Balance. Unsere Erde hat Fieber, Kreislaufprobleme und ist immungeschwächt. So wie auch wir Menschen, die Tiere und die Pflanzen und – ja! – unsere Beziehungen.

Mehr von dieser Balance im Christentum wäre eine Art Maria-Magdalena-Christentum, dessen Konturen erst heute in den Zeiten der rationalistischen Einseitigkeit und der fehlenden Geistkraft entdeckt werden können. Erlauben Sie mir, liebe Leser und Leserinnen, eine kleine politische Abschweifung.

In der Woche, in der ich den zuletzt genannten Traum mit Jesus hatte und diese Zeilen schreibe, ist mein Freund Michail Gorbatschow gestorben. Er hat ständig vor einem Atomkrieg gewarnt und nichts dringlicher als eine atomwaffenfreie Welt gefordert. Sein Nachfolger Putin kam nicht zur Beerdigung und hat dem Friedensfreund ein Staatsbegräbnis verweigert. Doch der heute in Russland noch populäre Kriegsherr Putin wird dort bald vergessen sein, während der heute bei den meisten Russen noch unpopuläre Friedensfreund Gorbatschow unvergessen bleiben wird. Gorbatschow warb für ein „gemeinsames Haus Europa", in dem die Vielfalt der europäischen Völker in einem Gleichgewicht, also in Balance, friedlich miteinander leben. Er war überzeugt: „Wir leben als *eine* Menschheit auf *einer* Erde unter *einer* Sonne." Der Grundgedanke seiner Politik war die Überzeugung von der *einen* Menschheit. Menschlichkeit, so seine Erkenntnis, fängt erst dort an, wo die groben Unterschiede zwischen Menschen und Gruppen aufhören.

Ich halte es für möglich, dass im Jahr 2022 in Brasilien der Nationalist Bolsonaro die Wahlen verliert, (das schreibe ich eine Woche vor der Wahl!), 2023 der Krieger Putin in der Ukraine besiegt ist und 2024 bei den Wahlen in den USA der Egomane Trump keine Rolle mehr spielt und in Iran die Frauen bald mehr Freiheiten genießen als je zuvor. Diese neuen Zeilen schreibe ich am 1. November 2022: Soeben hat in Brasilien der Sozialdemokrat Lula da Silva tatsächlich die Wahlen gewonnen und bewiesen, dass eine große prodemokratische Koalition einen autoritären Präsidenten und Klimawandelleugner wie Bolsonaro stoppen kann. Das ist ein großartiger Sieg für die Demokratie sowie für den Amazonas-Regenwald und damit für das Klima und die ganze Welt. Noch in der Wahlnacht hat der Wahlsieger ein Bekenntnis zum ernsthaften Regenwaldschutz abgelegt. Ein ehemaliger Fabrikarbeiter aus einem Armenviertel in São Paulo übernahm zum dritten Mal die Macht im größten Land Südamerikas, das zuvor nur von einem kleinen Kreis einflussreicher Eliten geführt wurde. Allerdings ist das Land in Arm und Reich gespalten – die Wahl hat gezeigt: Je reicher, desto mehr Bolsonaro – je ärmer, desto mehr Lula. Eine Studentin in São Paulo sagte meiner ARD-Kollegin Anne Herrberg in die Fernsehkamera: „Lula bedeutet Hoffnung, Zukunft und Respekt. Nie wieder Bolsonaro, Hass und Intoleranz." Die international hoch angesehene Marina Silva wurde Umweltministerin. Ihr ist es ernst mit dem Kampf gegen die Entwaldung der „grünen Lunge" unseres Planeten. Zum ersten Mal in der Geschichte Brasiliens gibt es ein Ministerium für indigene Völker. Auch in Kolumbien und in Chile gelangen demokratische Regierungswechsel. Ein Grund zur Freude und Hoffnung. Ein Sieg der Demokratie gegen die Trumps, die Bolsenaros und Orbans dieser Welt. Diese Entwicklung in Lateinamerika ist von internationaler Bedeutung. Dabei müssen wir immer bedenken: Bei jedem Fortschritt kann es auch Rückschläge geben.

Und was ist die Hoffnung für die vom Krieg gebeutelte Ukraine? Ein größerer Fortschritt, als den Krieg gegen Russland zu gewinnen, wäre es für die Ukraine, wenn sie den Frieden gewinnen würde. Die Mehrheitsmeinung der Ukrainer brachte am Neujahrstag ein junger Mann aus Kiew in einer Tagesschau-Umfrage auf den Punkt: „Zuerst Waffen – und dann Frieden." Das ist in dieser Situation Realpazifismus. Dabei kann auch Deutschland helfen. Pazifismus heißt nicht Passivität, sondern kreative und aktive Friedenspolitik. Die 2011 erschienene Studie *Why Civil Resistance Works: The Strategic Logic of Nonviolent Conflict* von Erica Chenoweth und Maria J. Stephan zeigt eindeutig und für viele überraschend, dass gewaltloser Widerstand doppelt so viele Erfolge oder Teilerfolge erzielt wie bewaffneter Widerstand. Das heißt konkret: Wer zu Waffen greift, kann nur in einem Viertel aller Fälle mit Erfolg rechnen. Wer hingegen gewaltfrei kämpft, hat weit größere Chancen auf Erfolg. Das mag im aktuellen Fall des Angriffskriegs Putins gegen die Ukraine anders sein. Auf jeden Fall ist der Mythos vom friedenstiftenden Militär längst widerlegt. Je größer der friedliche Widerstand, desto wahrscheinlicher der Erfolg. Das beste Beispiel für diese These ist das Jahr 1989, das Jahr der friedlichen und erfolgreichen Revolution in Deutschland.

Für Russland gilt: Ein anderes Russland als das gegenwärtige unter Putin ist möglich. Das gilt auch für China, wo die Jugend heute selbstbewusster ist als noch vor einer Generation. Schon wenige Wochen nach der Niederschrift dieser Zeilen gab es auch in China die größten politischen Demonstrationen seit der Studentenrevolte 1989 auf dem Platz des Himmlischen Friedens. Und nur wenige Wochen nach dem letzten Parteitag, auf dem er sich seine Machtfülle scheinbar verewigen ließ, kann sich Diktator Xi dieser nicht mehr sicher sein. Tausende chinesische Demonstranten in vielen Dörfern und Städten riefen: „Wir wollen Rechtsstaat. Wir wollen Demokratie. Xi muss weg." Das ist im brutalsten Überwachungsstaat der Welt ziemlich revolutionär und mutig.

Die Menschheit hat die Sklaverei und den Kolonialismus weitgehend überwunden – warum nicht auch Krieg und Kriegswirtschaft, Armut und Umweltzerstörung?

11. Die Welt ist nicht im Gleichgewicht

Es ist ein geistiges Gesetz: Je mehr Menschen sich Friedensvisionen anschließen, desto größer ist die Chance ihrer Verwirklichung. Und im Zeitalter der Digitalisierung können Transformationen rascher stattfinden als früher. Afrika hat es im November 2022 vorgemacht: Nach zwei Jahren Krieg mit hunderttausenden Toten haben die äthiopische Regierung und die Rebellen der Nordprovinz Tigray mithilfe der Afrikanischen Union einen Friedensvertrag unterzeichnet und sich gegenseitig als „Brüder" angesprochen. Jetzt sollten nur noch die „Schwestern" einbezogen werden. Der Bürgerkrieg in Äthiopien zwischen der Zentralregierung und der nördlichen Provinz Tigray war zuletzt der mörderischste Krieg der Welt. Statistiker der Universität im belgischen Gent schätzen, dass dieser Krieg zwischen 385 000 und 600 000 Menschen das Leben gekostet hat. Hunderttausende wurden vertrieben und vergewaltigt oder sind verhungert. Die Welt hat sich kaum für diesen Krieg interessiert. Doch die Kriegsparteien verpflichteten sich Ende 2022 zu „einem dauerhaften Frieden und zu einer endgültigen Einstellung der Feindseligkeiten". Frieden ist immer möglich. Dabei sagt uns die Erfahrung, dass die Umsetzung dieser schönen Worte schwieriger ist als das Aufschreiben. Dennoch ist dieser Friedensvertrag für Äthiopien und für ganz Afrika ein historischer und beispielhafter Fortschritt. Die Aufgabe, aus diesem zunächst fragilen künftig einen stabilen und gerechten Frieden zu machen, bleibt jedoch.

Historisch sind alle Diktaturen verschwunden. Es ist *die* Lehre der Geschichte, dass über kurz oder lang alle Alleinherrscher ihr Ende finden. Alle Menschen aller Generationen wollen in Freiheit leben. Keine Diktatur währt ewig. Allerdings: 2023 wurden weltweit mehr Christen verfolgt als je zuvor: 360 Millionen, weil sie Christen sind – hat das Hilfswerk Open Doors errechnet. 5600 Christen wurden wegen ihres Glaubens ermordet. Christenverfolgung gibt es heute hauptsächlich in Nigeria, Nordkorea, Afghanistan und Nicaragua. Die staatliche Überwachung christlicher Kirchen nimmt in vielen autoritär regierten Ländern stark zu.

Nach diesem kurzen Ausflug in unsere Gegenwart wieder zurück zu Maria Magdalena. Die Theologin Silke Petersen schreibt in ihrer Biografie über Maria Magdalena:

„Unser Wissen über die historische Maria aus Magdala ist begrenzt. Sie war Jüdin, stammte aus dem Ort Magdala am See Genezaret oder wohnte zeitweise dort. Sie hat Magdala verlassen, vermutlich in der Nachfolge Jesu. Die Form ihres Namens lässt vermuten, dass sie nicht verheiratet oder familiär gebunden war. Wir kennen weder ihr Alter noch ihr Geburts- oder Todesdatum; wir wissen nicht, wie gebildet sie war. In den neutestamentlichen Texten ist sie Zeugin der Kreuzigung, findet das leere Grab und begegnet dem auferstandenen Jesus. Auch historisch dürfte sie eine entscheidende Rolle bei den Osterereignissen gespielt haben. Nach Ostern verliert sich ihre Spur, es lässt sich darüber spekulieren, ob dies im Zusammenhang mit einem Konflikt mit Petrus gestanden haben könnte.

In den folgenden fast 2000 Jahren hat die Figur der Maria Magdalena dann eine bemerkenswerte Entwicklung durchlaufen. Innerhalb dieser Entwicklung lassen sich drei Grundtypen der Charakterisierung unterscheiden, die sich auch unterscheiden können: die besondere und bevorzugte Jüngerin, die Sünderin und Büßerin sowie die Geliebte und Ehefrau. Die erstgenannte Variante ist zunächst über einige Jahrhunderte die dominierende. In Anknüpfung an die Rolle Marias bei den Osterereignissen und wohl auch in Kontinuität zum historischen Befund wird die Figur Maria als bevorzugte Jüngerin und Apostelin ausgestaltet. Sie ist die Lieblingsjüngerin und Jesus näher als die anderen Personen aus seinem Umkreis."

Das drücke sich auch darin aus, dass sie von Jesus spezielles Offenbarungswissen vermittelt bekam. Dieses gibt sie an die anderen weiter. Darin spiegelt sich auch ihr Selbstverständnis, mehr zu wissen als die „normalen" Gemeindemitglieder. Die Fußwaschung Jesu und die Salbung ihres Freundes wurden später je nach Sündenverständnis der Zeit als Wollust, Prostitution, Ehebruch oder Promiskuität verstanden. Im Mittelalter galt sie als bekehrte Sünderin, was in vielen barocken Darstellungen zum Ausdruck kommt. Silke Petersen fährt fort: „Im 19. Jahrhundert sehen wir sie gleichzeitig als paradigmatische Prostituierte und als Verführerin … Der dritte Magdalenentypus, die Ehefrau und Geliebte, ist ein neuzeitliches Produkt. Diese Magdalena dient in erster Linie dazu, Jesu wahres Menschsein zu garantieren und erzählerisch darzustellen. Auffallend ist darüber hinaus die große Rolle, die die „Beziehungsgeschichten" zwischen Jesus und Maria (als sexuelle oder auch transzendierte) in vielen neueren Romanen spielen. Vergleichbares lässt sich weder in mittelalterlichen noch in antiken Texten finden."[18]

Christa Mulacks Zusammenfassung dessen, was Maria Magdalena war: Sie „wurde in frühchristlichen gnostischen Kreisen eine Frau mit spirituellen Fähigkeiten, als Lehrerin und Priesterin, als Ermahnerin der Jünger und als Partnerin Jesu verehrt und als solche gemeinsam mit Christus transzendiert zu einer göttlichen Gestalt – warum sollten diese Positionen und Dimensionen auch für einen Mann reserviert bleiben? In dieser Hinsicht stoßen wir in gnostischen Kreisen auf ein erstaunliches Maß an Gleichberechtigung, das seinesgleichen in orthodoxen Petrus- und Paulusgemeinden sucht."[19]

Der Hamburger Pilgerpastor Bernd Lohse und eine norwegische Kollegin – Symbol für eine geschwisterliche Kirche.

Schon der Evangelist Lukas lässt Jesus im Haus eines Pharisäers, der ihn zum Essen eingeladen hatte, über die „Sünderin" zum Gastgeber vorwurfsvoll sagen: „Als ich in dein Haus kam, hast du mir kein Wasser für die Füße gegeben; sie aber hat meine Füße mit ihren Tränen benetzt und sie mit den Haaren abgetrocknet. Du hast mir keinen Kuss gegeben, sie aber hat, seit ich hier bin, unaufhörlich meine Füße geküsst. Du hast mir nicht das Haupt mit Öl gesalbt; sie aber hat mit Balsam meine Füße gesalbt. Deshalb sage ich dir: Ihr sind ihre vielen Sünden vergeben, weil sie viel geliebt hat." (Lk 7,44–47). Das sind Worte, welche die liebende Maria Magdalena in Kirchenkreisen relativ rasch zu der berüchtigten Prostituierten werden ließen.

Durch die wiedergefundenen Texte lernen wir nicht nur viel über Jesus und seine Partnerin, sondern auch über das frühe Christentum und dessen Frauenfrage.

Zur Frauenfrage und weiteren aktuellen Kirchenfragen sagt Daniela Ordowski, Bundesvorsitzende der katholischen Landjugend und Mitglied der Synodalversammlung über den Reformprozess des deutschen Katholizismus, es bleibe ein „Gefühl der Ohnmacht": „Beschlüsse zu Segensfeiern für gleichgeschlechtliche Paare, zur geschlechtlichen Vielfalt und Stärkung der Frauen in sakramentalen Ämtern wurden gefasst, es sind wichtige Schritte zu einer menschenfreundlicheren Kirche. Wir müssen uns als Versammlung aber eingestehen, dass es unendlich kleine Schritte sind, die nicht annähernd dem Anspruch gerecht werden können, eine diskriminierungsfreie Kirche zu ermöglichen."[20] Die katholische Kirche bewegt sich im Schneckentempo vorwärts – Millimeter um Millimeter – ein Minifortschritt. Frauen sollen allenfalls zur niedrigsten der drei Weihestufen zugelassen werden, wenn überhaupt. Im Jahr 2023. Die Generaloberin der Oberzeller Franziskanerinnen, Katharina Ganz, kämpft nach diesen Minifortschritten auf der deutschen Synode mit den Tränen, sie spüre die Berufung zur Priesterin. Aber: „Meine innere Wunde wird erst heilen, wenn wir den vollen Zugang zu den Ämtern haben."

Wie in diesem Buch aufgezeigt, geht es in mehreren apokryphen Schriften des Urchristentums um den Konflikt zwischen Petrus und Maria Magdalena. Darüber hinaus geht es aber immer auch grundsätzlich um die Frauenfrage im Urchristentum und weiter um die Frauenfrage im Christentum bis heute. Gegenüber der spirituellen Überlegenheit Marias benimmt sich Petrus geradezu feindselig, machohaft und infantil. Dieser Grundkonflikt ist in den Kirchen bis heute nicht gelöst. Die Zukunft der Kirche ist weiblicher oder es gibt keine Zukunft der Kirche. Ihre Existenzberechtigung erhält sie dann, wenn sie Hoffnung und Liebe zu allem Leben und zur Mutter Erde begründet. Das sind eher weibliche als männliche Tugenden – bei Männern und bei Frauen.

Die empirische Sozialforschung zeigt in allen Ländern noch immer große Unterschiede zwischen Männern und Frauen. Frauen haben ein niedrigeres Einkommen als Männer, sie verfügen über weniger als ein Zehntel der Landfläche als Männer, sie leisten mehr unbezahlte Sorgearbeit als Männer und sie sind häufiger als Männer Opfer von Partnerschaftsgewalt. Doch der größte Geschlechterunterschied herrscht immer noch in den Kirchen und Religionen. Hier aber sollte er in der Theorie gar nicht bestehen, denn vor Gott sind alle gleich – das steht bis heute leider nur auf dem Papier! Hauptsächlich die katholische Kirche trampelt die Ergebnisse der Geschlechterforschung und das Beispiel ihres großen Vorbildes einfach nieder.

Letztlich gilt: Eine bessere Welt schaffen wir nur gemeinsam – emanzipierte Frauen und emanzipierte Männer gemeinsam. Dabei blieb das Christentum bisher weit unter seinen Möglichkeiten, die Jesus und seine emanzipierte Gefährtin aufgezeigt haben. Die Menschenrechte wurzeln in der Bibel. Deren Universalität macht diese Religion weit attraktiver, als sie es heute ist. Das demokratische und feministische Potenzial der Evangelien ist bis heute von den meisten Theologen nicht erkannt. Und in der katholischen Kirche wird es schon gar nicht gelebt. Aber weltweit gibt es 2023 immerhin ein Netzwerk von 300 katholischen Priesterinnen. Ein sehr bescheidener Anfang. Doch der Trend geht eindeutig auf volle Gleichberechtigung.

Sowohl in den vier offiziellen Evangelien wie auch in den apokryphen Schriften der ersten Jahrhunderte nach Jesus ist Maria Magdalena die meistgenannte und eindeutig wichtigste Jüngerin Jesu. Da sie die einzige Frau ist, nach der ein eigenes Evangelium benannt wurde (zumindest nach den bisherigen Funden), ist klar, dass sie die wichtigste Frau innerhalb der Jesus-Frauengruppe war und ist.

Alles schöpferische Denken ist immer ein Umdenken. Das größte Wunder ist die Umkehrmöglichkeit des menschlichen Willens. Zweifel und Kritik sind der Anfang jeden wirklichen Glaubens. Die Kirche muss immer neu in die Schule Jesu gehen, erwachsen werden und endlich ihre Windeln abstreifen. Nur dann wird es aufhören, dass sie eine Generation nach der anderen verliert. Reformation von unten ist die ewige Aufgabe der Kirche.

In unserer Lernfähigkeit steckt der Sinn unseres Hierseins. Das haben uns Jesus und Maria Magdalena vorgelebt. Sie haben beide voneinander gelernt. Er ging in ihre Schule und sie in seine. Unsere Lernfähigkeit hängt mit unserer göttlichen Quelle zusammen, die in jedem und jeder von uns sprudelt, wenn wir sie sprudeln lassen.

Der Gott Jesu schenkt uns die Freiheit, das Gute oder das Böse zu tun. In diesem Sinn ist gelungene Balance ein wundervolles Wort für Liebe. Liebe meint Verzicht auf Machtmissbrauch. Solange Menschen andere Menschen oder die Natur zu beherrschen versuchen, kann keine Liebe, keine stabile Integration, keine Balance, keine Harmonie entstehen. Auch nicht in der Kirche.

Zehn Jahre nach seinem Amtsantritt verärgerte Papst Franziskus noch einmal Kardinäle, Bischöfe und Prälaten im Vatikan. Ihre Gehälter hatte er schon vorher gekürzt und ihnen wegen ihrer großen Dienstwagen ein schlechtes Gewissen bereitet, und nun beschloss er zu ihrem verständlichen Ärger auch noch, dass für ihre edlen Wohnungen im Vatikan ab sofort die ganz normalen Marktpreise gelten, das heißt, die Mieten für die edlen Paläste stiegen um das bis zu Zehnfache. Viele der Herren in den ehrwürdigen vatikanischen Palästen müssen nun an die Peripherie der Stadt Rom zu den ganz normalen und einfachen Menschen umziehen, wo Franziskus sie schon lange haben wollte. Die Luxuswohnungen seines Personals ärgerten den Papst schon immer. Traumwohnungen von 200

Quadratmetern in einem Palast, den Michelangelo gebaut hatte, und das oft noch völlig kostenlos: Das war einmal, tempi passati! Schluss mit Luxus, sagt Franziskus. Doch in Deutschland gibt es immer noch einige, die sagen, dieser Papst sei kein Reformer.[21]

„Der Papst will uns tatsächlich an die Peripherie schicken, wo die armen Schlucker wohnen. Die Peripherie ist sein großes Thema. Nun vertreibt er uns aus dem Zentrum", sagte ein Bischof zu diesem Thema der *Zeit*. Dass dieser argentinische Papst selbst von der Peripherie der Armen kam, von den Slums in Buenos Aires, hat er seinen engsten Mitarbeitern schon an Weihnachten 2016 bescheinigt, als er sie vor der Weltöffentlichkeit bei laufenden Fernsehkameras beschuldigte, an „geistlicher Alzheimerkrankheit" zu leiden. Er hatte hinzugefügt: „Eine Kurie, die keine Selbstkritik übt, ist ein kranker Leib." Seine engsten Mitarbeiter seien „Bürokraten, Funktionäre, Angestellte" geworden und befallen „von der Krankheit der Rivalität und der Eitelkeit". Franziskus hatte wirklich von „geistlichem Alzheimer" gesprochen.

Eine Schockwelle durchlief den Vatikan. Und so geht das seit Jahren. Bereits zu seinem Amtsantritt 2013 erschreckte Franziskus den römischen und vatikanischen Adel mit seinem Bekenntnis: „Ich wünsche mir eine arme Kirche für die Armen." Das könnte ja direkt von Jesus sein. Schlimmer geht's nimmer – für die klerikalen Bürokraten! Traditionelle kirchliche Funktionäre verwechseln das Läuten von Kirchenglocken noch immer mit lebendigem Christentum. Auf der anderen Seite verwechseln Kirchenkritiker oft berechtigte Kirchenkritik mit Hohn und Häme.

Doch beide – Traditionschristen wie Kirchenkritiker – brauchen Rituale. Kirchen sind auch Orte von Ritualen. Jesus selbst gab seinen Aposteln beim letzten Abendmahl den Auftrag: „Tut dies zu meinem Gedächtnis". Offenbar ein Erfolgsrezept. Auch heute, an Ostern 2023, berichteten selbst die säkularen Medien ausführlich von den Ostermessen in Deutschland und im Vatikan. Rituale sind sozialer Klebstoff einer Gesellschaft. Wenn sie nicht langweilig, peinlich oder reaktionär sind, können sie auch in Kirchen als soziale Einheit wirken und attraktiv sein: eine heilige Messe, eine Beerdigung oder das Entzünden des olympischen Feuers. Die Kraft solcher Rituale können auch heute die meisten Menschen seelisch berühren und ergreifen. Zum Beispiel eine kirchliche Krönungsfeier in der Westminster Abbey in London, der zuletzt bei der Krönung von König Charles III. hunderte Millionen Menschen am Bildschirm zuschauten. Die Kraft der Religionen braucht die Menschheit auch morgen, um Diktatoren ins Gesicht zu sagen, dass selbst der größte Feind ein Mensch ist.

12. Wie kommt die Welt ins Gleichgewicht?

Jesus und Maria Magdalena lehren uns, unsere Welt neu zu denken. Das Hauptproblem unserer Zeit heißt: Die Welt ist nicht im Gleichgewicht. Und die meisten einzelnen Menschen sowie die Gesellschaften sind es auch nicht. Das Zauberwort, um ins Gleichgewicht zu kommen, verdanken wir unserem Traumpaar. Es heißt Nous – Balance – Gleichgewicht zwischen den Geschlechtern und Generationen, zwischen Arm und Reich, zwischen dem Globalen Norden und dem Globalen Süden, zwischen Ökonomie und Ökologie, zwischen Herz und Verstand, zwischen Mensch und Gott. Ein Nous, eine Balance zwischen Input und Output in unseren Ökosystemen ist die Voraussetzung für unser Überleben, wenn wir unsere Höllenfahrt in die ökologische Insolvenz noch stoppen wollen. Das haben alle Regierungen der Welt, und damit die gesamte Menschheit, 2015 auf der Weltklimakonferenz in Paris per Unterschrift anerkannt. Auch ich weiß, dass damit allein das Leben auf unserem Planeten noch nicht gerettet ist. Aber der erste Schritt zu diesem Ziel ist jetzt getan. Wir haben noch eine Gnadenfrist von vielleicht zehn bis fünfzehn Jahren, um das Ziel einer klimaneutralen und klimapositiven Welt zu erreichen. Immerhin wurden einige mächtige Klimawandelleugner demokratisch abgewählt: Trump in den USA, Bolsonaro in Brasilien, Scott Morrison in Australien und auch in England musste Liz Truss als Premierministerin nach sechs Wochen zurücktreten. Hoffnungszeichen! Auch in Deutschland wäre die Bundestagswahl 2021 ohne die Klimakrise und Katastrophen wie die zu trockenen Sommer seit 2018 und die Überschwemmungskatastrophe im Ahrtal 2021 anders ausgegangen. Katastrophen sind oft unsere wichtigsten Lernhelfer. Schon in den letzten Jahren mussten wir erleben: Sturzflut im Ahrtal, Dürre in Frankreich, halb Pakistan unter Wasser, Lawinen auf Spitzbergen, Waldbrände in Brandenburg.

Transformation ist ein weiteres Zauberwort unserer Zeit. Selbst viele hartnäckige Konservative verstehen heute, dass das Zeitalter des ewigen materiellen Wachstums zu Ende geht, weil es in einer begrenzten Welt kein grenzenloses Wachstum geben kann. Grenzenlos wachsen können wir aber im geistigen, spirituellen, kulturellen oder religiösen Bereich.

Die entscheidende Kunst der Transformation besteht jetzt darin, aus Panik, Empörung und Frust Motivation, Aktion und Lust zu machen. Dann werden wir erfahren, dass unser Geist Energie zu erzeugen vermag, welche die Materie transformieren kann. Geistige Energie durchdringt alles. Lernen müssen wir, dass die Menschheit nicht weiterleben kann, wenn wir weiter so leben. Auch die christlichen Kirchen können nicht so weiterleben wie heute. Sie werden lernen müssen, dass auch sie in der Zeit und in der Welt leben. Im Patriarchat ist niemand glücklich – am wenigsten die Patriarchen. Systeme aber sind veränderbar.

Die Nous-Botschaft von Jesus und Maria Magdalena hat weder Kopernikus noch Darwin noch Sigmund Freud noch den heutigen Homo digitalis erreicht. Der Münchner Psychoanalytiker Johannes Hepp nennt in seinem Buch *Die Psyche des Homo Digitalis* diese vier Transformisten, die uns in der Neuzeit je eine einschneidende intellektuelle „Kränkung" beschert haben: Kopernikus (1473–

1543) habe uns mit der „ersten Kränkung" beigebracht, dass wir nicht mehr das Zentrum des Universums sind, sondern als winziger Planet am Rande des Universums um die Sonne kreisen. Die Kopernikanische Wende bescherte uns ein völlig neues Weltbild. Charles Darwin (1809–1882) hat uns mit der „zweiten Kränkung" wissen lassen, dass wir nicht die Krone der Schöpfung sind, sondern allenfalls ein „weiterentwickelter Affe". Dann kam auch noch Sigmund Freud (1856–1939) mit seiner „dritten Kränkung", wonach wir nicht mal Herr im eigenen Haus sind, sondern abhängig von unseren Trieben und Begierden. Das wollen die einseitigen Rationalisten der klassischen Aufklärung bis heute nicht wahrhaben. Und schließlich lehre uns das heutige weltweit verbreitete Smartphone in einer „vierten Kränkung", dass es unsere Wege schneller und besser erkennt als wir selber. Und auch noch alles besser weiß.

Der Abschied von einer weiteren, einer fünften, vielleicht der schwersten Kränkung steht uns noch bevor: Das ist der endgültige Abschied vom gesellschaftlichen und kirchlichen Patriarchat. Wie schwer dies der katholischen Kirche fällt, demonstrierte Papst Johannes Paul II. am 21. Mai 1997. Zur Verwunderung seiner Zuhörerinnen sagte er vor Pilgern, dass der auferstandene Jesus zuerst seiner Mutter Maria und nicht Maria Magdalena erschienen sei. Schon drei Jahre zuvor hatte er Pilger auf dem Petersplatz ähnlich schockiert, als er gesagt hatte: „Selbst wenn die Evangelien es nicht erwähnen, existiert der Glaube, dass die erste Verkündigung der Auferstehung der Jungfrau Maria gegenüber gemacht wurde." Peinlich, peinlich! Selbst vor der Fälschung der offiziellen Evangelien schrecken Päpste nicht zurück, wenn es um den schieren Machterhalt der Männer geht. Zwei Tage später musste sich der Papst zur Beruhigung der Gläubigen korrigieren und nach einem Bericht der Zeitung *La Repubblica* vom 7. April 1994 sagen: „Der erste Mensch, dem der auferstandene Christus erschien, war Maria Magdalena."

Die einseitig patriarchale Entwicklung der letzten 500 Jahre hat uns zum ständigen „Mehr, mehr, mehr" geführt und zu Neurotikern werden lassen. Hilfreich für ein qualitativ besseres Leben könnte die Balance, die Harmonie, der Nous, die Vernunft, sein, die uns im neuen Evangelium freudig anstrahlt und auf ihre Entdeckung und Realisierung wartet. Für die große Transformation braucht es eine Balance zwischen Herz, Hand und Verstand. Das heißt im Bereich der Ökonomie: eine Balance zwischen der Wirtschaft der Menschen und der „Wirtschaft der Natur" (Vandana Shiva, indische Sozialaktivistin). Wenn Millionen Menschen ethisch entscheiden, schaffen wir eine andere und bessere Welt.

Maram Stern, Geschäftsführender Vizepräsident des Jüdischen Weltkongresses, schreibt in der *Zeit*: „Ist der Staat einmal in den Händen von Verbrechern, ist auch das Verbrechen nur schwer aufzuhalten. Das entscheidende Wendejahr der deutschen Geschichte war deshalb nicht das Jahr der Pogromnacht 1938, nicht der Beginn des Zweiten Weltkrieges 1939, auch nicht der Beginn des Massenmords 1941, sondern 1933, das Jahr, in dem Deutschland zu einer Diktatur wurde. Daher muss es heute unser oberstes Ziel sein, für den Erhalt liberaler Demokratien zu sorgen, die Menschen- und Bürgerrechte schützen."[22] Ich möchte hinzufügen: Menschenrechte sind Frauenrechte – das sollte auch in den Kirchen, die sich auf Jesus berufen, endlich selbstverständlich sein.

Die katholische Kirche ist ein autoritäres Regime. Autoritäre Regime kommen oft an ihr Ende, wenn sich ihre Vorstellung von der Wahrheit nicht mehr mit der Realität in Übereinstimmung bringen lässt. Ohne Geschlechtergerechtigkeit kann in Politik, Gesellschaft, Wirtschaft, aber auch in den Kirchen, der notwendige grundlegende Wandel nicht gelingen

Auf die Frage „Braucht Demokratie Religion?" antwortet der Soziologe Hartmut Rosa: „Religion hat Kraft, sie hat ein Ideenreservoir und ein rituelles Angebot voller entsprechender Lieder, entsprechender Gesten, entsprechender Räume, entsprechender Traditionen und entsprechender Praktiken, die einen Sinn dafür öffnen, sich anrufen zu lassen, in Resonanz zu stehen. Wenn die

Gesellschaft das verliert, wenn sie diese Form der Beziehungsmöglichkeit vergisst, dann ist sie endgültig erledigt. Und deshalb kann die Antwort auf die Frage, ob die heutige Gesellschaft noch der Kirche oder der Religion bedarf, nur lauten: Ja!"[23]

Der große Sinnsucher und Psychotherapeut Viktor Frankl: „Die Welt ist nicht heil, aber heil-bar." Wir können uns gegen Resignation und Apathie und für sinnorientiertes Handeln, für Frieden und Gerechtigkeit, entscheiden. Das ist die Chance unseres freien Willens. Das gilt auch für Kirchen. Maria Magdalena und Jesus waren so frei. Ein wirkliches Traumpaar, das auch uns Orientierung bietet und Hoffnung auf eine transformatorische Wirkung. Allein sind wir schwach. Aber große Vorbilder können uns helfen. Religion braucht ganz einfach ein „hörendes Herz", so wie es im Alten Testament der noch sehr junge und unerfahrene König Salomo in einem Traum von Gott erbeten hat (1 Kön 2,4). Gott antwortete ihm: „Ich gebe dir ein weises und verständiges Herz."

Alle Menschen sehnen sich nach einem Gleichgewicht, das uns kein anderer Mensch geben kann. Reformkatholiken fordern ein Frauendiakonat, eine zeitgemäße Sexualmoral, ein freiwilliges Zölibat. Das alles ist sinnvoll, wichtig und richtig. Doch über die Zukunft einer Kirche entscheidet ihr Gottesbild. Was Reformkatholiken fordern, ist in der evangelischen Kirche weitgehend selbstverständliche Realität, und dennoch ist auch die evangelische Kirche in der Krise. Sollten die christlichen Kirchen nicht schon mittelfristig zu einer Sekte verkümmern, müssen sie sich endlich zum jesuanischen Gottes- und Menschenbild durchringen.

Jede Religion hat ein riesiges Hoffnungspotenzial. Weil diese Hoffnungsressourcen zu versiegen drohen, vergessen wir vor lauter Schreckensnachrichten und Weltuntergangsszenarien viel zu oft, glücklich zu sein. Wir beachten zu wenig, dass es Wege in eine Zukunft mit Hoffnung gibt. Wir müssen sie nur gehen. Wenn wir aufhören zu hoffen, kommt mit Sicherheit das, was wir befürchten.

Mein Freund, der Dalai Lama, sagt es so: „Wenn du möchtest, dass andere glücklich sind, so übe dich in Mitgefühl. Wenn du selbst glücklich sein möchtest, übe dich in Mitgefühl … Was ich vorschlage, ist eine Revolution durch Mitgefühl … Meine Philosophie ist: Sei gütig, sooft es möglich ist. Es ist immer möglich."

Urvertrauen ins Leben heißt für mich auch, Gott hat Anfänge, wenn wir am Ende sind. Um dieses Urvertrauen bemüht sich auch Papst Franziskus, wenn er die Armen in den Mittelpunkt des Christentums rückt und deutlich macht, dass Religion immer auch politisch ist und dabei auch Risiken nicht scheut.

Bei seinem Besuch in der Demokratischen Republik Kongo im Februar 2023 hat sich Franziskus eindeutig wie nie ein Papst zuvor zu den Armen und Ausgebeuteten bekannt und den Kolonialismus der Reichen und Ausbeuter gegeißelt: „Hände weg von Afrika – Hände weg vom Kongo. Hört auf, Afrika zu knebeln",[24] ruft der Papst vor über einer Million Besuchern. Sie jubeln ihm zu. Endlich versteht ein römischer Papst die Lebenswirklichkeit von Millionen Afrikanern. Seine „Botschaft des Friedens": Er vergleicht den Kongo mit einem Diamanten, der den Afrikanern gehöre. Das Land ist reich an Rohstoffen. Eine politische Botschaft. Ohne Wenn und Aber: Und die Afrikaner huldigen dem Papst der klaren Worte. Unbeirrbar wirbt er auch in schwierigsten Situationen für Frieden, Dialog und Versöhnung und scheut auch keine kritischen, undiplomatischen Worte gegenüber den politisch Verantwortlichen. Im Südsudan sagt er nach einem Bürgerkrieg mit 400 000 Toten: „Eure Kinder und die Geschichte selbst, hochverehrte Verantwortungsträger, werden sich an euch erinnern, wenn ihr dieser Bevölkerung Gutes getan habt. Auf der Grundlage dessen, was ihr jetzt tut, werden die künftigen Generationen die Erinnerung an eure Namen ehren oder auslöschen."[25]

Nach zwei Jahren brutalem Bürgerkrieg mit Millionen Flüchtlingen und Zehntausenden Toten haben sich die äthiopische Zentralregierung und die mit ihr verfeindeten Vertreter der Provinz Tigray zu Gesprächen getroffen, sich als Brüder angeredet und einen Friedensvertrag geschlossen. Oder ein anderes positives Beispiel: Papst Franziskus hat 2019 nach jahrelangem Bürgerkrieg den Präsidenten und den mit ihm verfeindeten Vizepräsidenten Südsudans zum Dialog in den Vatikan eingeladen und für ein Ende der Feindschaft und der Kämpfe geworben. Er hat beiden Politikern nach einem gemeinsamen Gebet in einer spektakulären Geste und als Ausdruck einer flehenden Bitte die Füße geküsst und sie um Frieden gebeten. Seither arbeiten die beiden Politiker zusammen. Im gemeinsamen Gottesdienst mit dem Papst sagte der anglikanische Erzbischof von Canterbury: „Wenn Südsudan Frieden findet, dann findet die Welt Hoffnung: Die Frauen im Kongo, die Flüchtlinge in Myanmar, die Soldaten in der Ukraine, sie werden jubeln, wenn ihr Frieden findet."[26]

In Deutschland sagen die meisten Christen, dass sie auch ohne Kirche gut leben könnten. Ganz anders in Afrika. Die Reise des Papstes dorthin hat Millionen Afrikaner tief bewegt. Ihre Kirche ist oft die einzige Hoffnung in einem Meer von Verzweiflung. Deshalb kommt hier so gut wie niemand auf die Idee, die Kirche zu verlassen. Das jesuanische Christentum der Zukunft muss relevant sein für Gerechtigkeit, Feminismus, Frieden, Rettung von Flüchtlingen in Seenot und Bewahrung der Schöpfung, weil auch Jesus exakt dafür relevant ist. Außerdem muss Kirche immer ein Ort der Freiheit sein, so wie es Jesus vorgelebt hat – ohne Angst vor dem Zeitgeist und seinen Obrigkeiten. Diese Kirche ist an Attraktivität nicht zu überbieten. In dieser Kirche sind *alle* willkommen. Jesuanisches Christentum ist nicht als Ort für sonntägliches Bankdrücken gemeint.

Die *Zeit*-Kollegin Evelyn Finger hat Franziskus bei seiner Afrika-Reise Anfang 2023 begleitet. Sie schreibt: „Bijoux Mukumbi ist 17 Jahre alt und hat, als sie vor das Kirchenoberhaupt tritt, ihre kleinen Zwillinge bei sich, gezeugt von einem Vergewaltiger. Der Rebellenführer, so berichtet Mukumbi, habe sie anderthalb Jahre gefangen gehalten und jeden Tag stundenlang gepeinigt, bis ihr, schwanger, die Flucht gelungen sei. Die Rebellen hätten, sagt sie, ,Folter jeglicher Art' an Frauen verübt. Emelda M'Karhungulu kann das bestätigen. Sie wurde mit 16 versklavt und sei an manchen Tagen von zehn Männern vergewaltigt worden. Außerdem habe man sie gezwungen, das Fleisch ermordeter Menschen zu essen. Sie gehorchte, denn andernfalls hätten die Täter auch sie in Stücke gerissen. Nur dank der Kirche, sagt Emelda M'Karhungulu, habe sie ihr Schicksal annehmen können, ja sogar ihren Vergewaltigern verziehen."[27]

Lernen wir daraus, dass Frieden jetzt auch in der Ukraine möglich ist?

Verzeihung, Vergebung, Versöhnung – das mag für hiesige Kirchen von gestern und unglaubwürdig klingen. Doch die heutige Welt braucht diese Werte wie schon immer. Wo liegt die Zukunft der Kirche: Im armen und geschundenen Afrika oder in Europa? Franziskus im Kongo zu den Überlebenden: „Eure Tränen sind meine Tränen – euer Schmerz ist mein Schmerz ... Besonders verwerflich ist Gewalt im Namen Gottes ... Ich bitte euch, euer Herz zu entwaffnen."[28]

Dieser politisch und sozial progressive, aber theologisch eher konservative „Reform"-Papst will für seine Kirche und für die Welt eine „Kultur der Liebe": „Die Liebe kann mit ihrer universalen Dynamik eine neue Welt aufbauen, weil sie nicht ein unfruchtbares Gefühl ist, sondern vielmehr das beste Mittel, um wirksame Entwicklungsmöglichkeiten für alle zu finden", steht in seiner Enzyklika *Fratelli tutti*. Dazu fiel ihm sogar eine Stellenausschreibung ein, die wie ein Hilfeschrei in einem untergehenden Schiff klingt: „Bauarbeiter gesucht. Bitte melden!"

Die deutschen Katholiken wollen mit ihrem synodalen Prozess ihre Kirche mehrheitlich reformieren. Sie werden dabei vom Vorsitzenden der Deutschen Bischofskonferenz, Bischof Georg Bätzing aus Limburg, unterstützt. „Bätzing widersetzt sich Rom wie

der Häuptling eines trotzigen gallischen Dorfes", sagt der Kirchen-
rechtler Thomas Schüller aus Münster: „Er zeigt wahrhaft rebel-
lischen Geist und Standhaftigkeit, das nötigt Respekt ab." Doch
Papst Franziskus scheint Angst davor zu haben, dass sich dieses
deutsche Virus in der Weltkirche ausbreitet, obwohl auch er für
einen weltweiten synodalen Weg wirbt. Für die Zukunft der Kirche
hängt sehr viel vom Nachfolger des heutigen Papstes ab. Ist er ein
Hardliner oder ein Jesuaner? Franziskus gab in den ersten zehn Jahren seines Pontifikats eher das Bild eines ausgebremsten Reformers.

Vielleicht gibt es eine wirkliche Jesus-Kirche erst, wenn die alte
imperiale Männerkirche endgültig erodiert ist. Dieser Kollaps ist
heute erkennbarer als je zuvor. Die Wahrheit wird siegen. Und nur
die Wahrheit wird uns letztlich frei machen.

13. Weltparlament – Weltregierung – Weltjustiz

Seit die UNO nach dem Zweiten Weltkrieg versprochen hat, die
Menschheit „von der Geisel des Krieges zu befreien", haben wir
über 200 Kriege erlebt. Unser ewiges Wettrüsten ist nichts anderes
als unausgesetzter Mord an den Hungernden und Elenden unserer
Zeit.

Wie also realisieren wir den alten Menschheitstraum, eine Welt
ohne Krieg und Gewalt? Eine Welt ohne Frauendiskriminierung?
Genau davon träumt Jesus. Zum Weltfrauentag 2023 sagte UNO-
Generalsekretär Guterres: „Laut letzten Prognosen benötigen wir,
wenn wir so weitermachen, 300 Jahre, um die volle Gleichstellung
der Geschlechter zu erreichen."

Es sind nur drei Prozent Frauen, die seit 1901 einen Nobel-
preis in den wissenschaftlichen Kategorien erhalten haben. Es ist
Zeit für eine Welt ohne Rollenklischees und sexistischen Hass im
Netz. Global wird alle zehn Minuten eine Frau oder ein Mädchen
vom Partner oder einem Familienmitglied ermordet und alle zwei

Minuten stirbt eine Frau während der Schwangerschaft oder bei der Geburt ihres Kindes. Es gilt, weltweit die Hürden der Diskriminierung niederzureißen. Frauenrechte sind kein Luxus, der warten kann, bis wir die Klimakrise gelöst oder die Armut besiegt haben.

Die Welt braucht also einen globalen Verfassungswechsel. Das heißt: Die Nationalstaaten sollten einen Teil ihrer Souveränität abgeben und an eine Weltautorität abtreten – an ein Weltparlament, das regelmäßig in freien Wahlen gewählt wird, an eine Weltexekutive und an eine Weltjustiz. So könnte sich die Welt in eine bessere Verfassung bringen und die Furcht voreinander abbauen. So könnten wir Bomben, Panzer und Raketen abschaffen und global durch Stimmzettel ersetzen.

Jesu Bergpredigt, die in diese Richtung einer besseren Weltordnung weist, ist die ewige Stimme der Natur, der Aufklärung, der Vernunft, der Liebe und des Herzens. Durch eine Weltregierung könnten Kriege und Waffenhandel unterbunden, totalitäre und autoritäre Staaten verhindert, die Verletzung der Menschenrechte beendet, dem Terrorismus der Boden entzogen, der Hunger effektiv bekämpft und das Weltklima durch eine Weltregierung und ein Weltparlament noch gerettet werden. Nur so haben wir letztendlich die Möglichkeit, unseren Kindern eine bessere Welt zu hinterlassen. Die militärischen UNO-Missionen der letzten dreißig Jahre, „Peacekeeping" genannt, sind fast allesamt gescheitert, hauptsächlich in Afrika.

Ignaz Bender, viele Jahre Kanzler der Universität Trier: „Wir sind technisch hochentwickelt, können zum Mond fliegen, jeden Punkt der Erde in Stunden mit dem Flugzeug erreichen, eine Nachricht in Sekunden um die Welt verbreiten. Aber wir sind extrem unterentwickelt auf dem Gebiet des globalen Friedens, der Achtung von Rechtsprinzipien und der Menschenrechte."[29]

Die modernen Kommunikationsmittel sind für die dringend notwendige Reform der UNO eine große Hilfe. Das ist eine Riesenchance, Weltinnenpolitik zu gestalten und zu lernen, dass wir *eine* Menschheit sind und auf *einer* Erde unter *einer* Sonne leben. Eine zweite Erde haben wir nicht. Eine besser geordnete Welt ist grundsätzlich möglich. Mein Freund, der Pazifist, Christ und Humanist Rupert Neudeck, hat es so gesagt: „Wir müssen den Frieden durch die Abschaffung der nationalen Heere, durch die Aufgabe der Rüstungsindustrie, durch die Einrichtung einer starken UN-Blauhelm-Armee als Weltpolizei zuallererst schaffen." Nur eine schöne Utopie?

Ja, solange der Sicherheitsrat der UNO nicht zustimmt. Und dort hat Russland ein Vetorecht wie die anderen vier ständigen Mitglieder – die USA, China, England und Frankreich – auch. Dieses Vetorecht ist die Achillesferse der heutigen Weltordnung.

Aber: Wir haben die Sklaverei und den Kolonialismus überwunden, warum nicht auch Krieg und Kriegswirtschaft, Armut und Umweltzerstörung? Wir haben heute erstmals in der Geschichte die Möglichkeit, eine Weltzivilisation zu schaffen, in der durch die modernen Medien alle Menschen vernetzt und verbunden sind. Wenn alles globalisiert ist – Klimaerhitzung und Klimaflüchtlinge, Atombomben und Finanzkrise, Hunger und Terror –, dann brauchen wir auch eine Art globale Regierung. Im 19. Jahrhundert haben viele Einzelstaaten in Nordamerika auf Teile ihrer bisherigen Souveränität verzichtet und sich zu den USA zusammengeschlossen, ebenso am Beginn des 20. Jahrhunderts in Australien – ein ähnlicher Prozess begann in der zweiten Hälfte des 20. Jahrhunderts in Europa, warum soll das im 21. Jahrhundert nicht für die ganze Welt möglich sein? Wir sollten damit nicht warten, bis die Welt in Schutt und Asche liegt.

Soll die Ohnmacht der Weltgemeinschaft gegenüber Diktatoren wie Putin in Russland, Xi in China oder Kim in Nordkorea nicht nochmal einhundert oder zweihundert Jahre andauern, dann brauchen wir eine reformierte UNO, die als Weltregierung fungieren kann. Diese muss eine durch freie Wahlen geschaffene Weltautorität sein. Solange es diese Weltautorität nicht gibt, werden wir immer wieder Bilder wie heute in der Ukraine sehen. Für eine bessere Welt müssten alle Staaten auf einen Teil ihrer Souveränität verzichten, so wie es bisher 27 Staaten in der Europäischen Union bereits getan haben. Die 141 Staaten, die in der UNO den Krieg Russlands gegen die Ukraine verurteilt haben, könnten den Anfang machen. Ignaz Bender schlägt in seinem Buch *Weltordnung. Der Weg zu einer besser geordneten Welt* vor, dass Deutschland in der UNO einen entsprechenden Antrag stellt: „Die Bundesrepublik Deutschland ist willens, Teil einer politischen Weltgemeinschaft zu werden, die sich an den Prinzipien der Freiheit, der Demokratie, der Rechtstaatlichkeit, der Achtung der Menschenrechte, der Unabhängigkeit der Justiz, der Subsidiarität und Solidarität orientiert, wenn die nationalen Parlamente von wenigstens zwei Drittel der Staaten der Erde einen gleichartigen Beschluss fassen."[30]

Ignaz Bender schlägt auch vor: „Sobald die ersten sieben Staaten durch ihre nationalen Parlamente einen solchen Beschluss gefasst haben, sollte eine weltverfassungsgebende Versammlung damit beginnen, die Verfassung für die Welt zu beraten."[31] Das könnte der Anfang einer Welt sein, die nicht mehr täglich mehr als sechs Milliarden Dollar für Atomwaffen, Kriegsvorbereitung, Kriege und Zerstörung ausgibt, sondern für friedliche, soziale und ökologische Projekte. Diese neue Welt der Vereinten Nationen bräuchte noch eine maßvolle Bewaffnung einer Weltpolizei zur Abwehr von Terrorismus. Welch eine Chance!

Oder nur eine aussichtslose Utopie? Wirklicher Wandel wird erst möglich, wenn viele Menschen von einem gemeinschaftlichen Geist ergriffen sind, von einer „geistigen Disruption", meint der Philosoph Christoph Quarch (mehr dazu: www.akademie-3.org).

14. Ein neues Zeitalter des Geistes

Kardiologen und Neurologen sagen heute, dass Herz und Hirn ein Liebespaar oder ein Traumpaar sind, eine enge Beziehung miteinander haben und die Balance zwischen Herz und Hirn wichtig ist für unsere Gesundheit. Das menschliche Herz wiegt nur 300 Gramm, ist aber ein Hochleistungsorgan, das die Grundlage unserer Gesundheit ist. Diese ganzheitliche Psychokardiologie ist auch wichtig für unser seelisches Gleichgewicht. Diese Balance bei möglichst vielen Menschen ist zentral wichtig für die jetzt notwendigen Transformationen bei Klimapolitik und bei der Friedenspolitik.

„Geist stirbt nie aus, und es wird immer Geist geben, der mit Charakter gepaart ist", hat der Dichter Reiner Kunze einmal in meiner *Report*-Sendung gesagt, nachdem er 1977 aus der DDR in die Bundesrepublik übergesiedelt war. Wenn Gott Geist ist, kann es auch gar nicht anders sein. Und wenn wir unseren Geist nicht friedlich kriegen, kann es nie Frieden geben auf der Welt.

Und wie steht es mit den vielen angeblich unveränderbaren Dogmen der katholischen Kirche? Dazu Papst Franziskus: „Wir sollten nicht die Buchstaben verteidigen, sondern den Geist." Im Vatikan leben ja viele schräge Vögel, die immer wieder sagen, dass alle Menschen gleich sind. Ihnen glaube ich das erst, wenn wir die erste schwarze Päpstin haben.

„Bei euch soll es nicht so sein" (Mt 20,26), sagt Jesus in der Bergpredigt und meint eine Alternativgesellschaft: Gewaltfreiheit statt Gewalt, Gerechtigkeit statt Ungerechtigkeit, Frieden und Versöhnung statt Friedlosigkeit und Unversöhnlichkeit. „Licht der Welt" und „Salz der Erde" (Mt 5,13–14), positiv und heilend sollte die Jesus-Gemeinschaft sein.

In der menschlichen Geschichte kamen alle Transformationen erst zustande, als sich viele Menschen von einer Vision beflügeln, begeistern ließen. Dies gilt für die Renaissance ebenso wie für die Französische Revolution oder für das „Wunder" der friedlichen deutschen Wiedervereinigung im Jahr 1989. Nichts braucht die heutige Krisenzeit mehr als diesen göttlichen Geist: in der Wirtschaft, in der Politik, in den Kirchen, in Schulen und Hochschulen, in jedem und in jeder von uns. Wir brauchen diesen göttlichen Geist der Lebendigkeit, den heilenden, heiligen Geist, diesen „Geist der Ermunterung" (Friedrich Hölderlin). Die letzten 6000 Jahre Patriarchat haben unsere Welt in die heutige Schieflage gebracht.

Es ist der Geist, der durch alle Kanäle fließen will, die wir ihm bieten – bis in unser Herz. Wahre Veränderung in der Welt kann allein durch eine Veränderung des menschlichen Herzens kommen. Das Herzproblem aller Probleme ist unser Herz. Nachdem uns der lange vorherrschende Materialismus der letzten Jahrhunderte bis zur Atombombe und damit zur möglichen Selbstvernichtung geführt hat, brauchen wir ein neues Zeitalter des Geistes, wenn wir noch an unserer Rettung arbeiten wollen. Nur der Geist kann wirklich Neues hervorbringen.

Darum bemüht sich zurzeit – ganz im Sinne Jesu – die Initiative 1billionforpeace.org nach diesem Motto:

„Willst du Frieden auf unserem Planeten, muss Frieden auf den Kontinenten herrschen. Damit Frieden auf den Kontinenten herrscht, muss Frieden in den Ländern sein. Damit Frieden in die Länder kommt, muss Frieden in den Regionen Einzug halten. Damit Frieden in den Regionen Einzug hält, muss es Frieden in den Städten geben. Damit es Frieden in den Städten gibt, muss Frieden in den Gemeinden und Dörfern existieren. Damit Frieden in Gemeinden und Dörfern existiert, muss Frieden in die Straßen und Nachbarschaften gelangen. Damit Frieden in Straßen und Nachbarschaften gelangt, braucht es Frieden in den Häusern. Um Frieden in die Häuser zu bringen brauchen wir Frieden in Familien. Damit Frieden in Familien kommt, bedarf es Frieden – in uns selbst."

Alle Probleme, die von Menschen geschaffen wurden, können auch von Menschen gelöst werden.

Wenn tatsächlich eine Million Menschen jede Woche 12,5 Minuten diese Friedensmeditation üben, wird das eine große Auswirkung für den Frieden in Europa und der Welt haben. Wir haben die Geistkraft zu lange vernachlässigt. Die positive Wirkung dieser Massenmeditation wurde in mehreren US-Großstädten mit Erfolg erprobt. Die Gewalttaten gingen dort signifikant zurück. Mehr Informationen gibt es über den Initiator dieser Initiative Marcel Connell unter mail@marcelconnell.com oder über 1millionforpeace.org.

Und was könnte die Alternative zu den alten Nationalstaaten sein? In Europa eine europäische Republik mit starken Regionen. Die Globalisierung kann durch eine stärkere Regionalisierung ergänzt werden: Wir könnten Bayern, Bretonen, Basken, Tiroler, Schotten oder Franken und Weltbürger zugleich sein. So könnten regionale Identitäten gestärkt und nationale Egoismen überwunden werden. Das Abschaffen der Nationalstaaten würde zwar auf starken Widerstand stoßen, doch es ist historisch erwiesen, dass starker Nationalismus fast immer zu Kriegen geführt hat. Erst ein starkes Europa dient dem Frieden der Welt.

Der Export von Freiheit, Menschenrechten und Demokratie ist viel attraktiver und gerechter als der Export von Waffen. Erst eine Weltbürgergesellschaft, die von unten, also subsidiär, organisiert ist, macht die Existenz nationaler Armeen überflüssig. Wir könnten dabei lernen, dass nicht der Krieg, sondern der Frieden der Vater aller Dinge ist. Welch eine sinnstiftende Aufgabe für die künftigen Generationen: Unsere Heimat ist Baden oder Bayern oder eine andere Region, aber unsere Zukunft ist die Weltbürgergesellschaft in einer demokratischen Weltrepublik. Millionen junger Menschen träumen von mehr Demokratie. Und Träumen verbindet die gesamte Menschheit. Die solare Energiewende ist zunächst dezentral in Vorbildregionen, muss aber letztlich global werden, wenn sie wirklich gelingen soll.

Während ich dieses Buch schreibe, habe ich folgenden Traum: Eine Schulklasse fragt mich, ob auf einem berühmten historischen

Friedhof eine große oder eine kleine Kirche gebaut werden sollte. Mit meiner Frau Bigi und mit einem befreundeten Ehepaar aus der Nachbarschaft besuchen wir diesen historischen Friedhof. Auf der Heimfahrt im Zug fragen mich die Freunde: „Soll auf diesem Friedhof nun eine große oder eine kleine Kirche gebaut werden?" Meine Antwort: „Am besten gar keine Kirche." Die Schulklasse und die Nachbarn, die mich fragten, sind Sie, liebe Leserinnen und Leser. Kirchengebäude gibt es genug auf der Welt. Im Außen glänzt die Kirche noch immer mit Gebäuden und Kirchen in jeder Stadt und in jedem Dorf. Aber was ist mit der inneren Kirche in jedem von uns? Was ist aus Jesu Botschaft und aus den Gesprächen, die Jesus mit Maria Magdalena führte, geworden? Diese Botschaft darf nicht auf dem Friedhof landen. Schließlich sagte Jesus: „Ich bin der Weg, die Wahrheit und das Leben. Ich habe den Tod überwunden." Jedes Kreuz erinnert uns daran. Selbst 6000 Jahre Patriarchat und 2000 Jahre Kirchenpatriarchat sind nicht für die Ewigkeit geschaffen.

Diese Botschaft erinnert mich daran, was ich von der renommierten Sterbeforscherin Elisabeth Kübler-Ross über den Tod und über Nahtoderfahrungen gelernt habe. Oder auch an einen Traum, den ich in der Nacht nach dem Tod meiner Mutter hatte: Die ganze Familie Alt war auf einem Schiff. Plötzlich fiel meine Mutter über Bord. Wir hatten alle große Angst um sie, da wir dachten, sie könne nicht schwimmen. Aber niemand von uns sprang in den Fluss, um sie zu retten. Plötzlich stand sie knietief im Wasser, lachte, lachte und lachte und rief: „Habt doch keine Angst um mich – mir geht es gut". Meine Schwestern und ich waren und sind für diesen tröstlichen Abschiedstraum sehr dankbar.

Sind wir also noch zu retten? Der wirkmächtigste Vertreter des deutschen Idealismus, der Philosoph Georg Wilhelm Friedrich Hegel, sah vor über 150 Jahren in der Geschichte eine spiralförmige Aufwärtsbewegung zum Besseren. Ich denke und empfinde, Hegel hat recht. Ja, wir sind noch zu retten. Moderne Kirchen, in der Frauen und Männer wirklich gleichberechtigt sind, könnten die

Kronzeugen dieser Hoffnung und Zuversicht sein. Und Immanuel Kants wichtigste Schrift von 1795 *Zum ewigen Frieden* fasst zusammen, was der Realist aus Nazareth in seiner Bergpredigt meinte: Frieden ist noch immer möglich. Daraus leite ich die vielleicht wichtigste Botschaft für das 21. Jahrhundert ab: Nach Jahrtausenden der Kriege müssen wir lernen, „nicht mehr Kriege zu gewinnen, sondern den Frieden". Das ist das Motto der Tübinger „Gesellschaft Kultur des Friedens", welche der 2022 gestorbene Pazifist Henning Zierock zusammen mit Friedensfreunden aus der ganzen Welt gegründet hat. (www.kulturdesfriedens.de)

Zukunftsfähige Kirchen könnten humanisierende Instrumente für alle sein. Ein Beispiel: In der Schweizer Stadt Bern gibt es 150 000 Plätze in den Kirchen, aber nur noch 50 000 Mitglieder. Die evangelische Pfarrerin Ellen de Groot in Bern erregte Aufsehen und Anstoß, als sie schon vor Jahren sagte: „Der Himmel ist leer. Ich glaube nicht an einen Gott im Himmel." Glaube sei für sie eine Haltung und nicht ein Lippenbekenntnis. Die heutige Institution Kirche sei „überflüssig" geworden. Ellen de Groot wies in einer Diskussion der Leserinitiative *Publik-Forum* im März 2023 darauf hin, dass die überflüssig gewordenen 100 000 Kirchenplätze in Bern künftig für Cafés, als Musik- oder Versammlungsräume, als Turnhallen oder für Kletterwände, für Fridays for Future oder Veranstaltungen der Friedensbewegung genutzt werden könnten. Für Diskussionen und Streit über diese Themen gibt es keinen besseren Ort als eine Kirche.

Für all diese menschenfreundlichen Möglichkeiten haben die heutigen Kirchen freilich noch keine Sprache gefunden. Doch auch erste deutsche Kirchen bieten ihre Kirchenräume der Friedensbewegung oder den Aktivisten der Fridays-for-Future-Bewegung an. In diesen neuen Kirchenräumen wird auch Platz sein für neue Rituale und für spirituelle Ressourcen, für Menschen, die Trost, Halt uns Sinn suchen. Hier kann auch der Samen einer neuen, an Jesus orientierten Friedens- und Umweltbewegung reifen, den Papst Franziskus schon 2015 mit seiner Umwelt-Enzyklika *Laudato si'* gesät hat. Das ist Ihnen, liebe Leser und Leserinnen, zu profan oder zu revolutionär?

Schon vor 75 Jahren habe ich im traditionellen Religionsunterricht gelernt, dass Katholischsein heißt: Das Ganze sehen – in Räumen etwas Größeres suchen, das über uns hinausweist. Das Geheimnis des Lebens haben Menschen schon zu allen Zeiten „Gott" genannt. Und dieser Gott bietet über die Jesus-Botschaft auch in Zukunft in Kirchen und Kirchenräumen einen Kompass für die Seele an. Ein ganzheitliches Angebot, kein Gebot oder Verbot. Jesuanische Kirchen können Menschen Strategien anbieten, ihre innere Balance zu finden.

Jesuanische Religion – so meine Lebenserfahrung – führt zu Seelenfrieden. Jesu Liebesangebot ist heute so aktuell wie vor 2000 Jahren: Deshalb sollten Jesus-Freundinnen und -Freunde den Duft Gottes verbreiten. Der neue Himmel, die neue Erde, der neue Mensch, von denen Jesus träumte, ist keine Utopie. Dieser Geist will in uns neu geboren werden. Der Paradiesgarten, aus dem wir kommen und der nach dem Tod auf uns wartet, ist der Inbegriff göttlicher Lebensfülle. „Gott ist kein Auslaufmodell und Religion ist nicht überholt. Wer die Kirchenaustrittszahlen so interpretiert, liegt falsch."[32]

Deshalb brauchen Kirchenvertreter und -vertreterinnen mehr Selbstbewusstsein, mehr Selbstvertrauen und vor allem mehr Gottvertrauen. Die Zukunft der Kirche muss nicht zerrinnen. Wenn aber Kirchen wie zum Beispiel in Bayern den Kruzifixerlass des Ministerpräsidenten Söder in den Amtsstuben brauchen, um relevant zu bleiben, ist es nicht gut um sie bestellt. Selbstbewusste Jesus-Kirchen hätten als erste gegen diesen Unfug prostieren müssen.

Ein Ende der aktuellen Kirchenkrise ist freilich nicht in Sicht. Das betrifft die katholische und die evangelische Kirche, obwohl in evangelischen Kirchen viele katholische Forderungen – wie Frauenordination oder kein Zwangszölibat – schon lange erfüllt sind.

Die Fundamentalkrise der Kirchenaustritte „in und um Köln", sagt der Präses der evangelischen Kirche im Rheinland, Thorsten Latzel, gehe auch an der evangelischen Kirche nicht spurlos vorbei. Sie werde offenbar „in Mithaft genommen". Das könnte mit dem Verhalten von Kardinal Woelki im Missbrauchsskandal zu tun haben. „In und um Köln" sind die Austritte aus der evangelischen Kirche doppelt so hoch wie im Landesdurchschnitt. Latzel: Die Kirche brauche „wieder Vertrauen der Menschen in unsere Institutionen und in die handelnden Personen".[33] „In und um Köln" wurde das Vertrauen in beide Kirchen zerstört. Dieses Vertrauen lässt sich vielleicht in dem Tempo wieder herstellen, wie das Patriarchat verschwindet. Frauen wollen nicht länger Gläubige zweiter Klasse sein. In der Schweiz traten 2021 fünf Prozent mehr Frauen als Männer aus der Kirche aus.

Auch im heutigen Zeitalter der Bastelreligiosität bleiben Religion und Kirchen wichtig, wenn sie auf der Höhe der Zeit und glaubwürdig sind. Jesus wollte ein jesuanisches Christentum, in dem Frauen selbstverständlich eine gleichberechtigte Rolle spielen. Das ist die zentrale Botschaft des Maria-Magdalena-Evangeliums.

Jesus, Buddha, Lao Tse und alle Weisheitslehrer lehren uns, dass ein unvorstellbar glückliches Leben in der geistigen Welt auf uns wartet. Bei Gott wird alles gut. Darauf können wir uns freuen und glücklich sein. Das lernten Jesus und Maria Magdalena miteinander und voneinander. Und das können jede emanzipierte Frau und jeder emanzipierte Mann voneinander und miteinander lernen. Das Maria-Magdalena-Evangelium, dieses Evangelium der Balance, bietet nach Jahrtausenden der Kriege, des Hasses und der Rache eine neue Ethik für unsere Zeit – der Dalai Lama nennt es eine „Wissenschaft des Mitgefühls". Die Botschaft von der Liebe Gottes wird auch in Zukunft gebraucht, um Menschen aufzurichten. Es gibt auch heute eine tiefe spirituelle Sehnsucht, nicht nur Gottvergessenheit und Kirchenverdrossenheit.

Wenn Männer und Frauen mit sich und miteinander in Balance sind, dann sind eins und eins immer mehr als zwei. Eine bessere Welt braucht viele dieser Traumpaare. Dafür sind wir geschaffen. Jesus und Maria Magdalena sind exemplarische Menschen, die Leitfiguren, mit deren Hilfe wir das Atomzeitalter verlassen und Wege in ein friedlicheres, gerechteres und ökologischeres Zeitalter finden können.

Michail Gorbatschow hat mir 1996 in einer ARD-Sendung gesagt: „Stellen Sie sich mal vor, wir hätten nach 1945 alles Geld, das wir in die Rüstung und ins Militär gesteckt haben, in Friedensprojekte investiert: Wie könnte die Welt heute aussehen!" Ich fragte ihn dann zurück, woher er solche Visionen nehme? Seine Antwort: „Von meiner Frau Raissa." Die beiden waren in Balance. Erkenntnis, Nous, Klugheit, Vernunft beginnen zu zweit besser als allein. Zu zweit beginnt der Weg ins Paradies.

Die heutigen Kirchen brauchen Glasnost und Perestroika wie die alte Sowjetunion in den Achtzigern.

Jesus träumte vom „Reich Gottes". Falls er auch von einer Kirche geträumt hat, dann war es eine Kirche, die eine Kultur des Friedens und eine Kultur der Liebe vorlebt. Statt Angst vor der Zukunft zu haben, können und müssen jesuanische Kirchen beherzt mehr Zukunft wagen. Das aber heißt: Mehr Jesus wagen. Welch eine Zukunftsaufgabe – Halleluja!

Ich will schließen mit einem Gedicht von Dorothee Sölle:

Gott du freundin der menschen
laß mich nie ohne freundin sein
laß mich geben lehr mich zu nehmen
zeig mir wie ich trösten kann
gib mir freiheit kritik zu üben

Gott du freundin der menschen
laß mich nie ohne freundin sein

gib uns raum uns zu wehren
und die kraft es ohne gewalt zu tun
gib uns den langen atem
auch wenn die zeit nicht in unseren händen ist
gib uns das lange lachen
im kurzen sommer

Gott du freundin der menschen
laß mich nie ohne freundin sein
wir gehen zu zweit los
aber deinetwegen
sind wir immer schon mindestens drei
auf dem langen weg zum brot
das eßbar ist dem wasser
das niemand vergiftet hat

Gott du freundin der menschen
laß keine von uns ohne freundin sein

Literatur

Alt, Franz: Die außergewöhnlichste Liebe aller Zeiten. Die wahre Geschichte von Jesus, Maria Magdalena und Judas, Herder 2021

Alt, Franz: Frieden ist noch immer möglich. Die Kraft der Bergpredigt, Herder 2022

Alt, Franz: Was Jesus wirklich gesagt hat. Eine Auferweckung, Gütersloher-Verlagshaus 2015

Alt, Franz: Jesus – der erste neue Mann, Piper 1989

Alt, Franz: Der ökologische Jesus. Vertrauen in die Schöpfung, Riemann 1999

Arminger, Margarita: Die verbotene Göttin des Christentums. Wer war Maria Magdalena wirklich?, Nikol 2010

Bender, Ignaz: Weltordnung. Der Weg zu einer besser geordneten Welt, Deutscher Wissenschaftsverlag 2017

Borchert, Wolfgang: Das Gesamtwerk, Rowohlt 1986

Ceming, Katharina und Werlitz, Jürgen: Die Verbotenen Evangelien. Apokryphe Schriften, Marix 2019

Chenoweth, Erica und Maria J. Stephan: Why Civil Resistance Works. The Strategic Logic of Nonviolent Conflict, Columbia University Press 2011

Dalai Lama und Franz Alt: Der Appell des Dalai Lama an die Welt. Ethik ist wichtiger als Religion, Benevento 2015

Dalai Lama und Patrick McDonnell: Von Herz zu Herz, Allegria 2023

Drewermann, Eugen: Jesus von Nazareth, Patmos 1996

Douglas-Klotz, Neil: Der Prophet aus der Wüste. Die verborgenen Botschaften des aramäischen Jesus, Kösel 2001

Englisch, Andreas: Das Vermächtnis von Papst Franziskus – Wie der Kämpfer im Vatikan die katholische Kirche verändert hat, Bertelsmann 2023

Frankl, Viktor E.: Der unbewusste Gott, Kösel 1988

Fuchs, Thomas: Verteidigung des Menschen. Grundfragen einer verkörperten Anthropologie, Suhrkamp 2023

Gibran, Khalil: Der Prophet, Herder 2016

Gorbatschow, Michail und Franz Alt: Kommt endlich zur Vernunft – Nie wieder Krieg!, Benevento 2017

Fromm, Erich: Haben oder Sein. Die seelischen Grundlagen einer neuen Gesellschaft, DVA 1976

Hark, Helmut: Religiöse Neurosen. Ursachen und Heilung, Kreuz Verlag 1984

Hartl, Johannes: Eden Culture. Ökologie des Herzens für ein neues Morgen, Herder 2021

Herbst, Karl: Der wirkliche Jesus. Das total andere Gottesbild, Walter 1988

Huber, Johannes: Die Himmelsleiter. Der wahre Sinn unseres Lebens auf Erden, edition a 2022

Jung, Carl Gustav: Briefe II. 1946–1955, Patmos 2012

Jung, Carl Gustav: Gesammelte Werke, Bd. 8. Die Dynamik des Unbewußten, Patmos 2011

Jung, Carl Gustav: Gesammelte Werke, Bd. 10. Zivilisation im Übergang, Patmos 2011

Jung, Carl Gustav: Gesammelte Werke, Bd. 11. Zur Psychologie westlicher und östlicher Religion, Patmos 2011

Jung, Carl Gustav: Gesammelte Werke, Bd. 15. Über das Phänomen des Geistes in Kunst und Wissenschaft, Patmos 2011

Jung, Carl Gustav: Gesammelte Werke, Bd. 17. Über die Entwicklung der Persönlichkeit, Patmos 2011

Jung, Carl Gustav: Wirklichkeit der Seele, Walter 1978

Lamsa, George M.: Ursprung des Neuen Testaments, Neuer Johannes-Verlag 1965

Lapide, Pinchas: Ist die Bibel richtig übersetzt?, Gütersloher Verlagshaus 1986

Leinen, Jo und Andreas Bummel: Das demokratische Weltparlament. Eine kosmopolitische Vision, Dietz 2017

Leloup Jean-Yves: Evangelium der Maria Magdalena. Die spirituellen Geheimnisse der Gefährtin Jesu, Heyne 2008

Lüdemann, Gerd: Das Judas-Evangelium und das Evangelium nach Maria. Zwei gnostische Schriften aus der Frühzeit des Christentums, Radius 2006

Maguire, Jack: Traumarbeit und Transformation, Knaur 1991

Mayer, Anton: Der zensierte Jesus. Soziologie des Neuen Testaments, Walter 1983

Muhl, Lars: Magdalena, Kamphausen 2017

Mulack, Christa: Maria Magdalena. Apostelin der Apostel, Pomaska-Brand 2007

Mulack, Christa: Jesus, der Gesalbte der Frauen. Weiblichkeit als Grundlage christlicher Ethik, Kreuz 1987

Mulack, Christa: Die Weiblichkeit Gottes. Matriarchale Voraussetzungen des Gottesbildes, Kreuz Verlag 1983

Mulack, Christa: Religion ist zu wichtig, um sie den Männern zu überlassen, Pomaska-Brand 2012

Naumann, Lena: Mariam geht fort, Gryphon 2014

O'Donohue, John: Anam Cara. Das Buch der keltischen Weisheit, dtv 1997

Papst Franziskus: Du bist wundervoll. Vom Mut, sein Träume zu leben, Herder 2023

Petersen, Silke: Maria aus Magdala. Die Jüngerin, die Jesus liebte, Evangelische Verlagsanstalt 2011

Riemer, Andrea: Einssein gelebt. Marie und Maria Magdalena am Weg zur Meisterschaft, epubli 2019

Rosa, Hartmut: Demokratie braucht Religion, Kösel 2022

Schiwy, Günther: Abschied vom allmächtigen Gott, Kösel 1996

Schwarz, Günther und Jörn Schwarz: Das Jesus-Evangelium, Ukkam 2020

Schwarz, Günther: Wenn die Worte nicht stimmen, Ukkam 1990

Schwarz, Günther und Jörn Schwarz: Die Kriminalgeschichte der
Bergpredigt, Ukkam 2022

Sölle, Dorothee: Phantasie und Gehorsam, Kreuz Verlag 1968

Székely, Edmond Bordeaux: Die Lehren der Essener. Essener Meditationen, Neue Erde 2020

Wolff, Hanna: Jesus der Mann. Die Gestalt Jesu in tiefenpsycho-
logischer Sicht, Radius 1977

Wolff, Hanna: Neuer Wein – Alte Schläuche. Das Identitätsproblem des Christentums im Lichte der Tiefenpsychologie, Radius
1981

Bild- und Textnachweise

Dank

Sehr herzlich danke ich allen im Literaturverzeichnis angeführten Autorinnen und Autoren für ihre inspirierenden Werke sowie im Verlag Herder Dr. German Neundorfer und Simon Biallowons für die angenehme und hilfreiche Zusammenarbeit beim Lektorieren dieses Buches.

Anmerkungen

I. Maria Magdalena – die erste Päpstin

[1] Der Spiegel, 22.12.2018

[2] Frankfurter Allgemeine Zeitung, 18.4.2023

[3] Der Spiegel, 28.4.2023

[4] Die Zeit, 2.3.2023

[5] https://bistummainz.de/organisation/gegen-sexualisierte-gewalt/aktuell/nachrichten/artikel/Bischof-Peter-Kohlgraf-Stellungnahme-zur-Veroeffentlichung-der-EVV-Studie/

[6] Die Zeit, 19.1.2023

[7] Matthias Katsch: Damit es aufhört. Vom befreienden Kampf der Opfer sexueller Gewalt in der Kirche, Nicolai 2020

[8] Süddeutsche Zeitung,19.1.2023

[9] Hartl: Eden Culture, S. 270

[10] Der Spiegel, Chronik 2022

[11] Die Zeit, 2.6.2022

[12] Englisch: Das Vermächtnis von Papst Franziskus, S. 361

[13] In seiner Schrift „Evangelii gaudium"

[14] Englisch: Das Vermächtnis von Papst Franziskus, S. 363

[15] Süddeutsche Zeitung, 29. Juni 2023

[16] Rosa: Demokratie braucht Religion, S. 2

[17] Petersen: Maria aus Magdala, S. 15

[18] Die Zeit, 15.3.2018

[19] Mulack: Maria Magdalena, S. 184

[20] Mahatma Gandhi bereits 1920, nachzulesen auf seiner Internetseite und in „Die Lehre vom Schwert, hrsg. von Wolfgang Sternstein, Kugler-Verlag 1990.

[21] Süddeutsche Zeitung, 23.12.2021

[22] Jung: Wirklichkeit der Seele, S. 68

[23] Ebd., S. 45

[24] Hark: Religiöse Neurosen, S. 306

[25] Maguire: Traumarbeit und Transformation, S. 19

[26] Franz Josef Radermacher: Balance oder Zerstörung, Ökosoziales Forum Europa 2002

[27] Wolff: Neuer Wein, S. 158

[28] Publik-Forum Nr. 23, 2022

29 Mulack: Weiblichkeit Gottes, S. 162
30 Mulack: Maria Magdalena, S. 9 f.
31 Ebd., S. 11
32 K. C. Sen: Lectures in India, Neuausgabe , Calcutta 1954, S. 477
33 Douglas-Klotz: Der Prophet aus der Wüste, S. 13
34 Lamsa: Ursprung des Neuen Testaments, S. 11–13

II. „Ich bin Jesuaner"

1   Mayer: Der zensierte Jesus, S. 82
2   Ebd., S. 89
3   Heribert Prantl in der Süddeutschen Zeitung vom 27./28.2.2021
4   Schiwy: Abschied vom allmächtigen Gott, S. 109
5   Wolff: Neuer Wein – Alte Schläuche, S. 14
6   Lloyd deMause (Hg.): Hört ihr die Kinder weinen. Eine psychogenetische Geschichte der Kindheit. Frankfurt 1977
7   Wolff: Neuer Wein – Alte Schläuche, S. 165
8   Hark: Religiöse Neurosen, S. 13
9   Die Zeit, 18.8.2022
10 Jung: Gesammelte Werke, Bd. 11, S. 362
11 Sölle: Phantasie und Gehorsam, S. 63
12 Gibran: Der Prophet, S. 27 f.

III. Der aramäische Jesus

1   Naumann: Mariam geht fort, S. 112
2   Ebd., S. 143
3   Die Tageszeitung, 18.1.2023
4   Lapide: Ist die Bibel richtig übersetzt?
5   O'Donohue: Anam Cara, S. 234
6   Zeitmagazin, 4.8.2022
7   Leloup: Evangelium der Maria Magdalena, S. 156f.
8   Ebd., S. 157
9   Schwarz u. Schwarz: Die Kriminalgeschichte der Bergpredigt, S. 176
10 https://www.vatican.va/content/francesco/de/speeches/2022/july/documents/20220725-popolazioniindigene-canada.html
11 Andreas Englisch: Gesten der Versöhnung, Die Zeit, 31/2022
12 Andreas Englisch: Bei den Inuit, Die Zeit 32/2022
13 Jung: Gesammelte Werke, Bd. 11, S. 509
14 Frankl: Der unbewusste Gott, S. 55

15 Helga Schubert: „Der heutige Tag: Ein Stundenbuch der Liebe", dtv
16 Jung: Gesammelte Werke, Bd. 11, S. 125
17 Jung: Gesammelte Werke, Bd. 10, S. 197
18 Jung: Briefe III, 105
19 Arminger: Die verbotene Göttin des Christentums, S. 10 f.

IV. Das spirituelle Traumpaar: Maria Magdalena und Jesus

1   Leloup: Evangelium der Maria Magdalena, S. 23
2   Arminger: Die verbotene Göttin des Christentums, S. 33
3   Ceming u. Werlitz: Die verbotenen Evangelien, S. 245
4   Süddeutsche Zeitung, 16.2.2020
5   Kardinal Ladaria am 25.11. 2022, zitiert nach Radio Vatikan
6   Jung: Gesammelte Werke, Bd. 11, S. 470 u. 475
7   Mulack: Die Weiblichkeit Gottes, S. 9
8   Ebd., S. 20
9   Wolff: Neuer Wein – Alte Schläuche, S. 65
10 Ebd., S. 47
11 Wem das gefällt, der erfährt mehr in dem Buch von Bordeaux Szekely: Die Lehren der Essener – Essener Meditationen, Verlag Neue Erde, 2020.
12 Wolff: Neuer Wein – Alte Schläuche, S. 76
13 Ebd., S. 171
14 Englisch: Das Vermächtnis von Papst Franziskus, S. 338
15 https://www.bundesregierung.de/breg-de/service/bulletin/rede-von-bundespraesident-dr-frank-walter-steinmeier-2082570
16 Annalena Baerbock am 13.10.2022 in der Süddeutschen Zeitung
17 Der Spiegel, 14.10.2022

V. Das Maria-Magdalena-Evangelium

1   Wolf: Neuer Wein – Alte Schläuche, S. 190
2   Ebd., S. 192
3   Fromm: Haben oder Sein, S. 16
4   Jung: Briefe II, S. 208
5   Jung: Gesammelte Werke, Bd. 8, S. 359 f.
6   Mulack: Jesus, der Gesalbte der Frauen, S. 194
7   Ebd., S. 195
8   Ebd., S. 238
9   Süddeutsche Zeitung, 23. Dezember 2022
10 Jung: Gesammelte Werke, Bd. 8

[11] Borchert: Dann gibt es nur eins, aus: Borchert: Das Gesamtwerk, S. 318 ff.

[12] Leloup : Das Evangelium der Maria Magdalena

[13] Leloup: Evangelium der Maria Magdalena, S. 189

[14] Ebd., S. 213

[15] Jung: Gesammelte Werke, Bd. 17, S. 201

[16] Leloup: Evangelium der Maria Magdalena, S. 172

[17] Huber: Die Himmelsleiter, Buchrücken

[18] Leloup: Evangelium der Maria Magdalena, S. 192

[19] Jung: Wirklichkeit der Seele, S. 26

[20] Frankl: Der unbewusste Gott, S. 76

[21] Ebd., S. 80

[22] Ebd., S. 116

VI. Das Evangelium für das dritte Jahrtausend

[1] Evelyn Finger: Die Frau des Heilands, Die Zeit 12/2018

[2] Lüdemann: Das Judas-Evangelium und das Evangelium nach Maria, S. 106

[3] Arminger: Die verbotene Göttin des Christentums, S. 169–171

[4] Mulack: Maria Magdalena, S. 108 f.

[5] Der Appell des Dalai Lama an die Welt, S. 5

[6] Mulack: Maria Magdalena, S. 118

[7] Ebd., S. 137

[8] Mulack: Religion ist zu wichtig, um sie den Männern zu überlassen

[9] Leloup: Evangelium der Maria Magdalena, S. 172

[10] Wolff: Neuer Wein – Alte Schläuche, S. 209

[11] Mulack: Maria Magdalena, S. 149

[12] Ebd., S. 168

[13] Mulack: Die Weiblichkeit Gottes, S. 143

[14] Jung: Gesammelte Werke, Bd. 15, S. 12

[15] Mulack: Die Weiblichkeit Gottes, S. 208

[16] Süddeutsche Zeitung, 2.2.2022.

[17] Forum Nachhaltig Wirtschaften, Nr. 4/2022

[18] Petersen: Maria aus Magdala, S. 274–276

[19] Mulack: Maria Magdalena, S. 104

[20] Tageszeitung, 3.3.2023

[21] Andreas Englisch hat die angeordnete Umzugsorgie im Vatikan im Detail am 9. März 2023 in der *Zeit* beschrieben.

[22] Die Zeit, 2.11.2022

[23] Rosa: Demokratie braucht Religion, S. 74

[24] Tageszeitung, 2.2.2023

[25] Ebd.

[26] Ebd.

[27] Die Zeit, 9.2.2023

[28] Die Zeit, 2.2.2023

[29] Luxemburger Wort,10./11. Dezember 2022

[30] Ebd.

[31] Ebd.

[32] Heribert Prantl, Süddeutsche Zeitung, 8. April 2023

[33] Thorsten Latzel in seinem Blog „Theologische Impulse"